云南省普通高等学校优秀教材

中国旅游业“十三五”高等教育教材

Tourism Management Series

旅游人类学（第2版）

The Anthropology of Tourism

张晓萍　光映炯　郑向春　编著

中国人民大学出版社
·北京·

图书在版编目（CIP）数据

旅游人类学/张晓萍，光映炯，郑向春编著．—2版．—北京：中国人民大学出版社，2020.12
中国旅游业“十三五”高等教育教材
ISBN 978-7-300-28753-9

Ⅰ.①旅… Ⅱ.①张… ②光… ③郑… Ⅲ.①旅游业-社会人类学-高等学校-教材 Ⅳ.①F590-05

中国版本图书馆CIP数据核字（2020）第224315号

云南省普通高等学校优秀教材
中国旅游业“十三五”高等教育教材
旅游人类学（第2版）
张晓萍　光映炯　郑向春　编著
Lüyou Renleixue

出版发行	中国人民大学出版社		
社　　址	北京中关村大街31号	**邮政编码**	100080
电　　话	010－62511242（总编室）		010－62511770（质管部）
	010－82501766（邮购部）		010－62514148（门市部）
	010－62515195（发行公司）		010－62515275（盗版举报）
网　　址	http://www.crup.com.cn		
经　　销	新华书店		
印　　刷	北京密兴印刷有限公司	**版　　次**	2017年10月第1版
开　　本	787 mm×1092 mm　1/16		2020年12月第2版
印　　张	16.5 插页2	**印　　次**	2024年8月第4次印刷
字　　数	326 000	**定　　价**	55.00元

作者简介

张晓萍　云南大学工商管理与旅游管理学院教授。主要从事旅游人类学、旅游文化、跨文化管理、人力资源管理等领域的相关研究。三次赴加利福尼亚大学伯克利分校人类学系做访问学者，师从美国著名旅游人类学家纳尔逊·格雷本。出版《旅游人类学》《民族旅游的人类学透视》《旅游·少数民族与多元文化》《东道主与游客》《游客管理——世界文化遗产管理案例分析》《旅游者——休闲阶层新论》等10多部专著、教材和译著。主持和参与国家级、省级课题20多项，发表论文30余篇。

光映炯　云南大学工商管理与旅游管理学院副教授，博士后，美国夏威夷大学访问学者。研究领域为旅游人类学、旅游管理、民俗文化。主持和参与10余项国家级、省级、校级纵向课题及横向课题。发表论文30余篇，出版专著3部，合编教材1部，参编著作及教材9部。

郑向春　人类学博士，云南民族大学社会学院人类学系副教授，加利福尼亚大学伯克利分校访问学者。研究领域为旅游人类学、饮品文化、文化遗产。参与国家级、省级课题多项，出版专著1部，合编教材1部，发表论文30余篇。

序　言 | PREFACE

我很荣幸受邀请为本书写序言。这是张晓萍教授等编著的第三部重要著作，本书再次确立了张晓萍教授在中国旅游人类学家中独树一帜的地位。中国旅游人类学是中国人类学的一个重要组成部分，对少数民族的理论进步和知识发展等都有重要的贡献。值得注意的是，中国旅游人类学家中有相当一部分人实际上是少数民族的一员，他们不仅对理解自己的母文化作出了贡献，也为理解和阐释中国社会文化结构的当代进程作出了贡献。本书也做到了这一点。

本书是一部前沿的教材，涵盖旅游人类学的主要议题：研究方法，旅游、文化和仪式，民族和跨文化行为，真实性和旅游凝视，民族和国家艺术，遗产和身份，旅游和博物馆。由于中国每年都建设和开放众多新博物馆，我认为加入最后一个主题是适时的。中国的博物馆处于动态变化之中，因为专家们意识到，博物馆必须提供更多东西来纠正公众认为博物馆只是保存古董和标本的机构的偏见，同时它们还必须迎合孩子及其父母们不断增加的教育需求。随着越来越多的公私合营和私人博物馆开始出现，中国的博物馆正在经历所有权和经营方面的变化。

旅游人类学在中国经历了一个地方化或本土化的过程，其研究主题适应中国的社会政治形势，例如少数民族的特殊定义、发展规划和多民族遗产的推广等，并引入了一些历史、地理和哲学领域的概念。十几年前，张教授开始研究这一趋势，本书也在许多方面融会了西方和中国的研究方法。

这本综合性教材涵盖了旅游人类学的主要话题，每一章都附有来自中国和西方文献的定义、思考题和延伸阅读材料。同时，本书还对中国的旅游人类学和中国发展的一些方面提出了建议。像这类有益的作品，英语学术界也非常欢迎。祝贺张教授和她的合著者们推出了这样一部好作品。

纳尔逊·格雷本

加利福尼亚大学伯克利分校人类学名誉教授

北美民族学赫斯特博物馆名誉馆长

目 录 | CONTENTS

第 1 章

旅游人类学概述

- 了解人类学基本概念
- 认知旅游人类学的发展历程
- 理解旅游人类学的研究内容、目的及意义
- 掌握旅游人类学的研究方法

1.1 人类学是什么

人类学是研究关于人的学科。人类学一词的英文 anthropology 源于希腊语，即“人的学问”的复合含义（庄孔韶，2002）。因此，广义上来说，人的身体、行为、思想等都是人类学的研究范畴，但人类学研究的是人类社会中的群体，而不是个人。

人类学是研究他者的学问。18 世纪中叶起，西方资本主义迅速发展。到了 19 世纪，欧洲各大资本主义国家开始进行更大规模海外殖民扩张，越来越多的异文化引起人们的关注，一些传教士及商人最早将殖民地社会的异域文化带回宗主国。人类学是对他文化的阐释，旨在通过了解“他文化”并与“本文化”对比，发现文化的差异及普同性；由“他文化”反观“本文化”，从而发现文化的一般原理。

人类学是“讲故事”的学科。人类学家经过长时间的田野调查，将自己的所见所闻所感以尽量客观的方式描述，最终形成的文本即民族志。有些民族志只见材料不见调查者，有些作者在材料中加入了研究者的身影；有些以生动形象的方式记述，有些以个人生活史表达，优美的社科作品可如小说般引人入胜。

1.1.1 人类学的分支学科

人类学按照研究内容主要可以分为体质人类学、语言人类学、考古人类学和文化人类学/民族学四大分支。

1. 体质人类学（physical anthropology）

体质人类学主要研究人类的起源及体质特征。第一，体质人类学研究人类的产生和进化问题。达尔文 1859 年的《物种起源》和 1871 年的《人类的由来及性选择》推动了体质人类学的发展，将人类历史追溯至几十万年以前。人类的进化问题目前仍然是许多学者研究的议题。第二，体质人类学研究人类的体质特征，人类在生物性上的差异及体质与文化的关系。世界三大人种是蒙古利亚人种、尼格罗人种和欧罗巴人种，即主要以肤色等体质特征区分。而目前由于全球人口的流动性和混合性，以体质特征作为区分人群的主要标志已经变得不那么科学。第三，体质人类学新近与分子生物学相结合，产生出分子人类学/生物人类学，主要应用分子生物学的 DNA 检测等方法研究生物多样性和文化多样性。如人类的地方性适应，通过 DNA 序列研究不同人群的亲缘关系等。

2. 语言人类学（linguistic anthropology）

语言人类学是人类学与语言学的交叉学科，主要研究语言与文化的关系，其以语言研究为手段，最终目的是解决人类学问题。语言人类学认为语言除交流的功能外，还有符号和象征意义，它既是一种社会工具又是一种文化实践。美国人类学家萨丕尔和沃尔夫提出的萨丕尔—沃尔夫假说（Sapir-Whorf hypothesis），又称语言相对论（linguistic relativity），认为语言决定着语言使用者的思维和感觉，进而产生不同的世界观（庄孔韶，2006）。

语言人类学还研究语言与身份认同的关系，如以色列国家的建立与希伯来语复兴有着密切的关系。非语言交际对人类社会同样重要，如身体动作、空间距离、面部表情可以表达丰富的感情和内容等。这些都属于语言人类学的研究范畴。

3. 考古人类学（anthropological archaeology）

考古人类学的研究对象是人类社会的过去，是对人类活动遗留下来的物质和非物质文化遗产进行研究，通过跨越时空考察文化的连续性来理解人类本身（庄孔韶，2006）。

考古人类学对过去的人类社会进行传统的考古挖掘，试图还原当时的人类历史，考究过去人类社会的物质文化及非物质文化。同时考古人类学也研究许多与现代社会息息相关的新话题，如区域考古与现代地方人群疾病的历史研究、人类垃圾成分研究及人类行为方式的关系研究等。

4. 文化人类学/民族学（cultural anthropology/ethnology）

文化人类学关注人类社会的文化现象。关于文化的定义，进化论学派学者泰勒的定义较为权威："文化或文明，就其广泛的民族学意义来讲，是一个复合整体，包括知识、信仰、艺术、道德、法律、习俗以及作为一个社会成员的人所习得的其他一切能力和习惯。"文化的特征包括：文化是共享的，文化是习得的，文化是整合的。文化人类学研究的主要内容有：婚姻家庭、亲属制度、宗教信仰、政治经济制度、生计方式、原始艺术、风俗习惯等。文化人类学通过田野调查的方法获取族群及其社区文化，并撰写人类学研究的民族志。

1.1.2　人类学关键词

人类学具有独特的学科理论和方法，一些关键词可以作为人类学的学科认识论和方法论主题，归纳人类学的主旨，如普同性、文化相对论、整体论、主位和客位、跨文化比较等。

1. 普同性（universalism）

所谓普同性或普同论，是指地球上全人类的一致性与共同性。进一步说，人类在生物的、心理的、社会的和文化上的共同特征就是普同性内涵（庄孔韶，2006）。普同性是建立在比较不同时空、地域群体的基础上的。人类学家通过人类学方法发现有些群体特征普遍存在于所有人类社会中，而有些群体特征只在某个或某些群体中存在。人类学家在尊重人类文化多样性的同时，考量人类社会文化的一般性行为特点、心理特征及生活方式等。

2. 文化相对论（cultural relativism）

文化相对论主张每一种文化都有其独创性和充分的价值，而且一切文化的价值都是相对的、平等的，但这种"平等"并不意味着放弃批评而赞成或接受某一人群的所思所为，而是指将文化行为放入其具体的历史、环境和社会中加以评估和对待（庄孔韶，2006）。

与文化相对论相悖的民族中心主义认为本民族的文化优于其他文化，并用本民族的思想观念、文化传统去衡量和评论其他社会文化。文化沙文主义则是一种极端的民族中心主义。文化沙文主义者坚持自己文化优于其他文化的观点，用本文化的思想和行为方式去控制、支配其他社会群体，有时甚至用暴力或入侵的形式强迫其他群体接受自己的文化，如第二次世界大战时期的德国和日本。

3. 整体性/整体论（holism）

整体论认为人类社会文化不同部分之间是一个整体。整体性是人类学与社会学的不同点之一，社会学侧重关注社会制度，而人类学将体质、社会、文化、经济等方面联系起来进行研究。一旦文化中某一方面发生变化，其他的文化事项也会随之改变，最后形成文化整体的变迁。因此，某一文化事项要放在具体的自然或社会情境中进行考察，特定文化（如宗教、政治、艺术、经济等）需要放入更大的生态环境和人文环境中系统研究，同时关注文化产生的社会背景和历史原因。

4. 主位和客位（emics and etics）

主位和客位这两个术语是肯尼思·派克（Kenneth Pike）在 1954 年从语言学术语“音位的”（phonemic）和“语音的”（phonetic）类推出来的。主位即当地人的视角，指研究者尽可能从当地人的视角去理解所调查的社区文化，用当地人的观念去解释文化。客位即作为研究者的视角，指研究者以学者的角度解释当地人的行为和观念，并用科学的方法进行分析和应用。作为人类学者需要兼具主位和客位两种视角，即“走进去”和“走出来”。

“走进去”即人类学者走入他（们）所要研究的社区，以当地人的视角观察并记录社区居民日常生活的各个方面，通过与他们“同吃、同住、同劳动”理解他们生活世界中的思维方式，从而得出相对客观的描述。

结束一定时间的田野调查之后，沉浸在田野中的人类学者还必须“走出来”，即走出田野、回归书斋，以人类学者的客位身份去分析社区文化的要义。当地人长期生活在他们循规蹈矩的生活中，对日常所见已形成固有模式，有时并未深究背后的意义系统，这时就需要人类学家从繁杂的文化事项中提炼升华出文化背后的“意义之网”。

5. 跨文化比较（cross-culture comparison）

跨文化比较是人类学家在对从世界上不同民族获得的经验材料进行比较的基础上，验证理论假设，发现人类行为的共性与差异，以实现理论概括或发现某种通则的研究方法。

以单个案例为考察对象，而没有与其他文化的比较，研究结论是不够科学、不够完善的。跨文化比较试图考察世界范围的社会样本，以便发现为解释文化现象而提出的假说看起来是否普遍适用。然而跨文化研究者受个人精力的限制，需要依赖其他民族志学家的文献资料，且样本愈多，研究愈不容易深入（哈维兰，2006）。

跨文化比较大体可分为历时性比较和共时性比较两种。历时性比较以人类过去、现在和未来为一个动态的整体，考察文化的变迁。共时性比较是对区域内不同民族或不同文化类别之间的比较。

1.1.3 人类学的主要理论

1. 古典进化论（19世纪中后期）

古典进化论产生于进化理论的提出。1801年，法国博物学家拉马克（Lamarck）最先提出生物进化论；1859年，达尔文（Darwin）发表《物种起源》，系统地阐述了生物进化理论，认为物种是不断变化的，进化过程中产生变异性，通过自然选择优胜劣汰。

古典进化论学派以泰勒（Taylor）和摩尔根（Morgan）为代表，主张单线进化。如泰勒将人类社会划分为原始、野蛮、文明三阶段。摩尔根在《古代社会》中将人类社会分为蒙昧、野蛮和文明时代，又将蒙昧、野蛮阶段分为低、中、高三期。在低级蒙昧阶段人类以野果和坚果为食物；在中级蒙昧阶段人类开始食用鱼类和使用火；到了高级蒙昧阶段人类发明和使用弓箭。低级野蛮阶段以人类发明制陶术为标志；到了中级野蛮阶段，东半球开始驯养动物，西半球则开始以灌溉法种植玉米和使用土坯、石头来建筑房屋；到了高级野蛮阶段，人类发明了冶铁术并开始使用铁器。而文明的标志，始于文字的发明和使用。

2. 传播论（19世纪末期）

传播论主张人类社会文化的变化归因于物质文化和习得行为从一个起源社会散播到其他社会。即文化变迁（cultural change）主要是文化采借（cultural borrowing）的结果。

传播论的理论先驱德国地理学家拉策尔在其著作《人类地理学》和《民族学》中描述出一幅人类社会文化的分布图，从各地区文化要素的相似形态中，推测其历史上的联系（庄孔韶，2006）。拉策尔之后，传播论分出英国埃及中心论和德奥传播论两个理论学派。

英国学者埃利奥特·史密斯（Elliot Smith）和佩里（William Perry）认为人类文明最终可追溯到古埃及文明，称为英国埃及中心论。德奥传播论学派通过对物质文化形态的比较来考量文化的传播过程，并用文化圈、文化层等来分析文化传播的先后顺序。

3. 社会决定论（19世纪末）

社会决定论出现于法国社会学派，其代表人物是法国社会学家迪尔凯姆（Durkheim）（又称杜尔干、涂尔干），著有《社会分工论》《自杀论》《宗教生活的基本形式》等。

迪尔凯姆认为：（1）社会来自个体，但超越个体之和，社会先在、外在和独立于个体并大于个体之和，因而能对个体形成强制。（2）社会的强制力来源于无形的集体意识，即某一特定社会的大部分群体能够接受的共同信仰和感觉，而宗教是社会集体意识的核心形式。（3）人们对自然界的分类依据社会文化分类，即二元对立。（4）社会现象都有现实功能，可用科学方法进行实证研究。

4. 历史特殊论（19世纪末20世纪初）

历史特殊论又称“博厄斯学派”，其代表人物为美国人类学家博厄斯（Boas）及其弟子。历史特殊论主张人类学应该研究人类社会生活的总和，强调对具体事实的描述和记录，特别提倡历史的方法，关注特定民族的文化历史和发展规律（庄孔韶，2006）。

博厄斯提出了人类学著名的文化相对论，认为文化并无高低贵贱之分，特定的文化事项要放置于具体的历史背景和社会空间中分析。他还提出了文化区理论，强调文化的整体关联性，而不是如传播论的发展轨迹。

博厄斯的理论经弟子吸收，形成了后来的文化与人格学派，代表人物是鲁思·本尼迪克特（Ruth Benedict）和玛格丽特·米德（Margaret Mead）。

5. 功能论（20世纪20年代开始）

第一次世界大战结束后，英国急需寻找一种新的统治方法，以解决管理土著社会的问题，这就需要有人研究这些社会的文化、制度及其功能。功能论/功能学派就是在这样的时代背景下孕育而生的。

功能论主要有马林诺夫斯基（Malinnowski）的文化功能论和拉德克利夫-布朗（Radcliffe-Brown）的结构功能论。文化功能论将文化当作一个整体进行研究，认为人类均有基本需要（生物需要）和衍生需要（文化需要），文化即是满足生物需要而产生的，而文化在满足了生物需要的同时又产生了衍生需要，或称为“文化驱力”（cultural imperatives），其导致了制度的产生。马林诺夫斯基提出的田野调查法也成为人类学的重要研究方法。

结构功能论更偏重于文化各部分的结构及其对文化整体的功能。构成整体的各部分相互配合、协调一致，只有找到各部分的功能，才能了解文化整体的意义。同时结构功能论强调对社会结构的研究，认为社会结构相对于个人是较为稳定的，因此结构分析比文化分析更为实用。

随着人类学理论的不断发展，之后产生了多种人类学理论，主要有：新功能论、新进化论、结构主义、象征人类学、结构马克思主义、政治经济学派、实践理论和反思人类学等。

1.2 旅游人类学的形成与发展

旅游人类学，一般被认为是文化人类学的分支学科之一，也具有旅游研究与人类学学科间的交叉特性，它以文化人类学的相关理论和方法分析旅游活动中的诸多现实问题。与人类学一样，旅游人类学始于西方，逐渐被引入中国，其在西方和中国的发展既具有相似性，又经历了不同的发展阶段。

1.2.1　西方旅游人类学的形成与发展

就人类学而言，其传统的研究对象是种族、体质、语言、文化、经济等严肃论题。相比之下，旅游以“寻欢作乐”为目的的表象，多少会使得一些学者退避三舍，而那些对此稍有心得并做出回应的学者，难免会受到同行鄙薄。

人类学者不但对旅游研究刻意回避，他们自身也不愿意被误认为是旅游者。人类学家通常需要在其所研究的社区长期居住，通过参与观察全面了解社区文化的方方面面，而旅游者只需蜻蜓点水式地介入社区，无须长期驻足。因此当社区居民误认为人类学家是旅游者时，人类学家会感到非常尴尬，甚至是有些愤怒。

20 世纪五六十年代开始，旅游活动在西方国家盛行，拉开大众旅游时代的序幕。其原因主要是工业革命促进了西方社会经济的发展，而西方经济的发展催生休闲阶层的出现，这部分有富余时间和富余金钱的休闲阶层选择外出旅游以体验异文化。

早期的大众旅游者只关注适宜的气候、干净的沙滩和舒适的条件等，渐渐地才有旅游者希望在旅行中获得教育、学习不同的语言和收集少数民族艺术品等——这些旅游者通常是精英阶层、中产阶级和脑力劳动者。

大众旅游的发展造成了日益突出的一系列生态和社会问题，如游客对目的地社区生态环境的破坏，对社区居民日常生活的干扰，对社会治安、文化变迁等的影响等。旅游的全球化影响还包括日益泛滥的旅游纪念品、为满足“游客凝视”而产生的伪事件、歌舞表演的舞台化等。旅游活动所产生的生态及社会问题将其自身推入人类学家的视野，旅游开始成为人类学家的研究对象。

人类学家对旅游的首次介入是 1963 年努涅斯（Nunez）公开发表的关于墨西哥山村周末旅游的论文。该论文的主要内容是论述一个山村在开展旅游后，当地居民生活方式、社会关系等方面发生的变化。此后，越来越多的学者关注旅游目的地社会文化等方面的变迁。

1974 年，在墨西哥首次召开以“旅游对目的地社会文化影响”为主题的人类学研讨会。1977 年，戴维・J. 格林伍德（Davydd J. Greenwood）发表《作为变迁动力的旅游：西班牙巴斯克的一个案例》，关注仪式的文化商业化现象，揭示了西班牙巴斯克人对“阿拉德”仪式的弱化，文化真实性丧失的问题。1977 年，瓦伦・L. 史密斯（Valene L. Smith）的《东道主与游客——旅游人类学研究》一书面世。此书标志着旅游人类学研究的正式开始，被西方学界称为旅游社会文化影响研究的里程碑。该书是论文集，是由一些从事旅游研究的人类学家举行自发组织的小型研讨会后，将部分会议论文编撰出版而成。

纳尔逊・格雷本（Nelson Graburn）主编的《民族艺术与旅游艺术——来自第

四世界的文化表达》(Graburn，1976) 一书介绍了少数族群的旅游艺术品，认为第四世界的族群用旅游艺术品来表达族群性。1984 年，《旅游研究纪事》第 3 期“旅游与族群意识”专题所发表的论文一致认为民族旅游可能导致族群意识的再创造。随着旅游人类学的发展，陆续出现新的议题，如旅游真实性、作为帝国主义形式的旅游、旅游与现代性、旅游与怀旧等。

早期人类学者对旅游的影响多持否定态度。如麦坎内尔 (MacCannell，1973) 研究表明，在社区居民与来自更加富裕的国家和地区的游客之间的文化差异非常明显时，社区文化和风俗就可能会用来满足游客的需要，甚至是以牺牲社区的自豪和尊严为代价。虽然通过良好的管制可以促进对传统文化的保护，但往往会使社区的生活方式逐渐退化，变成一种非常商业化、有组织的自我模拟，传统的舞蹈和手工艺品让位于廉价的模仿以满足游客的需要。

比尔特 (Bulte) 等人认为，旅游对社区的影响可以分为两类：一类是旅游对主客关系的影响，如示范效应、犯罪、卖淫等；另一类是旅游对社区基础设施和资源开发利用的影响，如旅游开发对社区资源和设施形成的压力、输入外来劳动力对地方造成的压力和当地方言、生活方式的改变等。洛斯曼 (Rothman，1978) 在他的研究报告中指出，美国特拉华州的居民抱怨旅游导致了和家人在一起的时间逐渐缩短。哈莱尔·邦德 (Harrell Bord) 在《面向外部世界的一扇窗户：冈比亚的旅游和发展》一文中，对由外界刺激和外界导向引发的经济发展提出疑问。卢基西斯 (Loukissons) 在《旅游和环境的冲突：以希腊马可纳斯岛为例》中指出，旅游使该地区环境急剧恶化。桑亚 (Sunyer) 研究了布拉瓦海岸地区的大众旅游，认为它强化了陈规陋习。努涅斯对外来因素导致旅游目的地文化发生“可口可乐化”现象感到失望。布洛汉姆 (Broughm) 等调查研究发现，英国威尔士格温内思郡的居民认为旅游使传统形式的社交活动越来越少（龚锐，2006）。

然而，目前越来越多的人类学家赞同旅游的正面效应，最直接的就是旅游所带来的基础设施的改善，比如电力、水源等相关设施的改善。再者，旅游可能会改变少数民族在世界图景中的位置，他们会学习到更多的东西，体悟本文化的价值。旅游者跋山涉水，不在乎金钱花费，只为去他们的村子一探究竟。这会使得少数民族觉得自己是重要的、特别的，会使他们在现代社会中发展得更好。另外，旅游可以使年轻人留在社区，保存家庭的完整性，而家庭的完整就意味着社区的完整。同时，旅游发展可以复兴濒于消失的或者已经消失的传统，重建民族文化。

旅游同样对游客有所助益。游客通过旅游可以更好地了解这个世界，看到世界上除了他们自己外的其他民族，感受别样的生活方式、宗教信仰、饮食习惯等。在这个过程中，他们可能更加感恩生活，认识到自己的民族文化或本文化在全球范围的价值，这也是教育的一部分。

1.2.2 中国旅游人类学的形成与发展

中国旅游研究开始于 20 世纪 80 年代，兴起于 20 世纪 90 年代。旅游经济是学术界首先关注的焦点之一，例如旅游市场的开发、酒店管理、旅行社和旅游设施的建设等。随着旅游业的发展，越来越多的社会、文化和生态问题开始出现，西方的学者尤其是文化人类学家开始将旅游纳入到他们的研究领域，开始关注旅游业对少数民族文化的影响，与此同时，中国的人类学家和民族学家也开始关注对旅游和文化的研究。

中国旅游的出现和西方非常不同。虽然旅游现象，特别是朝圣形式的旅游现象，很早就在古代中国出现，但是，直到 20 世纪 70 年代末改革开放政策实行以后，中国的大众旅游才开始迅速发展。在接下来的短短 20 年间，中国已经成为全球最大的旅游地之一。随着中国国内和国际旅游的发展，旅游逐渐成为学者们的研究对象，开始在学术领域被关注。

民族旅游一直是我国旅游开发和旅游研究的热点之一。改革开放以来，随着国家政策的调整，之前相对封闭的民族地区对外开放，使得深入具有“异域风情”的民族地区参与旅游活动成为可能。同时，对当地人而言，民族旅游也是发展地区经济或者说“脱贫致富”的重要手段。

申葆嘉创建了我国高校第一个旅游学系——南开大学旅游系，他 1996 年在《旅游学刊》上连载了他著名的“国外旅游研究进展”系列论文，第一次在中国使用“旅游人类学”的概念。

潘盛之 1997 年出版了中国第一本旅游人类学专著《旅游民族学》，从人类学视角分析了旅游和中国少数民族的关系。随后，1998 年，王筑生编辑出版了《人类学与西南民族》一书。这本书也同时是 1997 年 1 月在昆明召开的国家教委第二期社会文化人类学高级研讨班的成果集。论文集中所选的 36 篇论文主要分为四个部分：社会文化人类学、社会学理论与方法；政治制度、宗教、经济和法律的人类学研究；人类学个案研究；中国人类学史及其他。其中彭文斌的《中国民俗旅游的发展及中国学术界的参与趋势——兼论西方人类学界对民俗旅游发展“后效应”的思考》介绍了中国民俗旅游的发展并关注旅游对当地居民的影响。

王筑生对中国人类学的发展起到了非常重要的作用。他 1945 年出生于贵州，20 世纪 80 年代开始从事研究工作，尤其对少数民族的经济生活十分感兴趣，并关注云南和缅甸边界的景颇族。王筑生教授在工作期间的突出表现，1985 年他获得奖学金并在纽约州立大学石溪分校攻读人类学学位，博士毕业后受聘于伊利诺伊大学香槟分校；同时，妻子杨慧获得了人类学硕士学位，并对影视人类学产生兴趣。王筑生教授 1993 年决定回国服务，发展中国人类学学科。他的研究对象主要是景颇族（克钦），与著名人类学家埃德蒙・利奇（Edmund Leach）《缅甸高地的政治制度》一书中的调查对象相同。同时，从他的田野调查对象景颇族起，他开始把焦点转向少数民族旅游。

1999 年，张展鸿发表了《从人类学视角透视旅游业——以香港为例》，这篇论文应用旅游人类学理论分析了旅游现象。他在日本接受教育——在东京取得本科学位，在大阪获得影视人类学的硕士和博士学位，接受了更多的西方人类学训练。他最初的研究是关于北海道的原住民“阿伊努人”，包括他们的绘画、照片和明信片，从而引导他迅速聚焦于亚洲少数民族研究这一问题。之后，张展鸿受聘于香港中文大学，研究兴趣也转向香港遗产旅游和与其相关的一些问题。

同样是在1999年，一次与旅游人类学相关的重要会议在云南召开。王筑生1999年7月受邀来到香港中文大学，他同系主任陈志明商议和策划即将在昆明召开的旅游人类学大会。当时美国人类学家爱德华·布鲁纳（Edward Bruner）在香港中文大学做访问教授。不幸的是，王筑生教授并没有亲眼看到大会的召开：在会议召开之前，王筑生教授因积劳成疾而过世。

1999年9月29日至10月1日，主题为“旅游、人类学与中国社会”的旅游人类学大会如期在云南昆明市召开。来自中国、日本、美国、法国、芬兰、澳大利亚等各国的50多名人类学者参加了这次盛会。很多国际知名的旅游人类学家也来到了昆明，包括纳尔逊·格雷本、埃里克·科恩（Erik Cohen）、爱德华·布鲁纳。在这次会议上，学者们将旅游看作社会生活和文化生活的一部分，讨论了旅游的不同方面。会议后，部分论文集中由会议组织者编辑出版。中英文两本论文集在同一年出版：英文版题为 *Tourism*，*Anthropology and China*（Bangkok：White Lotus Press，2001），由 Tan Chee-Beng，Sidney C. H. Cheung，Yang Hui 编辑出版。中文版由杨慧、陈志明、张展鸿编辑出版，书名为《旅游、人类学与中国社会》（昆明：云南大学出版社，2001）。

这次会议促进了中国旅游人类学的发展，有些学者把这次大会看作中国旅游人类学的起源和开端。这次会议的成功不仅是因为中国和海外的社会科学家能够互相聆听和阅读彼此的论文，还因为很多与会者在会后建立了长期的友谊，促进了日后更多的合作和交流。例如，杨慧在2001—2002年获得大学公派进修机会，到加利福尼亚大学伯克利分校做访问学者。之后，她成为国际会议“旅游、少数民族与多元文化”的主要组织者。此次会议于2007年12月在云南西双版纳召开，由云南大学西南边疆少数民族研究中心和香港中文大学人类学系共同主办。

会议的重要性也同时反映在其他方面。比如王嵛1994—1998年从南开大学旅游管理系获得本科学位后到云南大学旅游系（今云南大学工商管理与旅游管理学院旅游管理系）担任讲师。在云南大学，她和邓永进、薛群慧共同参加了一些田野工作。然而，真正促使她转入旅游人类学的关键点是在1999—2000年，王嵛在云南遇到了希瑟·彼得斯（Heather Peters）女士，并为其担任兼职助理和翻译。同时，她对希瑟·彼得斯和其他关注中国遗产地旅游问题的人类学家有了更深的了解。一年以后，王嵛决定选择丽江作为自己的硕士田野调查点。1999年9月，王嵛参加了“旅游、人类学与中国社会”学术会议，第一次见到了香港中文大学的陈志明和张展鸿，随后她来到香港中文大学学习人类学。在香港中文大学，她又遇见了旅游人类学家纳尔逊·格雷本。2002年纳尔逊·格雷本参加了王嵛关于丽江研究的硕士论文答辩委员会，几年后又参加了王崙在杜克大学的博士论文答辩委员会。

然而，从时间序列上看，最早将旅游人类学引入中国的两位学者是云南大学的张晓萍和中央民族大学的宗晓莲。1996—1997年，张晓萍前往美国看望她的妹妹人类学家张鹂。在美国期间，张晓萍在加利福尼亚大学伯克利分校参加了纳尔逊·格雷本的人类学课程“旅游人类学”，并做了关于中国旅游研究的报告。1999—2000年，张晓萍又返回加利福尼亚大学伯克利分校跟随纳尔逊·格雷本学习旅游人类学。在此期间纳尔逊·格雷本教授和张晓萍一起参加了昆明的旅游人类学会议。回到昆明后，张晓萍教授先后发表了几篇关于旅游人类学的论文。2000年，张晓萍、黄继元在《旅游学刊》上发表《纳尔逊·格雷本的“旅游人类学”》。2001年，张晓萍在《思想战线》上发表论文《旅游人类学在美国》，介绍和评述了美国旅游人类学的主要理论。同年，她又在《云南民族学院学报》发表了《从旅游人类学的视角透视云南旅游工艺品的开发》。张晓萍的另一个重要工作是编辑出版了《民族旅游的人类学透视》（昆明：云南大学出版社，2005）。

另一位将旅游人类学引入中国的学者是中央民族大学的宗晓莲。她发表的两篇早期关于旅游人类学的论文是2001年发表在《民族研究》第3期上的《西方旅游人类学研究述评》和同年在《思想战线》第6期上发表的《西方旅游人类学两大研究流派浅析》。宗晓莲的博士论文内容是关于“旅游开发与文化变迁”，在论文中她以云南丽江为例，讨论了旅游开发后少数民族文化的变化。这篇博士论文经修改在2006年由中国旅游出版社出版。之后，宗晓莲移民到日本，在福冈女子大学教书。2009年，宗晓莲发表了一篇回顾中国旅游人类学发展的论文，名为《中国旅游人类学的产生与发展：以论点介绍为例》，以日文发表在《白山人类学》第3期。

彭兆荣教授是中国旅游人类学界一位非常重要的学者，他大力推动了中国旅游人类学理论，并把旅游人类学知识传授给他在厦门大学的学生，组织了一些关于旅游人类学的会议，出版了很多相关成果。彭兆荣教授开始从事旅游人类学研究由以下几方面因素促成。首先，他在中国西南少数民族地区做了多年的田野调查。在调查中他特别关注少数民族文化变迁的动因，而现代社会的移动性（如旅游）是导致文化变迁的重要因素之一。其次，出于人类学者的忧患意识，他担心现代性会使一些小的文化物种消亡，同时也特别担心现代大众旅游的到来会加速文化独特性的丧失，威胁到相对封闭的少数民族的文化认同。最后是由于他的海外学习背景。1988—1990年，彭兆荣教授获国家教委资助，公派到法国尼斯大学人类学系进修人类学。2000—2001年他再次被公派到法国巴黎大学（第十大学）与Bernard Formoso等人类学家合作。而他从事旅游人类学研究最直接的原因是在加利福尼亚大学伯克利分校师从旅游人类学家纳尔逊·格雷本的访学经历。彭兆荣教授在1999年昆明会议上遇到了纳尔逊·格雷本教授，并于2003—2004年受邀在美国加利福尼亚大学伯克利分校人类学系担任高级访问教授，与格雷本教授进行旅游人类学方面的项目合作。在美国期间彭兆荣教授消化吸收了在“旅游、艺术与现代性”课上所学的知识，完成了他著名的《旅游人类学》一书。他在书中不仅介绍了西方的旅游人类学理论，还结合实例分析了中国的个案。彭兆荣教授在2004年设立了厦门大学旅游人类学研究中心，并邀请纳尔逊·格雷本教授作为中心顾问。该中心的老师不仅在少数民族地区开展旅游人类学田野调查，同时还为人类学系的本科生和研究生教授旅游人类学课程。

除了以上提到的专著、论文和研究者，在1999年昆明会议后很多其他重要的论文也陆续发表。2000年，徐新建在《旅游学刊》发表《人类学眼光：旅游与中国社会——以一次旅游与人类学国际研讨会为个案的评述和分析》。在论文中，作者以会议中的论文为研究对象，分四个主题展开分析和评述，分别是：人类学与旅游：角度、方法和理论；民族旅游与旅游民族；身份认同、想象和建构、历史记忆等新关注点；中国旅游下的开发和保护。徐新建教授在贵州工作时就关注当地文学和少数民族文化传统，深入少数民族地区进行了大量的田野工作。1997年，他转入四川大学，并在2000年建立了文学与人类学研究所，同时也进行一些旅游人类学研究。

随着旅游人类学在中国的发展，开始有一些译作出现，最早一篇是拉里·沙内（Larry Shiner）质疑真实性的文章，由章建刚翻译，1995年发表在《世界哲学》杂志。西方人类学和社会学对中国旅游研究的影响途径主要是中国学者和西方学者个人的或学术的接触；一些中国学者在发表的评述性文章中直接引用了西方的概念和代表作品。但是，从2002年开始，西方著作通过一种更直接的方式进入中国，即西方旅游人类学研究的一些重要书目在中国翻译出版。如张晓萍翻译了瓦伦·L. 史密斯（Valene L. Smith）主编的《东道主与游客》（*Hosts and Guests—the Anthropology of Tourism*，1989），由云南大学出版社在2002年出版。紧随其后，纳什（Nash）的《旅游人类学》（*Anthropology of Tourism*，1996）一书也由宗晓莲翻译、云南大学出版社出版（2004）。

为促进这一过程的进行，在彭兆荣和纳尔逊·格雷本教授的提议下，另一套西方旅游人类学者的著作被翻译出版。这套译丛共四本，由广西师范大学出版社出版。它们分别是麦坎内尔（MacCannell）的经典之作《旅游者——休闲阶层新论》（*The Tourists—A New Theory of the Leisure Class*，1976/1999），由张晓萍等翻译，2008年出版[①]；纳尔逊·格雷本的文选《人类学与旅游时代》（*Anthropology and the Age of Tourism*），由赵红梅等翻译，2009年出版；约翰·厄里（John Urry）的《旅游凝视》（*The Tourist Gaze：Leisure and Travel in Contemporary Societies*，1990），由杨慧等翻译；还有正在出版进程中的詹姆斯·克利福德（James Clifford）的《文化之道：二十世纪晚期的旅行与诠释》（*Routes：Travel and Translation in the Late Twentieth Century*，1997）。另外一套由彭兆荣和纳尔逊·

① 张晓萍在此书中对MacCannell所用译名为麦肯内尔，本书所用译名为麦坎内尔。

格雷本主编的“旅游和遗产”系列丛书也在出版中（纳尔逊·格雷本，金露，2011）。

1.3　旅游人类学的研究内容

旅游人类学的研究内容广泛，旅游活动中的旅游者、目的地社区及旅游服务中介均可以成为旅游人类学的研究对象。纳什归纳出旅游人类学研究的三种视角，即涵化与发展的视角、人生过渡礼仪的视角、将旅游看作上层建筑的视角。涵化与发展的视角主要从目的地社区角度审视文化的变迁及社会的发展；人生过渡礼仪视角主要从参加旅游的个人出发，论述旅游活动对旅游者的仪式感和仪式意义；将旅游看作上层建筑视角是将旅游作为与经济基础、社会条件等因素相对应的上层建筑，即生成旅游行为的条件进行研究，因此也可以说是社区视角、旅游者视角和客源地视角。

1.3.1　旅游人类学研究的三种视角

1. 从涵化和发展的视角看旅游

文化涵化作为文化变迁的一种主要形式，主要是指异质的文化接触引起原有文化模式的变化。当处于支配从属地位关系的不同群体，由于长期直接接触而使各自文化发生规模变迁，便是涵化。具体言之，涵化有下列特征：

（1）涵化与出于资源的借用不同，多是在外部压力下产生的，经常伴随着军事征服或殖民统治。

（2）涵化与个别文化因素的借用不同，往往意味着许多文化因素的变化。

（3）相互接触的群体，总有一个是强大的，处于支配地位；另外的则处于从属地位，从属地位群体通常从支配地位群体借用的文化因素较多。但也存在相反的情况，若从属地位群体存在强大的文化优势，最终被涵化的将是支配地位群体，中国历史上北方民族入主中原的情况就是如此。接触的群体有时也会各自丧失文化个性，而形成一种新文化。

与殖民时期的文化涵化不同，旅游作为文化涵化的一种形式，其对文化的影响是潜移默化的，并以一种不被觉察的状态对文化变迁发生作用。纳什在《作为帝国主义的一种形式的旅游》一文中阐释了旅游对文化的影响。文章从“帝国主义”的概念开始分析，指出今天的帝国主义与以往已有所不同。以前的帝国主义以强迫、强加为主要特点，由于种种原因，现在人们已经自愿甚至积极地接受外来影响。

纳什同时分析了旅游、游客形成的条件：人们生活富足了，有了剩余时间，为了某种精神需要而出门旅游。他还分析了旅游地形成的过程：旅游地的人们将发展旅游当作一种获取收益的方法，按照游客的喜好进行开发。因为东道主与游客双方的情况正好相对，这种客观条件下发生的交往关系必然是不平等的交往关系。最后，纳什分析了接触时的情况，进一步指出旅游地人民服务于游客，满足游客各种需要的客观形势。他认为今天的旅游必定是帝国主义的一种形式。

从这一观点出发，很容易把旅游与帝国主义行为联系起来，认为双方很容易形成统治—从属关系。虽然早期的人类学者一般都否定旅游开发的价值，但以更全面的眼光看问题，我们应意识到当今世界的国际旅游很大部分是发生在西方发达国家之间，而且各国发展旅游的背景、条件、现实状况都不一样，因此不能一概而论。

与文化涵化相关的一个概念是“示范影响”，人类学者用其描述旅游者对目的地社区居民的影响，意指游客以及与其相关的事成为目的地人民的效仿对象，进而改变了当地人的价值观念，影响了当地文化。例如，大量旅游者在旅游活动中食用泡面，泡面本是旅游者贪图方便而选择，较为封闭的少数民族群体几乎不食用泡面，然而游客的“泡面文化”使当地居民开始效仿，甚至在某一时期成为一种流行文化。

人类学者使用得更多的另一个概念是商品化，意指旅游使目的地社会关系深受市场交换规则的影响，目的地一切吸引游客的东西都可以标上价格，在市场上进行买卖。例如，苗族地区盛行的节日“牯藏节”，也称“吃牯藏”“刺牛”等，传统上由苗族各姓牯藏头组织，一般在历史上关系较密切的村寨间进行。牯藏节有小牯、大牯之分。小牯每年一次，时间多在初春与秋后农闲季节，吃牯村寨杀猪宰牛，邀请亲友聚会，其间举行斗牛、吹芦笙活动；大牯一般 13 年举行一次，轮到之寨为东道主。牯藏节的重要内容是杀牛祭祖，但现今旅游业发展后，苗族地区的牯藏节祭祖等意义逐渐减弱，而展演功能逐渐增强。

2. 从个人经历的转换看旅游

从个人经历的转换看旅游的观点主要由旅游人类学家纳尔逊·格雷本提出。他在《作为仪式的旅游：旅游的一般理论》中开篇即写道，“最好将旅游理解为一种仪式，一种与日常家居生活、工作行程有强烈反差的，集休闲、旅行于一体的特殊仪式”。旅游者选择旅游是因为家居生活中有他们想要逃避和远离的东西，而他们相信在旅游地可以得到日常难以获得的、真实的、催人自省的事情。此动机与生活中的某些仪式逆转（ritual reversal）或仪式倒转（ritual inversion）有关。

纳尔逊·格雷本认为人们的旅游行为反映了一种全人类普遍存在的消遣、玩乐需要，正是这一需要，促使人们进行旅游。他进一步提出，人们有一种倒换原有的生活经验的需要，而旅游为人们提供了从日常例行的生活中解脱出来的机会。同时，旅游中游客观赏的自然风光、异域文化都会令人产生非同一般的感受，它使个人在家乡原有的日复一日的生活得以换新。因此，旅游使人们得到休息和放松，对于保持人们的生理、心理健康非常重要。

纳尔逊·格雷本教授详细地阐释了旅游作为一种仪式的结构与意义，分析了旅游与仪式在结构、功能等方面的相似性，认为旅游是一种非常突出的世俗化仪式，在许多当代社会中它都实现了从前由神圣的宗教仪式完成的功能。过去，人们通过宗教仪式实现某些需要、标志某些人生转变；今天，人们以旅游来实现这一切。

卷入旅游仪式的人首先经过一个分离过程，也就是他们远离并超脱于日常、例行的社会生活，进入一种阈界。此时，生活中程式化的、必然的一切都失去了它的规定性。在这一更自发、被解放的状态中，人们可能产生一些特别的感受。最后，仪式以再融入——人们回到原有的例行的日常生活而结束。这一过程可能需要人们做很大的自我调整、自我适应。

总之，人们习惯性地倒转“神圣的/旅行的”与“世俗的/家居的”两种生活。过去，节日将人们从日复一日的枯燥生活中解脱出来，经过节日上的欢愉和庆典，人们精力更加充沛地投入到接下来的工作中。而现代生活中，旅行具有同样的功能，使得人们有一段时间摆脱日常生活的枯燥无味，经过旅行与日常生活的倒转，再重新回归日常生活。人的生命历程由一个个过渡仪式完成身份的转换，如成人礼、婚礼等，而目前旅行可以代替部分过渡仪式的角色，完成人生由一个阶段到另一个阶段的转换，如毕业旅行、蜜月旅行等。

3. 从上层建筑的视角看旅游

1972 年经济学家萨林斯（Sahlins）提出旅游也是一种上层建筑，是“与经济动态适应的上层建筑对应物”。

从上层建筑视角看旅游的这种观点将旅游看作最终由社会的基本生产决定的上层建筑，是社会文化体系中依赖性较强的方面。旅游的这种依赖性特征在经济萎缩时期表现得更为明显——经济不景气时，旅游收入是最先减少的。将旅游看作主要是由客源地社会的其他更基础的方面造成的，有其合理性。当然，人类学者们分析的不仅仅是社会的物质基础，也注意到了许多社会文化因素。

那么是什么将各种社会基础和旅游活动这一上层建筑连接起来的呢？对家中日常生活和游客行为之间的关系，学者提出两种观点。

一种被称为“漫溢效应”，此时旅游行为被看作家中生活的简单延续，于是，被异化的人要寻找各种异化的旅游方式，个人主义者更喜欢独自旅行或小群体旅行。另一种观点是“弥补效应”，认为人们希望旅游时的活动与在家中时不一样。因而，被异化的工人寻找更少异化、更多自主的方式；经常被骚扰的医生要找一个自由、放松的旅游地。

旅游活动中的漫溢效应，其典型案例如日本的团体旅游。日本游客喜欢以团体的形式旅游反映了日本社会较强集体性的特点，是日本人家庭生活团体化特点的延伸。旅游活动中的弥补效应，其典型案例如美国印第安旅游：其大力宣扬田园风光、回归自然、异域风情等，以吸引城市中缺少接触自然风光和异域风情的人群。当然，漫溢效应和弥补效应并不是截然相对的，在一次旅行活动中，可以两者兼而有之，如在行为上可以保持日常的行为方式，而在心理上可以参与到日常生活中所没有的或难以体验的旅游形式中。

1.3.2 旅游人类学的研究议题

旅游人类学的研究议题根据研究阶段的不同各有侧重。东道主与游客的主客关系首先成为关注焦点，与之相联系的是旅游中的文化涵化与变迁。在麦坎内尔之后，旅游人类学对真实性的讨论从未停止。由于篇幅限制，本节主要介绍旅游与文化/主客关系、旅游与仪式、旅游与族群、旅游与真实性、旅游与艺术、旅游与遗产、旅游与博物馆等章节所涉及的议题，并简单介绍旅游作为新殖民主义、旅游作为现代朝圣、旅游与现代性、旅游与文化重建等话题。

1. 旅游与文化/主客关系

文化是人类学研究的重要内容，也是旅游人类学最先研究的议题之一。旅游人类学研究主客间的文化，“主”即东道主的文化、开展旅游业的社区居民的文化；“客”即游客的文化，客源地的文化。文化间通过接触而相互影响。旅游活动通过时间和空间的转化完成，而往往还需要文化中介者（cultural broker)，如导游或文化活动的表演者。文化中介者是文化的传递者，一些情况下，文化中介者在主客遭遇时，也起到了掌控的作用，具有很大的权力。

东道主与游客由于宗教界别、种族群体、语言能力、政治立场、社会阶级、性别、民族主义、年龄代沟、文学修养、艺术认知、教育程度等之不同，而产生文化差异。当他们相遇之时会发生文化接触（culture contact）而产生冲击、竞争及失落等反应。这些反应可以发生在任何时候、任何新环境。当你到达一个地方觉得很陌生、很困惑，不知道自己的角色是什么、应如何定位、应怎么表现才恰当等，觉得很不舒服、很不自在，好像过去所有的经验在刹那间突然“短路”；有时甚至会引起身体上的一些症状，如头痛、胃口不好、睡眠失调等，此为文化冲击（culture shock)。

文化接触同时可能带来文化创新。文化创新对于东道主社会来说，不仅有利于自己旅游业的发展，同时也能满足游客猎奇、愉悦身心的目的；也会对文化的真实地带不可进入的缺憾做出弥补。但是这种创新不是让自己原有文化面目全非的创新，而是在吸收他者文化精髓的同时，以本文化为根基，加入现代的元素来满足游客的追求。

2. 旅游与仪式

如果将旅游作为一场仪式，那么这一过程也如根纳普（Gennep）所说的过渡仪式一样，具有前阈限、阈限和后阈限三个过程。

特纳（Tuner）认为阈限阶段是仪式过程的核心所在，因为它处于结构的交界处，是一种在两个稳定状态之间的转换。他详细阐述了阈限阶段的象征主义特性：第一，阈限阶段是一种模糊不定的时空，其间基本没有阈限前或阈限后的社会文化生活所具有的那些特征。该阶段是一个过程，而不是一种状态。第二，在阈限期，受礼者进入了一种神圣的仪式时空，它处于一种中间状态，所以世俗社会生活中的种类和分类都不复存在。第三，特别强调仪式中长者的绝对权威，但是参加仪式的所有新人却是绝对的平等关系（夏建中，1997）。按照特纳所说的阈限阶段的特征，无疑旅游的过程具有其中的大部分特性。

对旅游与仪式的研究，纳尔逊·格雷本认为，现代旅游可以将人们带入非日常的阈限阶段，使人们暂时忘记日常生活中的繁忙、紧张等情绪，甚至有时可以代替传统宗教的作用。

3. 旅游与族群

以旅游人类学的主要阵地——美国而言，起锚阶段的著作是格林伍德的《作为变迁动力的旅游：西班牙巴斯克的一个案例》一文（1972）与纳尔逊·格雷本教授主编的《民族艺术与旅游艺术——来自第四世界的文化表达》（1976）一书。1984 年，《旅游研究纪事》第 3 期组织了以“旅游与族群意识”为主题的特刊，该特刊收录包括“引言”在内的 8 篇论文，并得出一致结论：民族旅游可能导致族群意识的再创造。此后，围绕这一观点进行的实证研究亦获得长足发展，尤其是在 1997 年，三部论文集相继问世——《亚洲与大洋洲的旅游与文化发展》《旅游、族群意识与亚太国家》《旅游者与旅游——人群与地方的认同》，这是旅游情境下族群意识研究的鼎盛时期（赵红梅，2015）。

我国是一个统一的多民族国家，各民族特点鲜明、文化迥异，少数民族旅游资源丰富，为在民族地区开展旅游活动提供了良好的基础。

4. 旅游与真实性

真实性一词最早用于博物馆研究中，用来说明博物馆的一切展品都是真实的。早在 19 世纪，法国启蒙学家卢梭就提出了真实性问题，那时英国的旅行者试图把旅行者（traveler）和旅游者（tourist）两个词区别开来。旅行者外出是为了追求真实，而旅游者外出是为了游玩。

麦坎内尔（MacCannell，1973，1976）率先将真实性问题引入旅游的人类学和社会学研究中，其舞台真实性理论自提出以来，一直是旅游人类学界讨论的话题之一。他在《旅游者——休闲阶层新论》中阐述了其主要思想，认为现代的工作关系使得人们的生活与传统产生了脱离。工业时代的人们可能更愿意离开自己所熟悉的环境、工作、家庭生活，到遥远的地方去，到乡村或世界上某个陌生的地方，去经历一种与现代社会形成反差的生活，感受“他者”传统文化的真实性。其根源是疏离感，这个词可以追溯到马克思。他强调现代人生活在一个“被疏离的”“虚假和不真实的”社会中，人们与自己生活的环境、社会和文化产生了疏离，即感到自己没有归属感。

旅游给人们提供了一个逃避现实社会的机会，虽然这种逃避是暂时的。这种疏离感是现代旅游的动机之一。有人旅行的目的是追求心中真实的世界，这种旅游者被称为“现代朝圣者”（modern pilgrim），他们在旅游中寻求某种近乎神圣的、象征性的“共睦态”（communitas）。

麦坎内尔认为旅游者动机在于寻找真实性，但他又断言这种寻找注定失败，因为旅游者自身即是现代性的构成部分，他们旅行到哪里，就将现代性带到哪里，失真现象如影随形。

真实性涉及的另一个重要概念为“文化商品化”。旅游活动及其经济意义使得任何东西都可以贴上标签在市场上进行买卖，甚至传统节庆、宗教仪式、隐秘物件等不可买卖的神圣之物也难逃经济之网，以致影响到传统的延续和整体文化变迁。

历史学家布尔斯廷（Daniel J. Boorstin）是最早指出旅游失真的学者之一。他提出“逝去的旅行艺术”，抨击文化的商品化和旅游体验的虚假。他认为，旅游者的期待是如此狭隘，以致他们是如此沉迷于非真实的、商品化的产品、仿制品、镜像以及所谓的“舞台吸引物”（staged attractions），没有能力看破其假。同时，他指责大众旅游催生出虚假事件和商品化文化，体验被均质化和标准化，真实性变成可疑的命题。

5. 旅游与艺术

旅游与多种艺术形式紧密相关。首先，在旅游过程中人们慕名去到目的地，主要为欣赏旅游目的地的吸引物，而民俗、音乐、工艺品、舞蹈等艺术形式成为重要吸引物。其次，旅游与艺术互相影响。从积极的方面来看，旅游业的发展可以促进当地艺术品的发展，提升艺术品的艺术价值、创新艺术品的种类、复兴濒临消失的艺术。从消极的方面来看，旅游业的迅速发展可能会使传统的手工艺面临市场的考验，艺术品的形式可能受到游客喜好的影响而种类减少，或者产生不属于当地传统的艺术品。

纳尔逊·格雷本在《民族艺术与旅游艺术——来自第四世界的文化表达》一书中首先对少数民族旅游艺术品进行研究。“第四世界”一词指代仍处于传统社会的人群。第四世界是那些领土在第一、二、三世界国家之中，并受到他们的技术和官僚统治的原住民和当地人的总称。

由于与外界不断接触，他们原有的文化越来越接近周围的主流文化。许多人类学者把这种变化看作旅游的消极影响。特纳和阿什（Tuner & Ash）的观点可以说是这方面的代表：“那些在远离西方世界的地方发展起来的文化的审美、愉悦价值，很快就被游客优越的经济状况吞噬，今天的旅游已经开始了消灭文化的工作。”

但同时，旅游加速了当地文化与外来文化交融的步伐，引入了新的文化因子；游客的到来，刺激了当地传统艺术、手工艺品等的复兴；旅游的收益可以改善当地自然环境、生活设施、交通条件等，因而也有一些人类学者认识到了旅游的正面作用。

6. 旅游与遗产

遗产与旅游的关系体现在两个方面：一方面，遗产的本质属性在于其传统性，以及附着其上的历史文化；另一方面，随着大众旅游时代的到来，旅游者表现出对历史文化传统的迷恋与怀旧。尤其是在现代化与全球化的今天，现代性的冲击使人们从精神与外在方面去寻求突破，寻找失落的精神家园，而代表传统的遗产则恰恰可以成为人们去感知、去消费的资源，那么遗产与旅游的联手就成为可能。遗产旅游（heritage tourism）则迅速成为文化旅游的一种特殊形式。

遗产旅游是最古老的旅游形式之一，如古代商人、水手和冒险者前往古埃及观赏大金字塔和尼罗河的故事，那些旅行者在各古代文化名城之间旅行，欣赏各种宏伟的建筑（如大教堂）以及艺术品。16—17 世纪欧洲上流社会精英们的大旅行（The Grand Tour）即其中的典型代表。大旅行是欧洲绅士教育的最后一个阶段，其目的主要是通过周游欧洲列国广泛获取文化修养，而收集古物纪念品或艺术作品则是该阶段内容的一个组成部分。

遗产旅游可以定义为以世界遗产为吸引物，到遗产地去欣赏世界遗产的景色，体验或学习世界遗产文化的旅游活动。而在我国大力提倡保护文化遗产的政策影响下，遗产旅游受到越来越多的关注。

7. 旅游与博物馆

旅游业作为第三产业的支柱行业，素有“无烟工业”之美誉，成为许多地方经济发展中新的增长点，愈加受到人们的重视。旅游的形式和种类很多，但总的来说不外乎两大类，即自然风光游和人文景观游。

在人文景观中，博物馆、纪念馆又作为重要一席，起到举足轻重的作用。博物馆作为集收藏、研究、社会教育等多种职能于一体的文化设施，承载着一个国家、一个地区的历史文化。在一个现代化城市的文化建设中，博物馆有着举足轻重的地位，通常被作为这个城市的文化标志。

上海博物馆、河南博物院、南京博物院等博物馆建筑宏大壮观、设施先进、环境优雅，且拥有高质量的配套服务和高水平的管理，改变了博物馆在人们心中陈腐考究的形象，而成为这些城市的文化象征。这些博物馆经常举办高水平、高素质的文化艺术展览，成为当地人主要的高雅文化娱乐场所，也大大提升了整个城市乃至相关地区的文化品位。

旅游业在自身发展的同时给文博事业的发展也带来了新的机遇，越来越多的博物馆意识到文物与旅游之间的关联性和互动性，将“开发文物资源，搭乘旅游快车”列入了它们发展和建设的战略规划中。博物馆对旅游的开发可以促进博物馆工作的开展，通过灵活的经营方式形成自身的特点，增强自身的活力，实现社会效益和经济效益的最佳结合。旅游的大发展驱动着博物馆的大发展，使博物馆向大众化、公共化发展。

8. 旅游作为新殖民主义

这一话题最初由罗萨尔多（Rosaldo，1989）在其著名的《帝国的怀旧》中提出，主要针对美国人对其前殖民地的菲律宾人的态度。此用语不仅可以应用在不同国家和地区之间，也同样可以应用在国内旅游研究上，意指在旅游活动中，来自中心地区的人对少数民族的操控权。

9. 旅游作为一种现代朝圣

在麦坎内尔看来，旅游者是种隐喻，既是西方中产阶级观光者，也可视为一般意义的现代人，由于深受现代生活的矛盾、对立、暴力、支离、断裂与疏离之苦，无从选择、无处归宿，因而产生了对整体性与真实性的渴望与探求。在此视角下，旅游被视为宗教的替代品，或世俗仪式，人们投入旅游活动，以消解现代性中那些彼此抵牾的牵引力；而“真实性在别处，在其他历史时期与其他文化中，在简单质朴的生活方式中”的说法，则使得旅游吸引物被符号化以充当朝圣的对象。

10. 旅游与现代性

旅游既是现代性的后果，又是对现代性的逃离。人们在机械化的日常生活中周而复始地重复运作，旅游能够使他们暂时逃离现代性的制约。也就是说，人们通过旅行能够摆脱现代性的迷惑，称为“现代性的推力”（push of modernity）。与之相对的概念是“现代性的拉力”（pull of modernity）。持这种观点的学者认为人们逃离现代性的旅游行为恰恰是他们卷入现代商品生产体系的表现，因此他们并不是逃出现代性，而是进入现代性。事实上，以上两种关于旅游和现代性的观点所表述的意思就像一个硬币的两面。旅行既可以是对现代性的庆祝，象征人们收入的增长和生活水平的提高，呈现出人们生活水平提高后的一种特殊的消费文化；同时，旅游业是对现代性的批判和质疑，表达了人们对现代性诸多黑暗面（如压力、不安定感、单调乏味等）的不满。人们对旅游又爱又恨的感情正如人们对现代性的“爱恨交织”（ambivalence），因此西方用“回家再离开”（home and away）生动地形容人们对旅游和现代性的矛盾心理（王宁，1999）。

11. 旅游与文化重建

在民族旅游中，当地少数民族居民与游客的接触往往会唤起少数族群对于自身的认识，还会加强他们对于自身身份及自我表述的关注。

旅游能够激发民族文化的复制、再造和创新。阿伊努人是日本的一个少数族群，他们的传统文化大部分已经消失，在经济和政治上处于边缘地位。20世纪70年代，阿伊努人的文化运动发展起来了，目标是获得作为一个独立族群的承认。为了制造传统的手工艺品以吸引旅游者到来，并见证他们传统的生活方式，他们在几个地区建立起传统的乡村结构，大力进行广告宣传，吸引旅游者到来，并进行报道。阿伊努人在有意识组织起来的旅游村庄中举办公共仪式、手工艺课程等，为他们创造了公众形象，再造或创造了传统文化。

除以上议题外，另有旅游与社会性别、旅游的符号与象征、旅游工艺品与纪念品、旅游与全球化等议题的讨论。

1.4　旅游人类学的研究意义

1.4.1　旅游人类学的研究背景

旅游业，作为一种相对较新的第三产业，具有鲜明的特性。旅游业的迅速发展也与其独特性密不可分。首先，从经济学角度看，旅游业的发展投资少而收益快，被称为朝阳产业；又因为污染小等优点，被称为“无烟产业”。其次，旅游业输出的产品称为“无形产品”，与金融、保险、咨询等行业一样，输出的主要是服务。这种服务不能带回家，而必须在当地享受和消费。再次，旅游业除受经济因素影响外，还受非经济因素的影响，如游客的个人喜好、治安环境、旅游地的声誉和名气等，因此更加脆弱。旅游目的地经常是自然生态保存较完好的地域，或者是具有原始人文生态的社区。因此，发展旅游业必须考虑承载力的问题。这里的承载力既包括环境承载力，又包括社会承载力、心理承载力和文化承载力。

全球化、流动性和现代性既是旅游的背景和生成条件，又是旅游的结果和反映。如果说游客的旅游行为是主动参与现代性的手段，那么处于“被猎奇”之位的地方社区对现代性的应对可以说是相对被动的。通常来说，现代性意味着经济发展和文化现代化；具体来说就是，抛弃传统的生活方式，接纳现代技术、服饰、实践、娱乐方式等。然而，如果一个传统社会或一个少数民族村寨选择旅游作为经济发展的手段和来源，就必须呈现一定程度的传统性以满足游客的猎奇心。那么怎么来处理传统和现代在旅游中的矛盾呢？第一种可能性是当地人为游客创造出新传统或者新物品，但危险是，如果游客发现这些传统或者传统物品不是原真的，就可能不再去此地旅行；但是同样的过程也可能创造出新的传统，如纳尔逊·格雷本教授对因纽特人的雕刻艺术的研究。第二种策略是当地人开发出展演给游客的前台传统；而在不参与旅游活动时，他们则使用与游客无关的、真正日常生活中的后台区域。此观点的主要提倡者是麦坎内尔。第三种观点认为，根本没有办法阻挡旅游对当地文化的破坏，一旦旅游进入传统社会中，必然会消减当地的传统性。为保护脆弱的旅游资源，学者们提出了可持续发展、可替代性旅游、生态旅游等概念。为了减少对文化资源的商业化影响，旅游人类学的研究意义也越来越凸显。

1.4.2　旅游人类学的研究意义

鉴于以上研究背景，旅游人类学研究的主要目的如下：首先，在经济发展的同时保护脆弱的旅游资源，实现经济、生态、文化的可持续发展；其次，减少旅游目的地和旅游者之间的误解，使东道主和游客在旅游过程中能够互相理解、欣赏、包容；再次，减少旅游的负面影响，使旅游者充分享受旅行的乐趣，同时保持目的地社区的自然生态和文化传统。

旅游人类学的研究意义主要体现在以下几个方面：

1. 比较不同社区、不同人群间的旅游现象，归纳出旅游的普同性特征

旅游牵涉经济、管理、生态等多学科背景，涵盖东道主社区居民、游客、旅游从业人员等诸多利益相关者，从中选择某一方面进行研究，都要同时考虑其他方面，因此总结归纳普同性特征较为复杂。以游客研究为例，如何才能解释不同游客对同一目的地选择的动机，而同样客源地的游客在目的地社区的行为特征又截然不同？

将跨文化比较的方法应用于对旅游社区、旅游者和旅游中介的研究中，通过对比分析研究案例的第一手资料，归纳出关于旅游的一般特征，如旅游的动机、旅游对文化变迁的影响及其他旅游活动的普同性特征。而这些普同性特征将有利于目的地社区旅游业的发展，有利于旅游开发的顺利进行，有利于对游客出行的预测，有利于提升旅游服务业的质量。

2. 旅游的整合研究

整体分析旅游的社会、经济、文化背景，将某一现象放在大的时代背景下研究，发现旅游背后更深层次的意义。

旅游既是全球化、移动性和现代性的结果，又是其动因。因此，研究某一旅游现象不能就现象而研究现象，而应在文化背景下探究其历史原因、社会条件、生态背景等，并将旅游置于文化整体中考量，研究旅游与文化其他方面的互动关系。

对旅游的整合研究需要整合各个学科的知识体系，也需要整合与旅游现象联系密切的利益相关者，更要整合旅游背后的文化的"意义之网"。旅游作为全球化、移动性和现代性的外在表现，同时与时代背景、社会现象、国际经济局势等极为相关，这些都是研究旅游现象时需要整体考虑的因素。

3. 旅游民族志的理论与实践价值

经过长期的田野调查，完成详细的旅游民族志，相较于其他学科更有说服力。旅游民族志的完成需要将人类学的研究方法与旅游管理的有关方法结合使用。除传统的人类学田野调查方法外，按照瓦伦·L. 史密斯的看法，可归纳为 4H 特色，即旅游景区与景致（habitat）、历史（history）、遗产（heritage）和工艺品（handicraft）。4H 对旅游活动中的多方面具有重要影响，主要包括：(1) 地方旅游资源与实际承受能力方面的关系以及地方民众关心他们的各种资源"付出/获得"之间的关系。(2) 旅游活动的发展所带来的机会以及这种机会使得东道主社会文化在改变上的重新确认和评估。(3) 分析旅游活动的出现所带来的潜在的文化冲突等。(4) 为区域性的旅游项目与外来旅游因素的接触性活动的情况提供分析数据。(5) 通过诸如游客心理方面的因素这样的侧面来确定潜在的游客市场（彭兆荣，2004）。

旅游人类学具有的重要实践意义也就在于：如何使第三世界、第四世界在旅游业中获益，并得到真正的社会发展。因此，旅游人类学的作用至少有两个：一是参与社区发展；二是提供发展方案，帮助社区居民决策。如美国人类学家一直关注印第安人的困境，不仅帮助他们解决旅游开发中的难题，还帮助他们获得教育机会、增加就业岗位、解决酗酒等社会问题。

1.5　旅游人类学的研究方法

从事旅游人类学研究的学者们将旅游现象本身作为主要研究对象，重点论述旅游在现代语境中的内涵和功能，认为旅游的人类学研究及社会学研究只有在现代的语境中才能挖掘出更深刻的意义。旅游人类学的研究方法具有文化人类学研究方法的共性，又因旅游的流动性等特征而具有独特性。

1.5.1　田野调查

田野调查是人类学研究的首要方法和途径，田野工作强调对地方族群日常生活的直接介入，其经验性调查的特征通常是：(1) 学会当地的语言，最直接地获取一手资料；(2) 不少于一个年度周期的居住时间，以了解社区（特别是农业社会）整年的生计方式、岁时节庆、仪式等文化全貌；(3) 采用参与观察的方法，身兼主位和客位两种身份视角。田野调查后，人类学者需要进行材料的编辑，加入理论分析，其文本称为民族志。

人类学田野工作方法具体为：

第一，确定研究对象及研究选题，选择合适的田野点。研究对象的选择需要根据个人研究的具体内容和目标而确定，而旅游人类学的研究对象通常为发展旅游的目的地社区、开展旅游业务的机构和个人、参与旅游活动的旅游者。对旅游目的地社区可以采用人类学传统的田野调查法，而对旅游者、旅游中介机构和旅游服务者的研究该如何确定田野工作的地点，需要研究者仔细考量，有时田野甚至可以在网络、电话等虚拟世界中。因此，现代田野的范围具有延展性，并非固定在一个或几个社区。

第二，带好装备，进入田野。人类学者常用的装备除了生活用品外，通常还有笔记本电脑、录音笔、手机等。进入田野点有几种常见方式——通过行政组织上级单位（如旅游局、旅行社总部）的联系进入、通过熟人引荐进入和单独进入田野点。每种进入方式各有利弊，如通过行政组织而进入的方式：其优点有进入方式正式化，可以收集到官方资料，能够保障调查人的安全；缺点是有些被调查者会有所顾忌，不愿意告知较为敏感的内容。进入田野点后，妥善安排田野点的生活，拜访当地官员或管理人员以获得他们的支持。

第三，选取主要报道人。报道人是人类学的专用术语，指被问询的、向调查人讲述相关内容的个人。选取主要报道人通常由随意性的谈话开始，再逐渐确定对相关议题较为了解、时间灵活充裕、口头表达能力较强的个人作为主要报道人，随后进行参与观察和深度访谈等。

1.5.2 参与观察

顾名思义，参与观察由参与和观察两部分组成。所谓参与，即以当地人的主位视角参加社区的日常生活，与当地人同吃、同住、同劳动，获得社区居民对文化的主观经验和感悟，使得外来者能够尽最大可能地理解当地人的文化实践。所谓观察，即以调查者的角度审视社区文化的“意义之网”。有时当地人因为对本文化的浸入，已经很难说明文化的功能，因此需要人类学者从更为广泛的文化背景或自然条件等因素考察文化产生的原因和原初意义。参与观察的具体内容主要包括：

1. 参与观察当地的自然环境和人文环境

文化的生成离不开其自然环境，如贵州在喀斯特地貌上产生了石板屋等建筑形式，同样产生了依山势形成的梯田。人文环境包括历史、族群特征、语言等，独特的人文环境可形成独具特色的传统和文化。

2. 对日常生活、人际交往等进行细致的观察和体验

首先要了解和经历当地人的生活，才能够发现由日常生活体现的文化内涵。日常生活包括食宿行及休闲活动。人际交往不仅能反映出人群间的亲疏关系，更能体现由人际关系而产生的社会结构，帮助调查者理解社区文化。

3. 生活在当地，学习当地语言，入乡随俗

人类学者必须住在社区居民的家中，而不是村外的酒店和宾馆，应将自己看作当地人，以便尽快融入社区。调查者可以在参与观察的过程中学习当地语言，拉近与社区居民的距离，这样也能学习得更快捷、更地道。当地社区可能有一些风俗习惯是外来者无法理解或无法接受的，调查者务必尽可能地入乡随俗，把自己放在与当地人同样的位置上。

4. 历史追踪法/回访

旅游研究面临的现状是如果想研究旅游者就必须花费很长的时间，因为游客是移动的。同时，人类学者必须做长远打算，不断回到你所调查的社区，对比社区的变化。因为世界在不断变化，人类学者需要关注我们的田野点正发生着什么。纳尔逊·格雷本教授已经持续研究因纽特社区60余年，每次回访都会像当地人一样在社区生活，与当地手工艺人一起制作艺术品。另外，可以用现代科技手段，甚至可以用通信设备、网络视频、电子邮件等与当地人不断交流。因此，人类学者的田野点可以是终身的。

1.5.3 深度访谈

人类学的访谈通常需要的是深度访谈。访谈首先需要确定访谈对象。访谈对象可以是一个人，也可以是一群人。刚刚进入田野点，一般会从聊天开始，通过一段时间的了解后确定主要报道人，再展开深度访谈。

访谈的形式有结构性访谈、半结构性访谈和非结构性访谈。结构性访谈指人类学者根据自己的研究内容事先设计好访谈提纲，按照提纲逐条询问报道人。半结构性访谈指访谈中既有封闭式的结构性问题，又有部分开放问题可以让报道人开放性地回答。而非结构性访谈指调查者仅对被访谈者提供大概的主题，或完全没有主题，让报道人自由谈论自己所知道的关于社区历史、风俗、传说故事等文化的各方面，人类学者再根据其所陈述内容整理自己所需要的材料。

人类学访谈最重要的技巧就是能够与报道人愉快地聊天，所以有时人类学者需要通过与报道人一同吃饭、出行、劳动等非正式方式使报道人毫无芥蒂地、心情愉悦地说出自己心中所想、日常积累所得。由于时间有限，人类学者要适时地引导报道人，使谈话向自己需要的研究方向发展，当偏离主题时将报道人重新拉回中心议题。

由上所述，人类学者与报道人的访谈有时甚至很大一部分时间是在非正式场所进行，而随时携带笔记本并记录下访谈内容不太现实，所以有时需要录音。录音涉及人类学的伦理，即是否需要在录音前告知报道人。原则上，我们需要在录音前征求报道人的意见，再进行录音。录音后最好在较短时间内将其整理为文本，以减少时间过长造成的录音整理负担。整理过程中如发现不清楚的地方，或需要补充的地方，可通过回访、电话或邮件等进行补充。

1.5.4　调查问卷

调查问卷不同于其在旅游管理或社会学中的重要作用，在人类学方法中属于辅助手段。调查问卷的设计至关重要，其质量受设计者的知识水平影响很大。一份好的调查问卷需要首先讲明调查的意图和初衷，请被调查者积极配合；每道问题都要切合主题，不要询问与主题无关的问题；调查问卷不能过长，1～2 页为佳，答案最好可选择打钩，尽量少设计需长篇回答的开放性问题，以减少被调查者的回答时间，为被调查者提供最大的便利。

调查问卷最好一对一发放，待被调查者填写完好再收回离开，以保证问卷的真实性和回答质量。对无法阅读问卷的被调查者需要口述问卷内容，帮助其填写。问卷收回后，可以用 Excel、SPSS 等软件进行分析。

1.5.5　旅游民族志

民族志是将使用人类学田野调查方法获得的资料收集、归纳、整理，并应用人类学理论进行提升，最终形成的文本。而将旅游与民族志结合，即将旅游研究中的所见、所感、所闻用文字的形式记录下来，并应用旅游人类学方法进行分析，最终形成的文本形态就是旅游民族志。

旅游民族志与传统的民族志相比既有共性又有特性。从共性上说，两者都是使用人类学参与观察的方法，与研究对象同吃、同住、同劳动，观察并记录研究对象的文化事项、风俗习惯、生活方式等。从特性上说，因为旅游具有流动性，使用传统的人类学方法可以研究目的地社区的居民，那么如何研究具有移动性的游客？因为游客可能只在目的地社区停留较短的时间，很难对其进行深入观察。而游客又来自不同的社区，如何跟踪调查游客回到常居地的生活？因此，旅游民族志因游客的移动性又要有所变化和创新。旅游民族志有时可借用电话、邮件、网络和新媒体等手段，但旅游人类学者的高度参与性始终是最基本的操作原则。

1.5.6 个人生活史/口述史

个人生活史指对报道人进行深入访谈，将其个人的生活经历记述下来。口述史即以搜集和使用口头史料来研究历史的一种方法。访谈是两者共用的重要方法。一般来说，讲述个人生活史的报道人通常拥有丰富的个人经历，且其个人经历具有典型性，能够反映某段时期或整个社区的普遍性生活；或者报道人的生活经历具有特殊性，与其他社区成员形成鲜明对比，且能表现群体间的互动关系。如《林村的故事》（北京：生活·读书·新知三联书店，2002），是黄树民撰写的民族志，全书以福建厦门农村党支部书记叶文德富于戏剧性的生命史为主轴，展现铺陈出一幅贯穿时空背景的社会文化变迁图像。

与个人生活史不同的是，口述史可以是个人的口述历史，也可以是群体的口述历史。特别是民间故事、传说、风俗等，往往需要通过口耳相传的方式传承，尤其需要口述史的记述。

1.5.7 田野日志

田野日志是由人类学者个人记述的非正式文字资料。经过一天的田野调查，人类学者将一天的所见、所闻、所感以日记的方式留存下来。一般认为民族志是公开的、学术性的，而田野日志是隐私的、非学术性的。田野日志可作为重要的田野资料，成为日后写作民族志的基础。《一本严格意义上的日记》是马林诺夫斯基在20世纪20年代做田野调查时写作的，真实地反映了人类学者在田野工作时所面临的各种困境。该日记出版后，引发了持续的争议，因为其所记日记与他在严肃著作中对于当地人的态度相去甚远、充满矛盾。

此外，旅游人类学的其他研究方法包括摄影、录像、画图等辅助手段。由现代科技产生的一些新方法也正在探索和使用中。

本章小结

人类学是研究关于人的学科，分为体质人类学、语言人类学、考古人类学和文化人类学/民族学四大分支。人类学具有独特的学科理论和方法，一些关键词可以作为人类学的学科认识论和方法论主题，归纳人类学的主旨，如普同性、文化相对论、整体论、主位和客位、跨文化比较等。人类学在形成与发展过程中，出现了古典进化论、传播论、社会决定论、历史特殊论和功能论等理论学派。

旅游人类学是文化人类学的分支学科之一。20世纪五六十年代开始，旅游活动在西方国家盛行，拉开大众旅游时代的序幕。大众旅游的发展造成了日益突出的一系列生态和社会问题，将其推入人类学家的视野，旅游成为人类学家的研究对象。努涅斯1963年发表的关于墨西哥山村周末旅游的论文是人类学家对旅游的首次介入。其后格林伍德、格雷本等学者扩展了旅游人类学的研究内容。1977年，瓦伦·L. 史密斯主编的《东道主与游客——旅游人类学研究》标志着旅游人类学研究的正式开始。

中国旅游研究开始于20世纪80年代，兴起于20世纪90年代。中国旅游人类学的发展是随着西方旅游人类学成果翻译到国内的过程而逐渐发展起来的，更多的是关注旅游对目的地文化的影响。1999年9月召开的“旅游、人类学与中国社会”会议促进了中国旅游人类学的发展，可看作中国旅游人类学的起源和开端。在中国的旅游人类学研究中也形成了特殊的学术团体，主要学者有申葆嘉、潘盛之、王筑生、张晓萍、彭兆荣、杨慧、宗晓莲、孙九霞等。

旅游人类学研究主要有三种理论视角，即涵化与发展的视角、人生过渡礼仪的视角、将旅游看作上层建筑的视角，也可以说是社区视角、旅游者视角和客源地视角。其主要议题有旅游与文化/主客关系、旅游与仪式、旅游与族群、旅游与真实性、旅游与艺术、旅游与遗产、旅游与博物馆、旅游作为新殖民主义、旅游作为一种现代朝圣、旅游与现代性、旅游与文化重建等。

旅游人类学可以帮助社区居民获得经济和文化的发展，同时能够比较不同社区、不同人群间的旅游现象，归纳出旅游的普同性特征；整体分析旅游的社会、经济、文化背景，将某一现象放在大的时代背景下研究，发现旅游背后更深层次的意义；经过长期的田野调查，完成详细的旅游民族志，比其他学科更有说服力。其研究方法主要包括田野调查、参与观察、深度访谈、调查问卷法、旅游民族志、个人生活史/口述史、田野日志等。

关键术语

旅游人类学（the anthropology of tourism）

真实性（authenticity）

文化商品化（cultural commodification）

作为仪式的旅游（tourism as a rite）

现代性（modernity）

主客关系（the relationship between hosts and guests）

旅游民族志（tourism ethnography）

复习题

1. 旅游人类学在西方和中国的发展历程是怎样的？

2. 旅游人类学主要有几种理论视角？
3. 旅游人类学的研究内容主要包括什么？
4. 旅游人类学的理论及实践意义是什么？
5. 旅游人类学主要有哪些研究方法？

扩展阅读材料

纳尔逊·格雷本访谈录*

一、关于中西方的旅游人类学研究

中国的人类学者相较其他国家更关注旅游的影响，关注少数民族所面临的威胁，关注遗产保护，特别是非物质文化遗产的传承。在北美，很多人（不只是人类学家）多年来一直为少数民族争取权利。美国的印第安人拥有一些政治特权，如在保留区内开设赌场等，因此美国印第安人地区通常都非常富有。同时美国人类学家一直关注印第安人的困境，不仅帮助他们解决旅游开发中的难题，还帮助他们获得教育机会、增加就业、解决酗酒问题等。总之，这些人类学家帮助少数民族解决他们现存的威胁。在中国，人类学家更关注旅游应该是因为现实需要。

我不认为研究基础的旅游人类学话题是不好的。中国关注文化变迁，关注真实性，世界上很多其他国家的人类学家也在做同样的事。但是从总体上来看，从事旅游人类学研究的学者在人类学者里所占的比例很低。

旅游研究面临的现状是如果想研究旅游者就必须花费很长的时间，因为游客是移动的。同时，人类学者必须做长远打算，不断回到你所调查的社区，对比社区的变化。我所熟悉的在中国做研究的美国学者中很多都反复地回到田野点，比如人类学家路易莎·谢恩（Louisa Schein）和司佩姬（Margaret Swain）。因为世界在不断变化，我们需要关注我们的田野点正发生着什么。我已经持续研究因纽特社区60余年，明年夏天我还会回到我的田野点。每次去我都会像当地人一样在社区生活，调查旅游艺术品时，我还和艺术家一起制作艺术品，有一次我甚至在上面刻上了自己的名字。所以在世界某个角落，有人家里收藏着一件刻有我名字的因纽特艺术品。而且现在世界变小了，你甚至可以用通信设备、网络视频、邮件等和他们不断交流。

事实上人类学家未必一定要关注少数民族，也可以关注文化的其他方面。人类学家也有必要和其他学科的学者合作，比如社会学家、地理学家等。在不丢弃掉人类学基础的情况下，合作可以扩大他们的视野。

二、关于旅游发展的影响

我经常会思考这个问题。首先，有些人认为旅游应该为现代社会的一些问题买

* 本材料来自金露对纳尔逊·格雷本的访谈，访谈时间为2013年10月21日，访谈地点为宁波大学。访谈录音由金露整理后发表。人类学视野下的少数民族旅游与遗产．百色学院学报，2014（6）．

单。他们作为旁观者，不想怪自己，不想怪社会，所以他们指出是旅游的问题，因为责怪旅游是最简单的。甚至社区成员也会指责是旅游破坏了他们的“民族”。但其实可能是制度的问题或他们自己的问题。其次，我经常会在我课程的最后或讲座的最后说，如果你想要发展某个经济不发达的村落，如果没有旅游，你还能够做些什么？我想如果没有旅游，情况可能会更糟糕。如果说旅游的确有一些自身的缺陷，那么其实其他事物也是如此。

当发展旅游产业时，我们必须要综合考虑很多因素，比如教育、现代性、污染、工业等等。科恩很久以前写过一篇关于旅游对环境影响的文章，具体时间可能在20世纪70年代，他写到旅游的负面影响包括游客过多、偷盗和大规模建造宾馆等。然而破坏并不是游客造成的，而是整个现代性结构自身造成的。旅游者的到来会改变传统社会的结构，使经营模式更具商业性，同时旅游还会改变人们对时间的消费(consumption of time)。所以是工业导致了一系列问题，而不是游客的无知。就算没有旅游，还是会有其他产业或其他新事物进入村寨。

旅游最直接的积极影响就是它所带来的基础设施的改善，比如电力、水源等。当然如果没有旅游可能也会有这些好处，但是对少数民族地区来说，如果没有旅游业，政府可能不会在这些基础设施上投入太多资金。再者，旅游可能会改变少数民族在世界图景中的位置，他们会学习到更多的东西，体悟本文化的价值。旅游者跋山涉水，不在乎金钱花费，只为去他们的村子一探究竟。这会使得少数民族觉得自己是重要的、特别的，会使他们在现代社会中发展得更好。所以我建议，游客如果可以花等额的钱购买旅游地的手工艺品，就绝不要到商场去买一样的手工艺品，因为这样社区居民可以直接获益，而买到的东西对游客来说是一样的。另一个好处是，旅游可以使年轻人留在社区，保存家庭的完整性，而家庭的完整就是社区的完整。

旅游同样对游客有所助益。游客通过旅游可以更好地了解这个世界，看到世界上除了他们自己外的其他民族，感受别样的生活方式、宗教信仰、饮食习惯。这个过程中，他们可能更加感恩世界，这也是教育的一部分。所以，在安吉生态博物馆时，我看到畲族文化的衰落觉得很遗憾。他们面临的问题就像现今世界上很多其他少数民族正面临的问题一样。而生态博物馆可能会对保存畲族文化起到积极的作用，告诉人们畲族不一样的地方，畲族特有的而其他少数民族没有的文化。

目前，联合国及很多国家都在改变对少数民族的看法，过去认为他们是贫穷的、无用的，现在开始珍视、保护他们。这是我们社会的强大力量，是文化的力量。因此有人说，游客是嗅着死亡的味道前行。他们希望看到最后一个印第安部落，或最后幸存的濒危生物，他们愿意花很多钱去一睹即将消失的文化。这是一种力量，去寻找世界上其他地方没有的文化，去看不一样的事物。需要说明的是，我谈到的是一种情感，而不是文化本身。比如我知道某种语言只有一个传承人，那么我就希望做些什么去保存这种语言，这总比创造一种新语言要容易一些。于是我可以将语言记录下来，写成书，在学校里教给学生们。这样至少让他们感受到，我们不希望这种语言消失，希望它是这世界的一部分。旅游也许不能够直接为社区提供一套章程，但是至少可以使社区与外界相联结；虽然社区不能自己制定规则，但是可以从国家制定的规则中获益。

旅游是一个不稳定的、变动的行业，如果游客忽然发生变化，旅游业会受到重大影响。其他产业也是一样，比如现在很多年轻人到城里的工厂打工，如果有一天工厂倒闭了，他们也有可能回到农村从事旅游业。旅游的确有一些缺陷，但是有各种平行的职业可供选择无疑是好的。

还有一个问题是，从长远来看，如果社区居民从旅游业获得经济利益，他们就可以给下一代更好的教育，让他们选择自己喜欢的职业。所以说，旅游是一种非常好的、暂时的、过渡性产业，特别是当社区没有其他更多资源，或没有受到良好教育的条件下。

三、关于旅游与文化遗产保护

旅游开发与文化遗产保护的关系一直是学术界关注的焦点，从20世纪70年代就开始了。世界范围内有很多案例显示，旅游对遗产保护具有积极的意义，否则遗产早就消失了。旅游和遗产保护的关系存在两种可能性——旅游者在旅游中会发现遗产的价值，萌发保护的动机；或者旅游可能使文化商业化，制造不真实的传统。实际上，这只是文化遗产的情境不同了，就像以前我们射箭是为了捕猎，或者打败敌人，现在我们把它作为奥林匹克运动会的项目。情境变了，但射箭艺术没有变。成为运动项目后，可能还更好地发扬了这种艺术，使它能长久保存下去。旅游对遗产的作用就是如此，不是遗产本身改变了，而是情境改变了。而世界本来就是一个开放的空间。

第 2 章

旅游与文化

- 了解文化的概念与特征
- 理解旅游的文化属性
- 把握文化对旅游的作用
- 掌握旅游对文化的影响

2.1 旅游与文化

人类学是研究人及其文化的科学。文化，无疑是该学科的重要核心概念。旅游活动是人的转移、空间的转移，涉及不同地域文化的冲突与交融，因而旅游人类学特别关注旅游和文化之间的互动。本章将从人类学的基本概念出发，综合运用国内外旅游人类学领域众多学者的研究成果，对旅游与文化之间的相互作用与影响进行介绍。

2.1.1 文化的概念与特征

1. 文化的概念

"文化"一词在人类社会中出现频率极高。它包罗万象，涵盖从自然科学到人文科学的方方面面。在汉语中，文化一词的历史非常久远，早在中国商代的甲骨文中已有其原型。"文""化"二字最初是单独使用的。考其词源，"文"，通"纹"，最早指画在人身上的纵横交错的装饰性花纹、纹理，又指在天穹中日月星辰相互交错运行时所留下的人们可以观察到的轨迹、痕迹和纹理，人们可以据此推测天象，即"天文"。根据中国古代"天人合一"的思想原则，又引申为人与人相处相交时所表现出来的状态和方式，包括态度、行为、举止、言语等，即"人文"。"化"，指变易、生成、造化，指事物形态或性质的改变，又引申为教行迁善之义。朱芳圃《殷周文字释丛》谓，"化像人一正一倒之形"，有生育、生养之意。《说文解字》注曰"化，教行也，从匕从人，匕亦声"，将其解释为对人实施教育，使人的思想行为发生变化。

将"文"与"化"相提并论，最早见于《周易·贲卦·象传》："刚柔交错，天文也。文明以止，人文也。观乎天文，以察时变；观乎人文，以化成天下。"西汉刘向在《说苑·指武》中开始将"文化"二字连用，如"文化不改，然后加诛"，意为"文治和教化"。以后的历朝历代大都沿用此意，多与学校、教育有关。追溯"文化"一词的渊源，我们不难发现，在中国古代，总是将"天文"与"人文"并论，这种"天人合一"、"天文""人文"相印、"天道""人道"相通的思想是中国传统思想体系的基础和传统文化的源头。

现代意义上的文化，译自西方的"culture"一词，源于拉丁语"cultura"，本意为"耕作、栽培"。英国人类学之父泰勒（E. B. Tylor）在 1871 年的专著《原始文化》中，最早将文化定义为"包括知识、信仰、艺术、道德、法律、习惯以及作为社会成员的人所获得的任何其他才能和习性的复合体"，引发了人类学界、文化学界旷日持久的争论。自泰勒以来，文化的定义层出不穷，1952 年，北美人类学家 A. L. 克罗伯（A. L. Kroeber）和克莱德·克拉克洪（Clyde Kluckhohn）在《文化：概念和定义批判分析》（*Culture：a Critical Review of Concepts and Definitions*）

一书中列举了从 1871 年以来的各种文献中搜集到的 164 种文化定义。迄今为止，来自不同文化背景与学科领域的文化定义已达 200 多种，但至今尚无令世人普遍接受的定论。《不列颠百科全书》将“文化”（culture）解释为：人类知识、信仰和行为的整体，包括语言、思想、信仰、风俗习惯、禁忌、法规、制度、工具、技术、艺术品、礼仪、仪式及其他有关成分（美国不列颠百科全书公司，1999）。《大辞海（哲学卷）》认为“文化”一词“广义指人类在社会实践中所获得的物质、精神的生产能力和创造的物质、精神财富的总和。狭义指精神生产能力和精神产品，包括一切社会意识形式：自然科学、技术科学、社会意识形态。有时又专指教育、科学、文学、艺术、卫生、体育等方面的知识与设施”（夏征农等，2003）。

英国文化研究的奠基人之一雷蒙德·威廉姆斯（Raymond Williams）通过追溯文化这一概念的发展过程，对文化这个词的用法进行了梳理。除自然科学之外，“文化”这一术语主要在三个相对独特的意义上被使用，分别是：（1）艺术及艺术活动；（2）习得的首先是一种特殊生活方式的符号的特质；（3）作为发展过程的文化。这一论断对文化的现代用法影响颇为深远。

作为艺术及艺术活动的文化：在日常谈话中，文化被认为是由知识活动，尤其是艺术活动的作品与实践组成的，由此，文化是一个描述音乐、文学、绘画和雕塑、戏剧、电影的词语。在这一意义上，文化被广泛认为涉及“有教养的”（cultured）人们所从事的“优雅的”消遣。

作为一种生活方式的文化：在人文科学中，“文化”这一词语已获得了广泛的传播，用来指“使一种特定的生活方式显得与众不同”的符号（symbols）的创造与使用，无论这种生活方式是属于“一个民族的，一个时期的，一个群体的，或者普遍意义上的人类的”。通常认为，只有人类有能力创造并传递文化，而我们能这样做，是因为我们能创造和使用符号。人类有一种符号化的能力，这是人类文化生存的基石。

作为过程和发展的文化：文化一词的含义由庄稼的种植和动物的饲养转换为对人的心智的培养，到个体能力的发展，培育（cultivation）本身就是一个普遍的、社会的以及历史的过程。

文化人类学家哈维兰（William A. Haviland）指出，现在的文化定义倾向于更明确地区分现实的行为和构成行为原因的抽象的价值、信念以及世界观（哈维兰，2002）。换一种说法，文化不是可观察的行为，而是共享的理想、价值和信念，人们用它来解释经验，生成行为，而且文化也反映在人们的行为之中。

2. 文化的特征

哈维兰（2002）认为，文化具有一些公认的基本特性：第一，文化是共享的。文化是一套共享的理想、价值和行为准则，共享主体可以是特定群体、阶层、民族或国家。第二，文化是习得的。所有文化都是习得的而不是生物学遗传的，文化从一代人传递到下一代人的过程称为濡化（enculturation）。第三，文化以符号为基础。所有人类行为都源自符号的使用，文化最重要的符号是语言，人们借助语言把文化一代一代地传递下去。第四，文化是整合的。为发挥功能，文化的各个方面必定合理地整合在一起。

3. 文化的结构

文化结构即文化的各个组成部分之间的搭配和排列，是各文化系统的关系之和，它包括人类社会的物质世界，也包括政治、法律、思想、道德、艺术、宗教和哲学等系统化的社会观念及其联结方式。对于文化的结构，学术界有以下几种看法。

（1）文化二类型。按照文化的构成形态可以分为物质文化和非物质文化。物质文化也称为物态文化或显形文化、有形文化（tangible culture），如器物、服饰、饮食、建筑等。非物质文化也叫精神文化、无形文化（intangible culture），表现为人的思想观念、伦理道德、风俗习惯、技艺技能等。

（2）文化三阶层。文化结构是由外层到内核，即由“器”（物质文化系统）到“象”（符号系统，如语言、风俗、艺术等），由“象”到“道”（制度系统和价值系统）的过程，或者由物到人、由人到心的过程。著名历史学家钱穆认为，文化是人类生活的整体或人生综合体，由三个阶层自下而上构成。一是物质的人生，或称自然的人生、经济的人生。这是文化第一阶层，属于物质经济方面。第一文化阶层里的人生面对着物世界，是人对物的问题。二是社会人生，或称政治的人生、集团的人生。这是文化第二阶层，属于政治社会方面，它包括政治法律、社会礼俗、民族风习、群体集合和家庭生活等种种组织规定与习惯。第二文化阶层里的人生面对着人世界，人开始在人世界里过生活，是人对人的问题。最后，达到人生第三阶层，也可称为精神的人生或心理的人生。这是文化的第三阶层，属于精神心灵方面。它是最高的，亦即最后和最终极的，全属于观念、精神、理性和趣味的。它包括宗教、哲学、文学、艺术等。第三阶层文化里的人生面对心世界，是心对心的问题。

（3）文化三结构。文化三结构说认为文化由以下三个方面构成：

①物质文化：满足人类生活和生存需要所创造的物质产品及其所表现的文化，具有物质性、基础性、时代性。

②制度文化：反映个人与他人、个体与群体之间的关系，具有强制性、权威性、缓慢变迁性、相对独立性。

③精神文化：人类在社会实践和意识活动中长期育化出来的价值观念，如思维方式、道德情操、审美趣味、宗教感情、民族性格等，是人类文化心态在观念心态上的反映。包括书面文化、行为文化、心理文化、艺术文化。

（4）文化四方面。现代人类学奠基人马林诺夫斯基（2002）在《文化论》中指出，文化包含如下四个方面：一是物质设备，它是文化中最显明、最易把握的方面，决定了文化的水准和工作的效率。二是精神方面的文化，包括种种知识，以及道德上、精神上和经济上的价值体系。三是语言，它是文化整体中的一部分，是一套发音的风俗及精神文化的一部分。四是社会组织，它是集团行动的标准规矩，靠外在的规则、法律、习惯等手段进行维系，这些手段的内在根据则是个体的良心、情操等道德动机。

4. 文化遗产

人类文化之中经认定具有一定保存价值的称为文化遗产。1999 年国际古迹遗址理事会《国际文化旅游宪章（重要文化古迹遗址旅游管理原则和指南）》指出："文化遗产是在一个社区内发展起来的对生活方式的一种表达，经过世代流传下来，它包括习俗、惯例、场所、物品、艺术表现和价值。文化遗产经常表现为无形的或有形的文化遗产。"有形和无形文化遗产也分别称为物质文化遗产和非物质文化遗产。物质文化遗产即传统意义上的"文化遗产"，根据《保护世界文化和自然遗产公约》，包括历史文物、历史建筑、人类文化遗址。非物质文化遗产指各种以非物质形态存在的与群众生活密切相关、世代相承的传统文化表现形式，包括口头传统，传统表演艺术，民俗活动、礼仪与节庆，有关自然界和宇宙的民间传统知识和实践，传统手工艺技能等，以及与上述传统文化表现形式相关的文化空间。

5. 文化相对主义

文化相对主义（cultural relativism）是源自人类学、民族学的一种思潮。由于经常涉及文化价值问题，因而又被称为价值理论。其产生可以追溯到 18 世纪初，当时有法国学者在对北美印第安人进行民族学分析时，提出了不要以欧洲人的道德标准去看待土著居民文化的思想。20 世纪以来，特别是第二次世界大战之后，由于亚非及其他大陆民族解放运动的发展，欧洲中心论受到了毁灭性打击，于是对各民族文化价值的评价就成了现实问题。20 世纪中期，经过美国人类学家博厄斯及其学生赫斯科维茨（Herskovits）等人的宣扬，文化相对主义得以流行。

文化相对主义的基本论点是，每一种文化都具有其独创性和存在的价值，每个民族的文化都有象征其最主要特征的文化核心。尽管各民族文化的表现形式有所不同，但它们的本质是共同的，其价值是相同的，都能起到凝聚一个民族的作用。因此，在比较各民族的文化时，必须抛弃以西方文化为中心的"我族文化中心主义"观念。在文化相对论者看来，社会学和人类学以自己群体的价值标准来评价其他民族的行为方式是站不住脚的（不过，许多学者也已经认识到，完全中立和超然的评价也是不可能的）。因此，该学派许多学者主张保存落后民族的固有文化，而不要用先进的文化去使他们发生变化。赫斯科维茨的《人和人的劳动》（1948）以及后来据此改编的《文化人类学》（1955），被认为是文化相对论的主要代表作。

文化相对主义在学术界一直受到广泛争论。长期以来，文化相对论与文化普同论的较量从来没有停止。文化相对论者主张抛弃欧美中心主义，尊重每一个民族的文化，反对种族歧视，反对用暴力干涉落后民族的文化，无疑具有积极意义。但他们不作分析地把一切文化都看作具有同等价值的文化，忽视社会的发展水平和发展规律，不主张帮助落后民族提高文化水平，又起到了遏制亚非人民觉醒，使不发达地区继续处于被殖民主义者支配的落后状态的作用。对文化相对论的质疑提醒我们，若要真正认识人类的不同文化，就必须把这种文化类型放到特定的背景中去研究。倘若过分强调“相对”，走向极端，也是违反科学原则的，会产生伦理道德上甚至法律上的问题。

6. 文化多样性和文化多元化

20世纪90年代以来，文化多样性和文化多元化引起学界广泛关注。这种思想在现代化研究领域产生了共鸣，多元现代性逐步成为一个时髦的术语。艾森斯塔特（Eisenstadt）认为：多元现代性是关于现代时期的历史和特征的某种观点，它与20世纪50年代的经典现代化理论的阐述不同。经典现代化理论认为，现代性最初在欧洲出现，然后扩散到世界各地，并被后进国家照单全收。现代性确实蔓延到世界大多数地区，但没有产生一个单一的文明或一种制度模式，而是产生了几种现代文明，或至少多种文明模式。现代社会和正在现代化的社会的多元性和多样性，远远超出了人们以往所承认的程度。现代性，具有多种文化方案和制度模式，多元性和多样性被视为不同现代社会独特面貌的主要决定因素。

1995年联合国教科文组织世界文化与发展委员会发表了《我们创造性的多样性》报告，系统阐述了文化多样性、文化与发展的关系。“这份报告是动员全世界参与文化发展行动的号角。我们期望，通过把人类的智慧、权利和责任，与信息、知识充分结合起来，完成人类社会的另一次文艺复兴——建设一个面貌一新、充满活力和创造力的世界。”

联合国教科文组织认为：理解任何有关发展和现代化方面的问题，都必须关注文化价值观和社会科学两个方面。没有人文背景的发展，只是一种没有灵魂的经济增长而已。文化是人类进步与创造的源泉。文化自由是一种集体自由，是人类群体自由寻求一种生活方式的权利。文化自由鼓励人们尝试多样性，发挥想象力和创造力。文化多元化是人类社会的根本特征。文化不是孤立的，而是相互影响的。政府可以通过其权力影响文化前进的方向——朝好的方向发展或者朝不好的方向发展。现代化扩大了人们的选择范围，同时也破坏了人与人之间的联系。人类发展的目标应该是这样一个社会：在这个社会中，有自由但不放纵，有权威但不是专制，有约束但不是痛苦的限制。

2.1.2 旅游的文化属性

旅游是综合性的人类社会活动，具有多重属性。在我国改革开放初期，旅游一度被作为打破冷战格局、发展国际民间往来的外交外事活动，主要关注其政治属性；随着改革开放的深入，在其后的相当长一段时间里，旅游又被当作获取外汇和投资、增加地方财政收入的经济活动，强调其经济属性。时至今日，许多地方将旅游业作为地方支柱产业，不惜投入巨资打造旅游度假区和人造景点，仍然是出于吸引游客和投资的经济考虑。

相对于政治属性和经济属性，旅游的文化属性长期被忽略，这与我们长期以来注重政治稳定和经济增长的国情有很大关系。事实上，宗教朝圣、文人漫游等文化性的旅游活动古已有之，旅游与文化一直相伴相生。早在 1981 年，著名经济学家于光远先生就曾经指出：旅游是经济性很强的文化事业，又是文化性很强的经济事业。“文化是旅游的灵魂，旅游是文化的载体”，这句话现在在各种场合被广泛引用，因为旅游活动从本质上讲是一种文化活动，无论是旅游开发、旅游经营还是旅游消费活动都具有强烈的文化属性。1984 年版《中国大百科全书·人文地理》指出，“旅游与文化有着不可分割的关系，而旅游本身就是一种大规模的文化交流，从原始文化到现代文化都可以成为吸引游客的因素。游客不仅吸取游览地的文化，同时也把所在国的文化带到了游览地，使地区间的文化差别日益缩小”。只有挖掘出文化内涵，它才会具备吸引旅游者的魅力。2009 年 12 月 1 日，国务院发布《关于加快发展旅游业的意见》（以下简称《意见》），按照科学发展观的要求，对旅游业提出了全新的定位，指出要把旅游业培育成国民经济的战略性支柱产业和人民群众更加满意的现代服务业。《意见》在主要任务部分明确提出：“丰富旅游文化内涵。把提升文化内涵贯穿到吃住行游购娱各环节和旅游业发展全过程。旅游开发建设要加强自然文化遗产保护，深挖文化内涵，普及科学知识。旅游商品要提高文化创意水平，旅游餐饮要突出文化特色，旅游经营服务要体现人文特质。要发挥文化资源优势，推出具有地方特色和民族特色的演艺、节庆等文化旅游产品。充分利用博物馆、纪念馆、体育场馆等设施，开展多种形式的文体旅游活动。集中力量塑造中国国家旅游整体形象，提升文化软实力。”

《2016—2022 年中国文化旅游市场分析及发展趋势研究报告》显示，2015 年我国全年接待国内外旅游人数为 41.2 亿人次，偏好文化体验游的人群已经占到 50.7%。为增强和彰显文化自信，统筹文化事业、文化产业发展和旅游资源开发，提高国家文化软实力和中华文化影响力，推动文化事业、文化产业和旅游业融合发展，2018 年 3 月 13 日，第十三届全国人民代表大会第一次会议审议国务院机构改革方案，将文化部、国家旅游局的职责整合，组建文化和旅游部，作为国务院组成部门，不再保留文化部、国家旅游局。2018 年 4 月 8 日，中华人民共和国文化和旅游部正式挂牌，文旅融合观念和文旅运营已经成为国家层面的战略思维。“读万卷书，行万里路”，是中国人自古以来对求知、游学的追求。“以文促旅、以旅彰文”，“诗和远方终于在一起了”，成为当年网络上热议的话题之一。

2.1.3　旅游文化与文化旅游

不管在日常生活中还是在学术领域，旅游文化与文化旅游都是两个被经常使用又极易混淆的概念。1998 年，马波首次在《现代旅游文化学》一书中明确指出，“旅游文化与文化旅游是两个截然不同的概念，不能混淆，旅游文化属于文化的范畴，是文化的一个门类。文化旅游属于旅游的范畴，是旅游的一种类型”。现在比较公认的看法是，旅游文化指的是在人们的旅游过程当中表现出来的各种文化现象；而文化旅游一般指的是一种旅游方式，主要指以参与和感受地方文化为主的旅游活动。

1. 旅游文化

在西方，旅游文化一般不被当作一个独立的研究学科和领域，而更多的是将它作为一种研究视角来对待。人类学家詹姆斯·克利福德最早把出现在20世纪晚期的旅游现象定义为旅行文化（traveling cultures），并从人类社会、族群、时空、历史、文化等背景来讨论其发生与发展。肖洪根（1994）指出，旅游文化在西方更多时候被写作“tourist culture”，而不是“tourism culture”，因为西方是把旅游者放在旅游文化结构框架研究的中心位置，以交际（或跨文化交际）为媒介，研究旅游过程中主客碰撞而产生的各种文化现象，突出这个概念的动态特征。

在国内，旅游文化研究始于20世纪80年代，一直没有间断。在旅游研究热潮中，大学纷纷开设旅游文化学课程，旅游文化更多地被作为一门学科来对待；90年代中后期，学术界探讨旅游的学科地位时，有人提出旅游文化也应该有自己的学科地位。国内学者对于旅游文化有多种不同的定义，例如：魏小安（1987）指出，旅游文化是通过旅游这一特殊的生活方式，满足旅游者求新、求知、求乐、求美的欲望而形成的综合性现代文化现象。马波（1998）认为，旅游文化是旅游者和旅游经营者在旅游消费或旅游经营服务过程中所反映、创造出来的观念形态及其外在表现的总和，是旅游客源地社会文化和旅游接待地社会文化通过旅游者这个特殊媒介相互碰撞作用的过程和结果。赵红梅（2014）梳理了国内1986—2013年之间有关旅游文化的2 000多篇文章，指出长期以来在国内学术界旅游文化经常被等同于文化旅游资源、文化旅游产品，完全忽略了对旅游文化的主体——人的研究，注重概念思辨，产生了大量有旅游文化之名而无旅游文化之实的研究成果。而国外旅游文化研究体现出“重应用轻基础”的倾向，“高度分散，各行其是”，以案例研究为主，主要聚焦两大方面：一是东道主对旅游吸引物的生产、再生产与营销研究；二是不同类型的旅游者行为、体验模式研究。用克罗伯与克拉克洪于1952年提出的文化定义来对照旅游文化，对旅游文化的性质作如下阐释：其一，旅游文化不啻为一种外显与内隐的行为模式，至于它是否通过象征符号而获致和传递还需大量案例研究予以支撑，但厄里已经将旅游人群形容为一支符号大军，在全世界翻找各种标志，这无疑会导致旅游对象的符号化。其二，在某种意义上，旅游文化有可能体现人类群体的成就，例如有形的旅游建筑、主题公园或无形的旅游创意等，但前提是它们产生了积极的旅游效应并与一般文化价值相契合。其三，旅游文化虽算不上一种传统，但它携带丰富的价值观并有可能制造意义感，如格尔茨所言，旅游文化亦是由人自己编织的意义之网，它是一套协调的意义系统，各相关主体可从中寻求价值或意义感。其四，旅游文化是活动的产物，亦是进一步活动的决定因素，活动是关键词，各文化主体之旅游活动的张力使旅游文化得以产生。无论是行为模式、人类成就、意义系统还是所谓活动方面，旅游文化所指涉的内容都比其他类型的具体文化要狭窄得多。赵红梅最后对旅游文化进行了如下定义：在人类学意义上，旅游文化是多元文化主体在相互接触中所形成的自我协调的意义系统，这一系统是由各介入主体围绕旅游活动而创造产生。

2. 文化旅游

文化旅游，泛指以鉴赏异国异地传统文化、追寻文化名人遗踪或参加当地举办的各种文化活动为目的的旅游。世界旅游组织在 1985 年给出了文化旅游的广义定义，认为“文化旅游包括旅游的各个方面，旅游者从中可以学习到他人的历史和遗产，以及他们的当代生活和思想”；同时，也给出了狭义定义，即“人们出于文化动机而进行的移动，诸如研究性旅行、表演艺术、文化旅行、参观历史遗迹、研究自然、民俗和艺术、宗教朝圣旅行、节日和其他文化事件旅行”。徐菊凤（2005）指出，在国外，麦金托什（McIntosh）最早提到“cultural tourism”（文化旅游）一词。在国内，魏小安（1987）在《旅游文化与文化旅游》一文中最早提出文化旅游的概念，并指出中国的文化旅游活动具体体现在制度文化、传统文化、民族文化、民间文化四方面。张晓萍（2005）认为，文化旅游是指那些以文化作为旅游的灵魂和核心，以文化吸引物为主要外部因素，而去寻找不同文化形式的生活体验、拓展文化视野、完善自我的发展性旅游。

根据旅游活动的对象，可以将文化旅游分为四种类型：以文物、史记、遗址、古建筑等为对象的历史文化旅游；以现代文化艺术、技术成果等为代表的现代文化旅游；以民族生活习俗、节日庆典等为代表的民俗文化旅游；以人际文化交往为对象的社交文化旅游。

目前，国外有关文化旅游的研究重点是遗产地旅游，主要集中在遗产旅游的可持续发展、遗产旅游的影响、遗产旅游的开发和遗产旅游的价值等。国内文化旅游的研究重点是文化旅游资源的可持续发展问题。

2.2　文化对旅游的作用

2.2.1　文化对旅游主体的作用

旅游主体就是我们通常所说的旅游者，只有与旅游客体相观照和相审视时，他们才是旅游活动和旅游审美的主体。人们的教育水平、交际范围、社会环境等文化因素，决定旅游者是否产生旅游动机，决定旅游者的旅游目的地选择、旅游行为模式，并影响旅游者的旅游体验。

1. 文化决定旅游者的旅游动机

人类在满足基本生理需求之后，必然追求更高层次的社会文化需求。旅游需求高于生理需求，是进行社交和自我实现的需要，一个人成为旅游者的内在动因是文化，旅游活动是文化动机驱使的结果。第二次世界大战以后世界范围内旅游活动的兴盛，从客观上看，是全球经济发展和繁荣的结果；从主观上看，是受教育程度提高、文化思想观念转变的结果。“读万卷书，行万里路”，在旅游发展早期，旅游活动是少数社会精英的专利；随着经济收入的增长、个人文化素质的提高、交通条件和服务设施的改善以及互联网信息技术的发展，旅游不再令人身心疲惫和望而生畏，“来一场说走就走的旅行”成为时尚，“世界那么大，去走一走看一看”，成为越来越多普通民众的实际愿望。

2. 文化决定旅游者的旅游目的地选择

文化因素深刻影响着旅游者的旅游信息搜集，从而决定着旅游者旅游目的地的选择，影响到旅游者的旅游决策。

首先，不同地区之间的文化差异使人们产生好奇心，了解和发现异域的欲望使人产生旅行的念头，旅游则给人提供了满足这种好奇心的可能。一般而言，文化差异越大的地方，越吸引旅游者，容易成为旅游者偏爱的旅游目的地，同时给旅游者带来的满足感也越强。由此我们不难理解，改革开放初期，当中国的大门重新打开时，为什么有那么多的国外游客蜂拥而至，而纽约、巴黎、伦敦这些欧美国际大都市，时至今日在许多国人心目中都是令人向往的旅游天堂。在旅游大潮中，中国的旅游热线一步一步向西部推移，游客偏爱的旅游目的地延伸到西部更加偏远的未开发地区，因为这些地方较之东部的旅游发达地区，与以西方为代表的现代文明具有更大的差异性。

其次，由于民族性格、族群认同、受教育程度、性别、职业、社会交往范围等文化因素不同，旅游者在旅游目的地的选择上存在很大差异。西方背包客喜欢充满大自然原始野性之美的未开发地区，而东方自助游游客更偏爱具有人文艺术之美的成熟旅游地。

再次，信息技术等文化因素的发展也是重要的影响因素，例如，过去人们主要通过旅游宣传手册、图书资料、向旅行社咨询来搜集旅游信息，所获得的信息量非常有限，能选择的也是有限的几条成熟的旅游线路，而随着互联网大数据时代的到来，QQ、微博、微信等的发展，人们可以轻易获得无限的旅游信息量，根据个人喜好选择旅游线路、餐馆和酒店，购买特色旅游商品，可以提前知道某个旅游景区的游客数量，甚至可以在万里之外陌生人家的沙发上免费借宿。

3. 文化决定旅游者的旅游行为模式

旅游行为是作为主体的人的体验活动，不同文化背景的旅游者，具有不同的价值和行为取向。例如，由于文化上的差异，西方游客、中国游客、日本游客在旅游过程中表现出很多不同的行为模式。西方人喜欢自助游、自驾游，具有冒险精神、自由散漫，喜欢与旅游目的地居民沟通；而日本人喜欢团队旅游，更倾向于短期度假，他们身上装备两个以上的相机，是不知疲倦的旅游者，他们彬彬有礼、花钱大手大脚。日本独有的女性旅游、高龄者和残疾人旅游也非常有特色。中国游客喜欢摄影留念和购物，喜欢集体活动，显得随心所欲。

张宏博（2007）对旅华美日游客消费行为进行了对比研究，指出了不同文化背景下旅游消费行为的差异。在旅游信息收集方面，旅华美国游客首选旅行手册，旅华日本游客首选旅游代理商和亲友介绍。在计划停留时间方面，美国游客平均停留时间较长，日本游客在华停留时间偏短。在旅游方式方面，美国游客与家人、朋友结伴出游的散客形式旅游多于团队旅游，日本旅游市场中团体旅游方式占绝对优势地位，但以个人出游、同家庭或朋友形式出游为代表的散客市场也有一定增长。在旅游饮食选择方面，美日游客都偏好有中国地方特色风味的饮食。在旅游住宿的选择方面，美国游客喜爱地理位置优越、舒适度高、价格合理、环境优美和配套设施齐全的宾馆、饭店，而日本游客首先考虑安全，其次是环境、设施和价格。在旅游项目选择方面，美日游客都偏好山水风光和历史文化与民俗风情类的旅游项目。在旅游商品选择方面，美日游客都偏好中国的工艺品、服饰品、艺术品类商品。在旅游娱乐选择方面，美日游客都比较喜爱民俗文化类娱乐项目，但美国游客还比较喜欢探险类娱乐项目。

吴晓丹、金海龙（2007）对来我国新疆的周边国家、欧美、日韩入境游客进行分析后指出，由于有相似的历史文化背景和宗教信仰、民族习惯，新疆周边的蒙古国、巴基斯坦等国游客来新疆主要进行边贸购物旅游，其旅游期限短而频繁，受季节影响小；日韩游客由于受到丝绸之路文化和佛教文化的影响，倾向于历史文化观光旅游；而欧美游客在欣赏大漠风光、品尝民族美食、体验民俗风情之余，更偏爱进行沙漠探险、登山、滑雪、徒步、漂流等具有冒险性的特色旅游和生态旅游活动。

4. 文化影响旅游者的旅游感知和评价

首先，文化背景的差异，直接影响旅游者对旅游目的地的感知和评价。冯捷蕴（2011）从多维话语的视角考察了中西旅游者博客，指出了中国国内游客和西方英美游客对北京旅游感知的异同。两者的相似之处主要表现为：中西方游客均高度评价北京的古代文化遗产；肯定北京的娱乐设施和经济一片繁荣的购物景象，同时也提出交通阻塞、噪声污染、北京的公共交通标识不明等问题。两个旅游群体的差异主要表现为：西方游客更加看重民俗文化，强调保护纯粹的传统文化，对生态环境的期待也更高，喜爱本土特色交通工具带来的独特体验，赞扬北京食物价廉物美且富有本土特色，认为旅游从业人员虽然服务到位但是有些热情过度，因出租车司机不能使用英语而交流失败。中国游客更多对北京现代化进程表示赞赏，对北京的政治文化表现出浓厚的兴趣和敬仰之情，主要强调公共交通的便宜和便捷，但对北京食物的负面评价较多，并对少数旅游从业人员的地方优越感提出了批评。可以看出，一方面不同游客群体对北京古代文化遗产的重视是相似的；另一方面，中西游客体验的巨大差异是由不同文化背景、消费水平等因素造成的。西方游客出于对“文化他者”的向往，对很多文化差异较大的景点和服务如胡同民俗、本土交通工具和北京食物评价很高；相反，中国游客在这些方面远没有西方游客体验深刻。此外，不同消费水平也是影响旅游评价的因素之一。欧美游客收入总体较高，感觉北京食物便宜，而部分国内游客由于受消费水平所限，对物价的感受也就与之大不相同。

2.2.2 文化对旅游客体的作用

旅游客体是旅游活动的对象，指对旅游者具有吸引力的一切自然的、历史的和现实的客观存在。旅游学界一般认为旅游客体即旅游资源，旅游资源具有作为旅游客体的基本属性，但旅游资源与旅游客体不能完全画等号，只有可供旅游主体游览的对象才能算旅游客体，或者说旅游客体未和旅游主体发生联系之前，就不能划入旅游资源的范围。例如一些未经开发的旅游资源，只能算是潜在的旅游资源，不能算旅游活动中的旅游客体。文化对旅游客体具有决定性作用，主要体现在以下几个方面。

1. 文化决定旅游资源的特征、多样性、丰富度和吸引力

世界上千姿百态的文化本身就构成丰富多彩的人文旅游资源，如宫廷建筑、宗教圣地、民间传说、民间歌舞和手工艺等，不论是有形还是无形的文化，都是旅游客体吸引力的重要来源。文化对自然旅游资源起着积极作用，如历史上的名山大川多因为名人的诗文游记、绘画题词而闻名于世，现代旅游胜地则多归功于摄影和影视纪录片的宣传。即使是喜马拉雅山、科罗拉多大峡谷等“纯天然”景观，人类对它们的征服、观照、审视和评价、传播也成为一种文化，决定着它们的旅游特色。文化不仅决定旅游资源的特征、多样性、丰富度和吸引力，更是一个地方旅游的底色。

2. 文化对旅游资源进行选择和组合，决定旅游资源的呈现方式

在官方权威话语之下，社会主流文化对旅游资源进行选择、命名、框限和提升，旅游景点被重新加工和组合，正如旅游宣传手册和明信片所呈现的那样。麦坎内尔将这一过程表述为景观神圣化的五个阶段：神圣化景物的命名、框限和提升、奉祀秘藏、机械性再生产、社会再生产。例如，在希腊的罗德岛，为了对抗在第二次世界大战之前长期被土耳其占领所造成的文化认同影响，在政府和旅游媒体的作用下，具有希腊特色的拜占庭式建筑在旅游开发中得到重视，而带有土耳其特色的清真寺等伊斯兰遗产则长期受到忽略。在以男性为主导的主流强势文化作用下，许多偏远的民族地区成为弱势文化、边缘文化，其旅游资源开发突出其原生态、纯天然、封闭落后的女性特质，旅游宣传手册上到处是身着民族服装、面带微笑的少数民族女性，却很少呈现她们真实的生活状态。

3. 文化可以不断形成新的旅游资源，并推动其随着时代发展和衰亡

古往今来的旅游资源都是人类文化不断积累的结果，如教堂神庙、寺院道观、城阙宫殿等，作为重要的历史文化遗产，至今仍然是文化旅游者的朝圣之地。由于文化的变迁，原有的旅游资源也会随着时代发生变化，并被重新审视和评价，进行发展和创新。例如，作为 1889 年世界博览会献礼的埃菲尔铁塔，在建成之初被不少人认为是影响巴黎市容的丑陋建筑，甚至联名要求将其拆除，后来却成了法国的象征和全世界最著名的建筑地标，现在每年迎接数百万游客，带来十几亿欧元的旅游收入。迪士尼乐园是以美国迪士尼动画文化为基础建造的主题公园，自诞生以来一度被诟病为“幼稚、肤浅、表面化、商业化”，作为美国商业文化的象征而受到不同程度的抵制，却创造了从影视文化到世界一流旅游胜地的神话，是许多人一生中一定要去的“朝圣之地”，成为“虚假的真实景点”，甚至引发了全球性的“迪士尼现象”，显示了当代流行文化的力量。而遍布世界的各种微缩景观类主题公园、影视城，虽然一度繁荣，但由于缺乏文化内核的持久支持，加上互联网时代人们对人造景色和“山寨”景观日益失去兴趣，许多都经营惨淡甚至倒闭关门，不得不退出旅游市场。

4. 文化决定旅游资源开发的模式

在不同文化背景下，旅游资源的开发模式有很大差异。陈友华（2013）指出，由于文化差异，在农村地区旅游开发模式上，中国和日本在旅游开发主体、旅游开发项目运作方式、旅游开发收益及其分配与使用形式上都不相同。又如，同样是温泉旅游资源，由于文化上的区别，日本和中国在开发模式上就有很大不同：中国多为大规模的公共温泉水疗中心，追求豪华、宽敞、设施设备先进，提供酒店式标准化服务；而日本多为小规模的私人温泉旅馆，追求洁净、温馨、精致，体现日本传统文化特色，提供家庭式服务。值得一提的还有国内发展迅猛的红色旅游，以 1921 年中国共产党建立以来的革命纪念地、纪念物及其所承载的革命精神为吸引物，将红色人文景观和绿色自然景观、农业景观等相结合，达到接受爱国主义革命传统教育、培养时代精神、放松身心、增加个人阅历的效果，其浓郁的怀旧色彩对不同年龄的旅游者都具有很强的吸引力，在其开发、宣传、营销、组织、实施等方面具有极强的中国特色。

2.2.3 文化对旅游媒介的作用

旅游媒介，也即旅游业，是联系旅游主体和客体的纽带和桥梁。传统上认为，旅游业是产业革命和近现代旅游发展的产物，它的介入使旅游活动从此被纳入市场经济的框架。旅游业的经营活动给人们带来极大的便利，促进了世界范围内旅游活动的大规模发展；而人们用于旅游消费的支出又通过旅游业这一渠道有效地回流、实现再分配，成为整个社会经济循环的重要组成部分。然而，旅游业作为第三产业，以为社会提供旅游服务为主要目的，其文化属性决定了它不仅仅是经济性行业，更是文化性行业，文化对旅游业具有重要影响作用。

1. 文化决定旅游业的内涵

一个国家或地区旅游业的健康发展，取决于整个行业对于地方自然与文化遗产的尊重和保护态度，以及对社会的责任感，例如对东道地区居民的人文关怀、对游客安全和舒适的关注等，而不是仅仅将旅游业当作从游客和当地人当中榨取经济利润的工具。目前我国旅游业发展过程中出现的种种乱象，如导游变导购、餐馆天价菜宰客等，除了经济利益纠葛和行业监管不力等方面的因素以外，更深层次的原因是从个人文化素质到企业文化内涵上的缺失。

2. 文化决定旅游业的核心竞争力

文化体现在旅游管理和经营之中，成为旅游管理文化和旅游企业文化，它决定着旅游经营管理者的开放意识和服务意识，决定各级部门旅游决策者、执行者的管理水平和执行效果。旅游者以追求精神享受为目的，是文化消费者。因此，旅游业的核心产品只能是文化产品或文化含量高的产品，在市场经济条件下，旅游业者不仅要了解旅游资源本身的特征和功能，还必须了解消费者所追求的文化附加价值，开发出满足各类旅游文化需求的旅游产品，才能形成自身的核心竞争力。文化还渗透在各旅游部门的运行过程中，如现代旅游饭店，不是简单地提供住宿和用餐的场所，而是集膳食、居住、社交、休闲、娱乐、审美等功能于一体的综合性文化场所，与其他企业有着本质的区别。因此，一家优秀的旅游饭店，有必要不断提高餐饮、客房、娱乐等环节的文化品位，关心从业人员的各项福利，提高他们的文化素质，为顾客提供有人文情怀的个性化服务。

3. 文化决定旅游业的经营管理模式和特点

在不同文化背景下，旅游业的经营管理模式各不相同，并呈现出不同的特点。例如对于自然旅游景区，美国采取的是国家公园管理体系，由联邦政府通过国家内务部、财政部、商务部进行垂直统一管理，政府直接掌握产权，管理权和经营权分离，有严密的监控系统；而中国旅游景区虽为国有，实际为地方政府和旅游部门所管控，实行分散管理，多为政企合一、自收自支；英国是遗产管理体系，由地方政府、私人机构、行业协会、民间机构组成管理主体，所有权和经营权较灵活，无统一的监管体系；日本是自然公园管理体系，由国家环境厅主管、自然保护协会协管，实行多种所有制和特许经营。中国旅游饭店以公有制、私有制、中外合资、外商独资等多种所有制形式为主，实行现代企业管理制度；日本旅游饭店多以私有制形式为主，实行传统家族式企业管理。在人力资源方面，中国的旅游企业员工特别是前台、餐饮服务员、导游人员多以年轻人特别是女性为主，而在欧美和日本，中老年服务员和导游、旅游车司机则很常见，因为他们往往能提供更加周到细致的服务。

2.3　旅游对文化的影响

旅游活动是一种双向交互的过程。文化对旅游活动起着决定性作用，同样，旅游活动对于文化的影响也是不容忽视的。特别是考虑到旅游活动更多地发生在经济文化发展相对滞后的国家和地区，这种影响就更加值得我们关注。旅游对文化的影响主要表现在加速文化变迁方面。

2.3.1　旅游中的文化变迁

旅游活动是当今世界最大规模的空间转移活动。与一般商品运输的物的空间转移不同，旅游活动主要是人的空间转移，也可以称为“短期的人口迁徙”。一方面，旅游者离开自己的文化环境，来到陌生的他者文化之中，或多或少都会发生某种不适应，即所谓的“文化冲击”（culture shock）[①]，从而对自己的文化产生不同的看法；另一方面，东道地区的居民通过不断与旅游者接触，会因为受到他们的影响而在文化上发生某种改变，随着旅游开发的推进，东道地区的整个社会文化系统会为了适应旅游发展的需要而发生巨大变化。这两方面的变化都属于文化变迁。

1. 文化变迁及其研究历程

文化变迁，是人类学研究的重要课题之一。任何时代、任何地方、任何一个族群都处在不断发展变化之中，体现该族群特征的文化也会随之变化。所谓文化变迁，是文化在一定时期内的发展和变化，指由于族群社会内部的发展或不同族群之间的接触而引起的族群文化的改变。文化变迁是所有文化的永存现象，是人类文明得以延续的恒久因素。文化的均衡是相对的，其变化发展是绝对的。文化伴随社会的变迁而变迁，文化变迁与社会变迁密切相关，所以在人类学界也经常使用“社会文化变迁”这一表述。文化变迁可以分为无意识的变迁和有意识的变迁，后者又包括主动变迁、指导性变迁和强制变迁三种类型。一个社会内部和外部的变动都会促使其文化系统发生适应性变化，从而引发新的需要。文化变迁模式的各个环节之间并不是单向的因果关系，而是相互作用的一种关系。

2. 文化变迁的途径

文化变迁历来是人类学家密切关注的对象，自人类学诞生以来，各个学派都对文化变迁的途径进行过研究。

早期的进化学派用文化进化理论来说明文化发展的普遍性，认为人类文化普遍地由低级向高级、由简单向复杂发展进化，形成一个发展顺序。这一学派涉及的主要是历史上的文化变迁，但他们不大重视民族之间的文化接触，以及正在发生的文

---

① culture shock，有学者译作“文化休克”“文化震撼”“文化震惊”“文化冲击”等，在本书中统一称作“文化冲击”。

化变迁过程。

传播学派侧重于进化论所忽视的文化的地理、空间和地方性变异，着重研究文化的横向散布，认为文化的变迁过程就是传播过程，文化主要在传播过程中发生变迁。但是，他们忽视人类创造文化的能力，对文化变迁的过程或传播时间顺序的解释就缺乏说服力。

功能学派虽着重于社会文化的功能、结构的研究，讲文化现象的变化着重讲它的功能的变化、消失与替代，但也注意研究在调查中所发现的文化变迁。其中，拉德克利夫-布朗论述了文化接触产生的相互作用，认为研究文化变迁的过程，共时性研究优于历时性研究，但同时也必须进行历时性研究，才能发现文化变迁的规律。马林诺夫斯基的《文化变迁的动力》，对文化变迁作了具体的论述。

美国人类学家博厄斯强调每个民族的历史和文化的特殊性，认为这种特殊性一方面取决于社会的内部发展，另一方面取决于外部的影响。这既考虑到独立发明，也考虑到传播的作用。他强调传播，也反对极端传播论。早在1920年博厄斯便指出美国学者开始对文化变迁的动态现象感兴趣，他在《人类学研究的目的》（1932）一文中说，“人类学必须研究文化现象的相互依赖，必须通过对现存社会的研究取得资料”“我们不仅要知道现存社会的动力，还要知道它们如何变成这样”。他认为应研究不同文化接触所产生的影响。研究文化的涵化，只研究文化分布而不研究社会文化变迁则不完全，“总之，我们试图开展的方法建立在现时可以观察到的社会动态变化的研究上”。他强调要作详尽的描述性的民族学调查。虽然他因其忽视理论的倾向而受到批评，但细致的调查确实可以使研究者从中观察到文化变迁的过程。

赫斯科维茨等从20世纪30年代开始便把文化变迁作为专门的研究课题。美国人类学家着重研究印第安人与白人文化接触所引起的变迁，他们对文化变迁的研究起源于美国历史学派。与此同时，英国人类学家着重研究殖民地土著居民与白人文化接触所引起的变迁。第二次世界大战以后，第三世界国家和民族的发展问题更加引起人们的关注，促使人类学家更多地研究文化变迁。直到目前，文化变迁仍然是研究的热门课题。

进化、发明、发现、传播或借用，是文化变迁的过程或途径。进化是社会内部发展引起的，如生产技术由低级发展到高级，社会组织由简单发展到复杂。文化的进化自然地引起文化变迁，进化的过程就是变迁的过程。发现是使某些已存在的过去不为人所了解的事物变得为人所知。发明是对先前的材料、条件进行新的综合，从而产生出一种新的东西。有些发现和发明是无意识的、偶然的；有些发现和发明是有意识的革新。当社会接受了发现和发明并有规律地加以运用时就会引起文化变迁，比如欧洲工业革命、当代的科技革命。发现和发明可以在一个社会内部产生，也可以在外部产生而被一个社会接受。传播，也称借取（borrowing），指文化之间的另一种互动关系，是在微观层面上发生的涵化；依传播形式的不同而分直接传播、间接传播和刺激传播三类；传播是文化变迁过程的重要内容，是创新的普遍形式。

早期进化论者不仅强调发明和发现，也指出了传播的作用。摩尔根说"所有的重大发明和发现都会自行向四方传播"，泰勒也讲文化的传播法则。马林诺夫斯基认为，社区内部所引起的文化变迁是由于独立进化，不同文化接触所产生的文化变迁则由于传播。他甚至把借用看作与其他的文化创新形式一样具有创造性。

美国人类学家斯图尔德（Steward）将有关文化变迁过程的理论总结为单线演化、普同演化和多线演化。以摩尔根、泰勒为代表人物的单线演化理论为 19 世纪的古典理论，对文化的分析包含很多可贵的洞见，但未能认识到演化有诸多途径，已经被 20 世纪的考古学与民族志研究充分证明其缺失。普同演化理论以怀特（White）和柴尔德（Childe）为代表，将人类文化视为一个整体来研究其演化阶段，却不能解释任何特殊文化的特有性质。多线演化理论以克罗伯、克拉克洪为代表，假设文化变迁有其规律，关注个别具体的文化，关注文化法则的测定和文化分类。史徒华（1938）指出，文化生态之适应——人们在个别的环境中修正其具有历史渊源之文化的适应过程，是文化变迁中最有创造性的过程之一。

王铭铭（1998）指出，传统上，在解释变迁过程或途径时，社会人类学者最常运用的概念包括传播（diffusion）、文化丧失（cultural loss）、涵化（acculturation）以及发明（innovation）。所谓"传播"指的就是文化形式的借用或流传过程中出现的文化变动。传播往往有中介，其主体就是从另一社会引进新的文化因素的个人或群体。鉴于借用（borrowing）现象的普遍性，马林诺夫斯基认为它与其他的文化创新形式一样具有创造性，而拉尔夫·林顿（Ralph Linton）则认为文化的借用占了任何文化内容的 90%。文化丧失就是一种文化形式取代另一种文化形式所导致的严重后果，它对文化具有很大破坏性。涵化产生于有着不同文化的人类共同体进入集中的直接接触之中，其结果造成其中一个群体或两个群体原来的文化形式发生大规模变化。

3. 涵化

涵化是文化变迁理论中的重要概念，美国人类学家称之为 acculturation，原意为"使文化移动""使文化适应"，英国及受其影响的亚洲、非洲、大洋洲的人类学家则使用文化接触（culture contact）一词。涵化，指两种或两种以上的文化在接触的过程中所发生的碰撞。涵化是文化变迁最主要的方式之一，是一个漫长的宏观过程。

涵化的研究对象是不同民族因接触而产生的文化变迁过程及其结果。最早使用"涵化"一词的是美国民族学局首任局长、著名人类学家 J. W. 鲍威尔（J. W. Powell），他在 1880 年写的《印第安语言研究导论》中谈到，涵化的力量可以使土著文化在"百万文明人的压倒之势下"产生变迁。20 世纪二三十年代，在美国民族学的词汇中已经出现涵化一词。1905 年，涵化一词由格拉布纳（Grabner）等学者介绍到欧洲，成为德语中的习用语。20 年代末 30 年代初已经有学者致力于涵化研究，研究成果有 L. 比尔斯（L. Beals）的《马约文化中的土著遗存》、特恩沃尔德（Thurnwald）的《涵化的心理学》、米德（Mead）的《印第安部落的变迁中的文化》等。

赫斯科维茨在《涵化——文化接触的研究》（1938）一书中将涵化定义为："由个别分子所组成而具有不同文化的群体，发生持续的文化接触，导致一方或双方原有文化模式变化的现象。"一般认为，涵化有几个特点：第一，涵化是文化变迁的一种，指当两个独立的文化相遇时发生的变迁。第二，涵化是有别于传播过程、创新、发明、发现的一种变迁过程。凡是发生涵化情况的都发生传播，文化特质和思想通过传播的各种渠道被传递到接受文化的一方，产生影响，发生涵化。但传播只是涵化过程的一个方面或一步。创新或新思想的出现，是不同于涵化的一个过程。第三，涵化和传播是密切相关的。但是，涵化和传播又不是一回事，应该把这两个概念区分清楚。一个文化不经过任何涵化过程也可以从另一个文化那里借用其文化特质。赫斯科维茨将传播看作已经成功的文化传递，涵化则是还在过程中的文化传递。

通过涵化的过程，新的文化特质和文化丛被整合到接受一方的文化系统之中。根据诸多人类学者的论述，涵化过程可包括下述几个方面。

（1）传播。这种传递可以小至一把钢斧和一块皮毛的交换，也可以大至整个宗教信仰的传播。接受文化的一方可以选择接受或是拒绝，结果一般都是接受了一些特质而拒绝了另一些特质。那些被传递的特质在传递过程中经历了文化间作用系统中接受方的估价和转换，这些估价和转换与接受方文化的价值系统有密切关系。由接受方根据自己的价值观进行选择，决定取舍。

（2）结合。涵化不是被动的吸收，而是一个文化接受的过程。特别是在没有压力时，涵化在本质上是创造性的。一个文化系统可能自愿或被迫抛弃一些原有的特质，又由于传入新的特质而得到补偿。在这一过程中除了产生许多变化之外，还是一个创造的过程，这就是本文化系统中的特质与外来的特质相结合，或者说新的文化特质加入原有的体系中。文化变迁的重新解释，也就是为说明这个问题。

（3）替代。替代是新元素取代了先前存在的东西。但实际上是新的文化特质经若干世代一一地替代接受一方旧的文化特质，而不是一下子由新的代替了旧的。

（4）融合和同化。融合是指两个不同文化系统的特质融合在一个模式中，成为不同于原来的两种文化的第三种文化系统。先前的两个系统已不存在，但可以从这个新的系统看到它源于前两个系统。这个新系统既是一个整合系统，也是一个新的社会文化体。这种情况出现在两个系统同在一个区域内时，融合以后，原有的两个系统便消失。如果两个文化系统的地域不是相连而是分隔的，融合在一个新的文化系统中后又没有基本的地域，则原有的任何一方的文化载体在理论上说仍然可以继续存在。

同化是文化接触后一个群体的原有文化完全被另一种文化代替。同化是进步现象，一般表现为：两个文化系统接触时，比较落后的文化自然地吸收先进的文化特质和文化丛，以至完全丧失了自己的文化。而这一群体既已完全丧失了自己的文化特征，结果也就变成了另一个民族。历史上的民族融合，实际上就是自然同化。强制同化是强势民族利用暴力、特权等强制手段迫使别的民族放弃自己的文化而成为它的一部分，这是一种民族压迫。

(5) 隔离或孤立。这是一种非整合的模式。外来的文化强加给接受者，后者并不情愿接受，因而只是表面上接受了将外来文化作为自己文化的一部分，而当外力撤退，那种被迫接受的新特质也随之而去。这种现象在殖民情况下是常见的。

此外，涵化还有许多可变因素。王铭铭（1998）认为，这些可变因素包括文化差别程度，接触的环境、强度、频率、友好程度，接触的代理人的相对地位（即何者处于支配地位、何者处于服从地位），以及流动的性质等。

涵化过程中还可能出现如下现象：①取代（substitution），即以前存在的综合体由另一种综合体取代，产生最小的结构改变；②综摄（syncretism），即各种旧制度混合形成一种新制度，这可能导致大规模的文化变迁；③增添（addition），即增添新的物质或物质综合体，有时会发生结构改变，但有时也不会；④文化萎缩（deculturation），即丧失一个文化的实质部分；⑤起源（origination），即产生新的物质来满足变化形势的需求；⑥排拒（reaction），即变迁过程十分迅速，以至于许多人不能接受这种变迁，其结果会造成排拒、反抗或复兴运动。

4. 文化变迁的主要原因和动力

从文化内部因素来看，文化的接触和传播、新的发明和发现、价值观的冲突等是变迁的主要原因。从文化的外部条件来看，社会关系和结构的变动、人口和自然环境的变化等是变迁的主要原因。

促使文化变迁的原因，一是内部的，由社会内部的变化而引起；二是外部的，由自然环境的变化及社会文化环境的变化，如迁徙、与其他民族的接触、政治制度的改变等而引起。当环境发生变化，社会成员以新的方式对此作出反应时，便开始发生变迁，而这种方式被这一民族的有足够数量的人们接受，并成为它的特点以后，就可以认为文化已发生了变迁。

变迁具有连续性。文化整合较好的系统更难以发生借用，但那些文化整合程度已经受到动摇的系统则容易发生借用。文化系统中某一部分的变迁往往会引起其他部分的相应变迁。怀特认为，意识形态的变迁源于社会变迁；社会变迁则是由技术进步导致的。技术变迁会引起一系列的连续变迁；生态条件的变化也可能会引起文化变迁。

人类学家对于哪一个领域更易于引起变迁的问题有不同的说法：一说技术先于意识形态；一说意识形态更为根本。米德等则认为越早学到的东西越难改变。第一种观点以怀特为代表，认为在整个文化系统中，技术系统的变化引起社会系统的变化，而社会系统的变化又引起意识形态系统的变化。这个看法符合生产力是生产中最活跃的因素的唯物主义观点。

文化系统中一部分的变迁，引起其他部分的相应变迁，巴尼特（Barnett）称之为连锁反应效应。因为文化是一个整体，文化的一个部分发生变迁，必然引起整体中互相关联的部分的反应，最先改变的起着决定性的制约作用。

博厄斯提出应研究文化变迁的动力条件，认为“现存社会的动力来自两方面，一方面是各种文化形式之间的相互关系，以及文化和自然环境之间的互相关系；另一方面是个人和社会之间的相互关系”。他在强调每个民族的历史和文化的特殊性时，认为这一方面取决于社会的内部发展，另一方面取决于外部的影响，但在谈社会动力时却不讲社会内部发展的动力。有些人类学家把变迁的过程当作动力，有的把变迁的原因当作动力，或者只注意外部的影响，而忽视社会内部的发展。

功能学派把功能、结构看作社会文化系统的核心。社会是一个整体系统，由各个相关部分组成，它们有自己的功能，作用于整体，一处失调可由其他部分得到调整，因而无论社会文化怎样变迁，社会最终总是趋于均衡、稳定状态。前述马林诺夫斯基曾指出社区内部所引起的文化变迁是由于独立进化，这也只是说明社会内部发生文化变迁的原因而没有涉及独立进化的动力问题。

早期进化论者将进化论用于社会文化各个领域，认为文化和社会的进化导致文化和社会的复杂化和进步。摩尔根提出生存技术的革新推进人类社会的进步，家族、政治和财产制度与之并进。但总的说来，进化论者主张进化是渐变的，没有质的飞跃，不了解阶级斗争是社会发展的动力。现代进化论者则强调技术、经济、人口、环境是社会发展的动力、决定因素。

马克思、恩格斯探讨社会发展的动力，认为生产方式是基础，“物质生活的生产方式制约着整个社会生活、政治生活和精神生活的过程”。马克思指出了物质生产活动在人类社会生活中起决定的作用。而物质生产本身，又包含着生产力和生产关系的矛盾运动，这对矛盾和另外一对矛盾即经济基础和上层建筑的矛盾都是社会的基本矛盾，这些矛盾运动是社会发展、变迁的动力。恩格斯强调在社会发展中各种因素之间的交互作用和合力的作用，但更强调的是经济条件归根到底还是具有决定意义。

研究社会文化变迁，还要研究社会内部的变化即纵向的变化，这是各种合力形成的动力系统的纵向运动所促成的。文化接触或涵化接受来自外部的影响，文化系统互相接触，文化作用网互相连接，对外来文化特质的选择和适应、整合和分化，群体之间的涵化，这些都是横向运动的动力。由于各种合力的情况不同，所引起的文化变迁和文化接触的结果也各不相同。

社会人类学家能够亲历和体验的文化变迁结果通常是涵化，而不是属于抽象层次上的或长时段的一般进化。从总的历史发展趋势来讲，文化变迁是一个渐行不息的长期过程，既有对传统的继承与摒弃，又有对外来文化的批判与吸收。

在旅游的过程中，游客把外来文化带到了东道地区。地方文化和外来文化产生了交融、碰撞，经过一段时间，一种文化变得多少像另一种文化，如服饰、语言等。

当地文化在自觉与不自觉中产生了变化，如族群认同、对当地传统文化的保护等。而作为游客来说，他们也欣赏和接受一些当地的文化，如购买当地物品、穿当地服饰等。例如，在大理和夏威夷，都可以看到游客身着当地民族服装的景象。旅游对旅游主体（游客）和旅游客体（东道地区）的文化都产生一定程度的影响。

2.3.2 旅游对旅游主体文化的影响

在旅游活动中，旅游者在东道地区停留的时间一般比较短，与当地居民之间的接触和交流也比较有限，因而相对于东道地区居民，旅游者受到旅游活动的影响较小。但从长期来看，旅游对旅游者文化的影响也不容忽视。

1. 旅游提高旅游者的个人文化素养

旅游活动涉及丰富的人文知识和自然知识，涉及不同国家和地区的历史、政治、天文、地理、物产、宗教、民俗、语言、艺术等，不管在旅游信息搜集阶段还是在旅游实施阶段、游后评价阶段，旅游者都要补充大量相关的知识，因而旅游活动是人们求知的有效途径，能在一定程度上提高个人的文化素养。旅游活动可以陶冶性情，激发人们的远大志向和爱国主义精神，激发人的艺术情感和创作灵感。历史上许多有贡献的名人无不与旅游结下深缘。如屈原的《离骚》、司马迁的《史记》、徐霞客的《徐霞客游记》等，都是在游历活动中完成的。

2. 旅游促进旅游者对旅游地文化的了解

现实中旅游者所获得的旅游信息并不对等。由于相关知识储备不足，许多旅游者在旅游之前对目的地并不太了解；由于受到意识形态、刻板印象、媒体误导等的影响，有的旅游者甚至对旅游目的地存在某种偏见，在通过旅游活动了解当地人的真实生活状态之后，都可以在一定程度上得以纠正。

3. 旅游带来旅游者思想意识和生活方式的变化

旅游者来到“异文化”的旅游目的地，往往会受到某种“文化冲击”，对其思想意识、价值观念和生活方式等从一开始感到好奇和不太适应，进而发展为在一定程度上理解、接受并受到影响；在旅游结束回到自己的文化之中后，也会产生“逆文化冲击”，与旅游之前相比会发生某种改变。发展中国家的居民初次到发达国家和地区旅游，往往会惊叹于其物质的丰富和技术的发达，对现代化生活方式羡慕不已，许多人会被吸引，甚至产生移民的想法。与此相反，发达国家和地区的旅游者来到原始纯真的偏远地区，往往为其淳朴的民风、新鲜的空气、无污染的环境所打动，成为定期旅游的常客，甚至放弃自己原来的生活来到该地区长住。例如，云南的大理、丽江以其浓郁的人文民族风情和原生态的自然环境吸引了大量游客，长住游客不断增多，这些人厌倦了大都市的快节奏，渴望个性和自由，其中许多人甚至辞职来到这里成家立业，经营客栈和餐馆，过上了每天可以晒太阳、发呆的慢时光式悠闲生活。

4. 旅游带来人际交流

从宏观上看，由于各国政府的参与，国际旅游受国际政治关系的影响比较大。在某些特殊情况下，旅游活动还可能是两个国家或地区之间最有效、最可行的交往形式，作为民间交往形式，常常能发挥正式的外交活动所不能发挥的作用。从微观上看，旅游活动涉及不同族群和人群之间的交流。例如，旅游者会与当地居民、导游、司机等旅游从业人员之间进行有效的沟通与交流，当然，由于文化差别、经济利益纠纷等也有可能出现不同程度的冲突。同样地，常言道“出门靠朋友”，来自不同地区、不同文化背景的旅游者之间也可能在旅游过程中进行不同程度的交流。

5. 旅游导致旅游者的“逸出”行为

谢彦君（2006）指出，旅游世界同生活世界有着种种功能上的不同，实际上是生活世界的一种逸出和漏损，具有相对独立的意义。从行为心理学上说，由于离开了常住地，远离了职业、家庭、年龄、身份、地位等的束缚，旅游者在旅游过程中处于一种逸出于日常生活世界的状态，往往表现出异于平常的言行举止。

近年来，随着出境旅游的迅速增加，个别游客的不文明现象不时见诸报端和网站，许多媒体评论人将这类现象归结于部分游客个人文化素质不高，一些学者将其归因于中外文化差异。其实，从文化人类学角度来看，旅游的“逸出效应”也是一个重要原因。这些游客平时在国内也不一定有这样的言行，由于离开了日常的文化环境，失去了原来的监督、约束和自律，再加上在海外的异文化场景之下，处于高度兴奋之中，很可能不顾周围人的感受，做出异于平常的举动（或是放下平时的面具和伪装，呈现本来的自我）。

在其他国家游客的海外旅游中，也可以观察到这种逸出现象，如被媒体广泛报道的外籍游客在吴哥窟拍裸照、在长城上刻字和小便、在千岛湖违反禁令游泳等。据欧洲中文报纸《欧洲时报》称，美国购物门户网站“社交生活”（Living Social）举办的有关世界上最糟糕游客的问卷调查结果显示，排名第一的是美国人。据称，吵闹、自大、粗鲁、爱拿东西是美国游客最令人诟病的缺点。全球最大的在线旅游公司 Expedia 对 4 500 名宾馆从业人员进行调查，结果显示，在欧洲之内旅行时，英国游客表现最糟；在全世界旅行时，法国游客表现最差。日本游客则从不受欢迎到受欢迎，英国新闻联合社（Press Association）把日本人称为世界上最好的游客。

2.3.3 旅游对东道地区文化的影响

19 世纪，托马斯·库克（Thomas Cook）创办的旅行社拉开了现代旅游的序幕，至今已有 100 多年的历史，旅游也经历了从小众活动到大众参与的历史演变过程。20 世纪后半期以来，随着旅游业规模的不断扩大，旅游活动的触须几乎延伸到地球上任何一个角落，对东道社会的文化产生了巨大的影响。随着旅游业的不断发展，旅游的影响日益成为学者关注的问题之一。旅游的社会文化影响，是继旅游的经济影响之后又一个引起争议的话题。研究初期，大多数国内外学者都认为旅游开发对文化带来了负面影响，引起了文化变迁，许多学者为此痛心疾首，将旅游称为 20 世纪的“新殖民主义”。

文化变迁是一个随时随地都在进行的过程。现代性对人类传统文化和地方文化的影响巨大，而许多人却将文化变迁的不良后果归咎于旅游的发展。在现代性对人类社会的功过是非尚存在巨大争议的情况下，旅游成为现代性的替罪羊，受到来自各方的诟病。但随着社会的发展、研究的不断深入，人们逐渐意识到这样的判断是片面的，对旅游开发的社会文化影响提出了一些新的观点。旅游对东道地区文化的影响主要体现在以下几个方面。

1. 加强文化认同

旅游能让东道地区重新认识到传统的价值，增强东道地区的族群意识和内聚力，增强民族自信心，实现传统民族文化的复兴。在 20 世纪 80 年代以前，现代话语对民间的、边缘的、非主流文化的排斥，使之被赋予了一系列所谓的迷信、落后、愚昧形象。而在 20 世纪 80 年代以后，随着旅游业的开展，民族文化被开发利用且备受青睐，唤起了民族地区人们的自尊心、自信心和自豪感，促使他们去重新认识和评价自己的文化。这种民族自尊心和自信心的唤起，以及经过重新认识和评价之后对自我文化的重新肯定，激起他们去恢复对现已消失或几近消亡的民族传统文化的巨大热情，推动了传统民族文化的复兴。反过来，这也促进了民族旅游的发展。

20 世纪 70 年代，美国康奈尔大学的格林伍德厉声谴责西班牙阿拉德（Alarde）仪式的商品化展演，认为对旅游者的迎合玷辱了仪式的神圣内涵。贾法瑞总结道，在研究旅游的“警示视野”（cautionary platform）时期，人人关注文化与自然的安危，旅游被视为拿人与文化做交易、干扰东道主社会的产业，学者们因而形成“警惕旅游”的学术立场。然而，这些守旧的观点早已成明日黄花，因为那些凭借旅游获得族群自豪感的当地人或原住民并不这样认为。台湾大学谢世忠教授在对台北乌来泰雅人的研究中发现，即便失去了异文化情调，泰雅人仍创造出一套观光策略，持续吸引游客的“凝视”（gaze）。

旅游人群的流动，意味着全球文化的流动。全球文化包含阿巴杜莱（A. Appadurai）所谓的“族群、媒体、技术、金融、思想”五个方面，旅游人群与旅游目的地原住民的文化接触就集中体现在“族群、媒体、思想”三项上。换言之，当旅游人群的诉求与当地人的期待逐渐谋合时，他们之间就出现了族裔差别、媒体表述、思想碰撞上的接触交锋。就文化旅游目的地而言，文化差异是旅游吸引力的核心元素，在全球文化均质化的趋势下，宗教、信仰、服饰、节庆、风俗等特质作为传统就屡屡被旧话重提。其中，最能代表族群边界的文化差异被挑选、表述与彰显，以强化我群与他群之区别来维系旅游魅力。

2. 促进文化的保护

全球化与地方化在当今已成为不可阻挡的潮流，二者是互相影响的过程，各民族并非被动地接受外来文化，在接受的同时，也通过全球化过程使本民族的文化走向世界。一个民族文化的世界化程度越高，对该民族的发展就越有利，该民族文化就能获得更广阔的生存空间和发展空间。视野的拓宽，使民族地区有了更全面的心理准备，在全球化过程中能采取更主动的姿态，获得更多机会。旅游对文化有保护作用。文化是一种旅游资源，是旅游者参观、游览的对象，因此，一个国家、地区、社会以及当地居民为了发展旅游业，为其经济和社会服务，就必然十分重视对其民族文化和当地文化的发掘和保护工作。旅游目的地政府、居民和企业会强化当地文化的独特性，以吸引具有不同文化背景的异国、异地旅游者，从而使当地文化的特色更为浓厚、特点更为突出。伴随着旅游活动的开展，外来人员大量涌入，随之也带来许多新鲜事物和外来文化。当地人从主动抵制到完全认可，甚至去接纳旅游者的文化，这是一个视野逐渐拓宽的过程，他们在心理上对外来文化的容忍和接纳能力也逐步增强。

例如，东巴文化在旅游情境下得到了一定程度的文化再造并推动着文化自觉的发展。云南丽江东巴文化以纳西族的东巴信仰为载体，构成纳西文化的重要部分，在古代乃至近代纳西社会具有举足轻重的作用。在相当长的一段历史里，东巴文化始终处于一种无意识的传承状态，在近千年的存在史中，先后经历木氏土司弘扬佛教的无形贬黜、“改土归流”后汉文化的扰攘，1949年以后更被斥为“封建迷信”遭受致命重创。20世纪20—40年代，约瑟夫·F. 洛克（Joseph F. Rock）、李霖灿、方国瑜等中外学者对东巴文化的研究传播了纳西人的族群文化，纳西人的我群意识开始觉醒。20世纪80年代，由于大批东巴的健在，东巴文化被轻而易举地回忆起来，成立了东巴文化研究机构，培养了一批有深厚学养的本土学者。由于东巴文化的信仰根基残缺不全、东巴文化解读存在任意性、后继无人等原因，东巴文化从中心向边缘不断退让。21世纪初，年老的东巴纷纷辞世，东巴文呈现出濒死症状，淡出纳西人的日常生活，沦为微弱的文化记忆。

可以说，在东巴文化的恢复和保护方面，旅游的媒介之功不可抹杀。丽江旅游业的发展，始于20世纪90年代。丽江古城在1999年被列入《世界文化遗产名录》，《纳西东巴古籍文献》在2003年入选联合国教科文组织世界记忆遗产，东巴文化研究随之进入了高峰期，东巴文化的价值被逐渐倒灌回民间，纳西人重续断裂的记忆并对之进行重估。在旅游活动中，东巴文化被创造性地呈现出来，以适应旅游人群对文化差异的需求。表现在：（1）东巴文字的泛化。作为“活着的象形文字”，东巴文字图案被任意改造，创造出纳西语言中并不存在的词汇，相关产品被旅游者购买收藏。（2）东巴乐舞与仪式的舞台化。东巴活动几乎已在纳西民间绝迹，但旅游使之得以复兴，成为旅游展演的保留剧目。东巴得以在旅游情境下稍事活动，不过，现今的东巴大多数对东巴文化理解不深，学习者往往急功近利，不愿长期苦学。悖论在于，旅游人群实质上并不需要道行高深的大东巴，大众旅游对方便性、短暂性的潜在期待，压抑了文化复兴的深度激情。（3）东巴文化的符号化。东巴文化已成为纳西族被"他识"的文化标签。东巴文化被视为纳西族异文化情调的象征，旅游为东巴文化提供了一种简单易行的生存方式。东巴文化在"主-客"元意识共谋下被浅层次地或部分地呈现了。

赵红梅指出，"即便是对文化肤浅化与商品化最痛心疾首的学者，也宁愿东巴法事寄居于旅游屋檐下，而非路毙于荒野"。纳西东巴文化的自觉是对一种逝去文化的追溯与抢救，并借助旅游使普通民众知晓其价值，从而实现其复活。东巴文化是"旅游挽救了文化，旅游复兴了传统"的一个成功案例。旅游为纳西的族群命运开启了一扇窗，通过这扇窗，纳西人与世界发生联系。纳西东巴文化依托学术而复兴，又嫁接在旅游情境下，虽然其商品化与真实性值得商榷，但庆幸的是，东巴文化搭乘旅游便车，重新驶向民间，族群成员得以重新审视近乎成为追忆的族群文化，并在他者的关注下，逐渐形成对之的认知与认同。透过东巴文化的发迹过程，可观察一个小民族的文化自觉过程，以及其对族群命运的操控过程。

3. 加速文化涵化的过程

旅游者与东道主地区居民和旅游从业人员直接或间接的接触，导致东道主地区文化发生变化，加速了文化涵化的过程。在旅游发展过程中，游客的强势文化更多地将自己的观念、思维和价值标准加于东道地区的弱势文化，使后者在文化上加以适应，而这种适应与传播过程并不对等。在强势文化的主导下，弱势文化短时间内较难取得平等交流的机会，许多旅游目的地从提高旅游业收益的宗旨出发，往往被迫从属于外来旅游者的态度和价值观。

这种涵化发生的程度取决于双方文化的差异性、文化认同、文化发展程度和文化地位。一般说来，旅游者和东道地区文化之间差异越大，涵化越容易发生，其速度也更快；而认同较强、发展程度较高、地位较高的文化更不容易受到涵化影响。由此不难理解为什么同属乡村民族地区，我国西部少数民族文化很容易受到旅游业的冲击，而欧洲乡村却能在旅游开发的同时保持较为完整的民族文化。

4. 导致文化商品化，影响其真实性

在商品经济下，为了满足旅游者的需要，在旅游开发商和地方政府、社会精英的推动下，旅游目的地的地方文化被开发成各式各样的旅游商品。在经济利益和市场竞争的驱动下，古民居被改造成商铺、客栈和餐馆，改变了以前的面貌。作为文化创造者和继承者，许多当地人离开了世代居住地，古村镇失去了原住民这一文化的灵魂，成为外来商户和旅游者的"空聚场"（empty meeting ground），彻底娱乐化与商业化，失去了文化内涵，旅游吸引力下降。粗制滥造的廉价旅游工艺品充斥于市，这些产品实际上已不再能表现传统的风格和制作技艺，被称为"伪艺术的工艺品"。为了接待旅游者，传统的民间习俗和节日庆典活动的内容、举行时间、地点，被随意更改，搬上旅游展演的舞台，一些具有神圣性的宗教活动被世俗化和娱乐化。

旅游将东道主地区的文化从后台搬到了前台，成为专门展示给游客的商品，其真实性受到众多人类学家的质疑，前人对此已有充分论述，对于旅游真实性的争议至今尚未平息。然而，在全球化、现代性的触角无处不在的今天，值得我们关注的问题在于，想要看到“未曾被现代污染的、纯洁无垢的传统”“真正的文化”“消失的原初世界”这种叙事方式。美国文化批评家詹姆斯·克利福德指出，近代民族志的历史在两种表述方式之间动摇不定。一种是“消失的叙事”，另一种是“生成的叙事”。借用他的视角，不难发现上述的叙事方式采用的是“消失的叙事”，即传统文化在向逐渐消逝的方向发展的叙事方式。科恩指出，绝大多数旅游者乐意接受的真实性概念，远比诸如博物馆研究院和人类学家之类的专家学者要宽松。实际上，对于许多旅游者来说，旅游只是游戏的一种形式，只有表演者和观众双方都抱有假装相信的态度才能保证其成功。或许，在如此迅速变化着的高科技信息时代，为游客人为地保留或创造一个原汁原味的“乌托邦”才是真实的真实。

有关旅游与文化商品化和真实性的研究是旅游人类学的重要研究议题，本书将在其他章节中另行探讨。

5. 催生各种社会问题

旅游会导致东道地区物价和房价上涨，出现游客与当地人争夺资源的现象。例如，在印度尼西亚巴厘岛，不断增加的旅游饭店和水疗中心大量消耗地下水，导致水资源分配失衡，已经危及作为世界遗产的梯田的农耕用水，许多农民为此对旅游业产生抵触情绪。近年来，个别游客的不文明行为引起部分香港市民对内地人的反感，一些内地游客在香港受到的不公正待遇又导致部分内地人对香港旅游的抵制，加上国内外其他政治经济因素的影响，赴港旅游人次急剧下滑，已经影响到了香港旅游业和零售业的发展，甚至影响到了两地的正常民间交往。

旅游可能加速传染病的传播。因为传染病的特点是“人传人”，而旅游业的特点又是“人聚人”，两者背道而驰。为了控制各种传染病疫情，世界各国均对旅游进行严格控制，停止组团、饭店和景区关闭、交通停运。全球旅游业不止一次地受到公共卫生事件的冲击，SARS、MERS、寨卡、埃博拉病毒等都曾经对各国旅游业造成极大的冲击，2020 年春的新型冠状病毒肺炎疫情更是对世界旅游业产生了史无前例的影响。

旅游还可能导致“新殖民主义”的泛滥和社会问题增加。受社会历史因素的影响，旧时代殖民主义者种族优越、享有特权的观念在许多发展中国家仍未完全消除，“帝国主义的怀旧”仍然是许多西方游客造访前殖民地的重要动机。在西方自由化思想的影响下，许多东道地区传统的法制和道德观念受到冲击。在金钱诱惑下，一些人借旅游之名从事违法活动，其结果是犯罪率上升，社会问题不断增加。妇女从事旅游接待工作可能带来一些负面效应，例如家庭关系恶化、离婚率上升等。在一些地方，伴随着旅游的发展，赌博、毒品、艾滋病问题均呈现出相应的上升趋势。

本章小结

文化是人类学的重要概念。旅游具有强烈的文化属性，旅游与文化之间有着千丝万缕的联系，然而，文化旅游与旅游文化是两个不同的概念，不能混淆。一方面，文化对旅游有决定性作用，它决定着旅游客体的特色、呈现方式、开发模式；决定旅游主体的旅游动机、目的地选择、行为模式、感知和评价；同时决定着旅游业的内涵、竞争力、经营管理模式和特点等。另一方面，旅游带来文化变迁，对文化有着重要影响。旅游是一柄双刃剑，对于旅游者而言，旅游提高旅游者的个人文化素养、促进旅游者对旅游地文化的了解、带来旅游者思想意识和生活方式的变化、带来人际交流，但也导致旅游者的“逸出”行为；对于东道地区而言，旅游能加强文化认同、促进文化的保护，同时又可能加速文化涵化的过程，导致文化商品化，影响文化真实性，催生各种社会问题。

关键术语

旅游（tourism）
文化（culture）
文化旅游（cultural tourism）
旅游文化（tourism culture）
文化变迁（culture change）
涵化（acculturation）
影响（influence）

复习题

1. 怎样理解文化的概念？
2. 什么是文化变迁？文化变迁有哪些途径？
3. 什么是涵化？涵化的过程有哪些？
4. 文化对旅游有什么作用？分别体现在哪些地方？
5. 如何看待旅游对东道主地区传统文化的影响？

扩展阅读材料

文化和旅游：多视角的透视*

一、文化和旅游：定义的困顿

“文化”一词虽然和人类社会发展朝夕相伴，并渗透于人文社会科学与日常生活的几乎每个角落，但是要对其做出准确界定却非易事。正如陆杨、王毅在《文化研

* 宋瑞．文化和旅游：多视角的透视．旅游学刊，2019，34（4）：1-3.

究导论》一书开篇中所言，“什么是文化的定义？这似乎是一个你不说我还明白，你一说我就开始糊涂的话题”①。美国人类学家克罗伯和克拉克洪在其1952年出版的《文化：概念和定义批判分析》一书中做过统计，仅在1871—1951年的80年间，各种文化定义就多达164种；而据法国人类学家奥马尔（Omar）统计，更是超过250种。林林总总的文化定义，仅从学科角度加以简单归类，便可有十余类：哲学的、艺术的、教育的、心理学的、历史的、人类学的、社会学的、生态学的、生物学的、公共管理学的和经济学的，等等。再结合定义的特性，每一学科视角下又可细分出描述性的、规范性的、历史性的、发生性的、结构性的等不同维度，更不消说不同学者、不同机构在具体表述上的差异，简直是踏入一片浩瀚无际的“概念丛林”，令人心生困顿。

这种定义的困顿同样适用于旅游。在近代旅游研究史上，人们给出了上百种定义，形成了综合关系说、目的动机说、生活方式说、文化现象说、审美体验说以及时空距离统计说等不同派系。每个派系之下，又各有不同解释。从旅游科学专家国际联合会（IASET）的“艾斯特”定义到库珀（Cooper）的需求供给论以及贾法瑞的游客、产业和旅游地三者社会交换及其给旅游地带来的综合影响说，对于什么是旅游，可谓众说纷纭、争论不休。

基于定义本身的不统一，人们对文化和旅游各自的内在构成也持不同观点。就文化而言，有文化包含多层级的“洋葱论”之说和文化分显性与隐性的“冰山论”之说，还有文化产业和文化事业的区分与关联；就旅游而言，有“大旅游”和“小旅游”之别，旅游“产业说”与“泛产业说”之争，以及“新旧三大支柱”之论与“新旧六要素”之辩。究竟何为文化、何谓旅游，二者各自有何构成，相关文献汗牛充栋，莫衷一是，现实生活中也是各说各话，难以统一。

二、文化和旅游：多视角透视的必要性

对于文化和旅游这两个妇孺皆知而内涵和外延极为复杂的概念而言，要做出精准、全面、不同主体一致认同、古今中外皆可通行、所有场合均能适用的界定几无可能，也似无必要。只是我们需要注意，围绕这两个概念及其关系进行讨论时，需小心区分，某时、某处、某一场合之下，讨论者所说的文化、旅游乃至二者的关系是就哪个层面而言、从哪个角度出发的；是哲学层面的（philosophical）还是统计意义上的（statistical），是理论性的（theoretical）还是操作性的（operational），是结构性的（structural）还是功能性的（functional），是语义性的（lexical）还是规定性的（stipulative），是狭义之说还是广义之说，是讲产业还是谈事业；是在讨论具体的资源、产品、服务抑或业态，还是在谈论抽象的理念……如不加区分地混沌而论，那么不同的谈论者便会沿着不同的角度彼此交叉、各自延伸，最终生出一张铺天盖地而纠缠不清的大网。那样的讨论自然是无效和无解的。

---

① 陆杨，王毅．文化研究导论．上海：复旦大学出版社，2015：1.

仅以哲学层面和统计层面的差别来看，就有很大的不同。就哲学层面而言，作为活动的文化同个人心智的发展紧密相关。可联系到知识、智慧和理解力的获得等方面；而在这一层面上，作为活动的旅游，尤其是休闲旅游（leisure travel）与文化有着内在的一致性，其区别主要在于旅游更强调空间的移动性和异地性。就统计意义而言，文化和旅游在活动、产品和产业层面各有其统计口径。纵向而言处于调整之中，横向而言各国之间亦有不同。因此，从哲学层面谈论文化和旅游的关系，与从统计层面分析文化和旅游的关系，差异甚大，不可混淆。其他角度莫不如是。

三、文化和旅游：多学科探究的方向

众所周知，文化和旅游的关系不是一个新话题。早在 1981 年我国经济学家于光远先生就曾指出，“旅游不仅是一种经济生活，而且也是一种文化生活”。当下这一话题再次引起高度关注，自然与 2018 年的机构改革关系密切。不过我们应该看到，机构设置与职能调整是短期的、外在的，要对文化和旅游之间长期的、内在的关系有更加全面而准确的把握，就不能仅仅局限于政府部门具体工作层面的讨论，而要展开多学科、多视角的纵深探究。因此，从多学科、多角度出发，对文化和旅游的本质属性、内在特征、发展机理、产业载体、功能效果等进行全方位的系统辨析极为重要。

澳大利亚文化理论家本尼特（Bennett）在其《文化：一门改革家的科学》一书中，将其文化研究定位在五个方面：一是广义的政策研究，涉及政府和文化的关系；二是政策与实践的关系；三是跨学科和多元化，涉及人文和社会科学的多个甚至所有学科；四是国际和比较研究；五是历史意识和理论的前沿性。这一观点对于我们探讨文化和旅游的关系颇有启发。笔者以为，围绕文化和旅游的关系，除却本期笔谈几篇文章所涉猎的角度外，以下几个维度的研究也值得关注：

其一，从心理学和社会心理学视角出发，分析文化活动与旅游活动的内在关系，以及二者引致幸福的具体机制、影响因素和相应的制度安排。为此，可充分借鉴社会行为研究中的“活动参与论”“需求满足论”“社会认知论”“主客观条件论”“群体差异论”等进行分析，并不断从哲学思辨走向社会分析。[①]

其二，从政治经济学、制度经济学和福利经济学出发，对文化和旅游领域中事业与产业、政府与市场的边界及其分工、组合进行系统研究。基于我国社会经济的发展现实和“两个一百年”的奋斗目标，明确不同发展阶段文化和旅游中哪些是公益型的事业属性，哪些是市场型的产业属性；二者融合发展过程中，哪些设施、载体和事项应划归事业范畴，哪些行业、事务和领域应划归产业范畴；哪些方面应重点发挥“无形之手”的作用，使市场在配置资源中发挥决定性作用，同时通过“有形之手”健全市场规则，创造良好的竞争条件；哪些方面要重点发挥“有形之手”的作用，发挥政府在提供公共产品、促进基本公共服务均等化，保障不同群体文化

① 宋瑞．休闲乃幸福之源——何以可能？财经智库，2018（2）：93-105.

和旅游权益等方面的作用。

其三，产业经济学视角下的产业统计与产业发展研究。其中，有两个问题值得特别关注：一是从产业统计角度，对现有的《文化及相关产业分类》和《国家旅游及相关产业统计分类》进行细致比较，研究将二者整合的必要性和可能性。基于国民经济产业分类体系和投入产出表，对文化和旅游的总体规模、经济贡献等进行科学客观的评估。二是从产业发展角度，在遵循文化和旅游各自发展规律的基础上，围绕旅游演艺、主题公园、博物馆旅游、文化旅游节庆、旅游文创产品、文化主题酒店等重点领域，最大限度地扩大文化产业和旅游产业的重叠面和融合度。

其四，从资源配置、公共管理和空间规划角度，统一配置文化和旅游资源，以满足人民群众（包含居民和游客）美好生活需要为出发点，对各级各类公共文化设施和旅游公共设施的使用状况、未来布局进行系统研究。在此基础上，结合居民区、旅游区的分布配置公共资源，将旅游公共服务设施与文化公共服务设施一起纳入国家公共服务体系，建立稳定的投入机制，并探索制定统一的文化和旅游公共服务标准与评价体系。

其五，从全球化和国际比较的维度出发分析文化和旅游的关系。在这方面，有三个问题值得关注：一是全球化背景下，文化和旅游的关系会发生怎样的变化，文化和旅游的关系将如何影响全球化进程；二是就国家在世界上的地位和影响而言，文化强国和旅游强国的关系如何，如何实现二者之间的相辅相成、相得益彰；三是在弘扬中华优秀传统文化、革命文化、社会主义先进文化，在彰显文化自信的前提下，如何通过旅游增进文化交流、促进文明互鉴。

以上五个方面的研究，第一个方面的基础理论性研究将为理解二者关系乃至促进二者融合发展提供理论根基，第二个方面的应用性理论研究将提供决策参考，后三个方面的对策性实证研究将提供直接指引。

第3章

旅游与仪式

» 了解仪式的基本含义
» 了解旅游仪式的相关理论和主要思想
» 理解旅游仪式与旅游体验的关系
» 掌握旅游仪式在旅游业发展中的应用

仪式理论是旅游人类学研究的重要视角，将旅游看作一种仪式，将有利于旅游研究视角的拓展，同时有利于深刻地思考旅游者的行为动机和旅游体验，更进一步地揭示旅游活动丰富的文化和社会内涵。

3.1 作为仪式的旅游

3.1.1 仪式

一般地，仪式有广义和狭义之分。从狭义上来说，仪式主要指与宗教有关的教义陈述、祭祀、仪礼、庆典、礼拜活动等（彭兆荣，2004）。从广义上来说，仪式既包括宗教仪式，也包含非宗教仪式，如节日庆典、游行集会、入会仪式、运动会等。

文化人类学中常将仪式划分为通过仪式（rites of passage）和强化仪式（rites of intensification）两种类型（哈维兰，2006）。通过仪式，亦即过渡仪式或生命礼仪，是指个体在生命历程中由一个阶段向另一个阶段过渡的过程中，获得社会规范。它与生命历程中的各个阶段有关，是个体生命历程中的标志性事件。每一次“通过”都意味着身份的转变和权力的重新分派，如留学、蜜月、自我考验的徒步旅行、部落出征、政治职位的获得等。强化仪式，亦可称为时序仪式，是指在自然的节律之中体验生命的律动，即规律性地强化着生命历程，使平淡的生活一次次被强化并赋予生命意义（哈维兰，2006）。

仪式作为文化人类学中的重要范畴之一，是由文化传统所规定的一整套相对固定的行为方式，包括固定的人、固定的步骤、固定的活动、固定的场所等。也因此，仪式具有强烈的象征性和表演性。

法国著名人类学和社会学家迪尔凯姆是较早研究仪式的学者，他在《宗教生活的初级形式》一书中，比较系统地阐述了具有创见性的观点。他认为，宗教仪式属于信仰的物质形式和行为模式，信仰本身则属于主张和见解，信仰与仪式支撑的世界是神圣的，而相对平凡的日常生活则是世俗的。仪式是信仰的源泉，社会是超越个体生命的某种集合，能够通过诸如仪式等活动来影响、教育、惩罚个体，使整个社会达到稳定和有序的目的（迪尔凯姆，1999）。所以，仪式可以是神圣的，也可以是凡俗的，仪式活动经常被功能性地解释为在特定群体或文化中沟通（人与神之间、人与人之间）、过渡（社会类别的、地域类别的、生命周期的）、强化秩序及社会整合的方式（罗惠翾，2005）。

法国人类学家阿诺德·范·根纳普（Arnold van Gennep）是关于仪式研究最有影响力的学者，他最著名的仪式理论就是关于生命周期仪式的三阶段论，即分离阶段、阈限阶段、融合阶段，其中阈限阶段就是通过仪式。他对“通过仪式”的基本定义是：“伴随着每一次地点、状况、社会地位，以及年龄的改变而举行的仪式。”

具体而言，分离阶段包含带有象征意义的行为，表现个人或群体从原有的处境之中分离出去的行为；阈限阶段是仪式的主体，但在阈限阶段，仪式主体的特征并不清晰，他从本族文化中的一个领域内通过，而这一领域不具有以前状况的特点；融合阶段是重新聚合或重新并入的阶段，通过过程圆满完成，仪式主体重新获得了相对稳定的状态，还因此获得了明确定义、结构性类型的权利和义务，他的身上被寄予了一定的期望值：他所做出的表现应当与某些习俗规范、道德标准相一致。

3.1.2　旅游，一种现代仪式

现代旅游与仪式有什么关系？现代旅游是否就是一种仪式？有学者认为，旅游有效地把个人从原有的例行事务中解脱出来，为了一种更为自发、得到释放的生存状态，他们抛弃家乡结构化的日常生活，旅游归来的游客可能发生正面的、积极的变化。莱特（Lett）在提到加勒比海地区租借游艇狂欢宴饮的游客时说，游客租借游艇享受的假日是他们生活中的一个短暂片段，就像人生过渡仪式中的阈限状态。人类学家贾法瑞曾提出“跳板理论”，他认为，旅游是“非同寻常的流放过程，游客从中获得精神的释放与激励，并再次回到平常生活中”。纳什也说，把游客看作在降落到（回到）平常的、世俗的、普通的存在状态之前，经历一个与日常不同的神圣高点，这一过程对人们的意义与某些人生过渡仪式，包括人类学者感兴趣的朝圣仪式有相似之处。

纳尔逊·格雷本无疑是将旅游行为视为仪式行为最有代表性的学者。他提出，“最好将旅游理解为一种仪式，一种与日常家居生活、工作形成强烈反差的，集休闲、旅行于一体的特殊仪式”。他认为，世俗社会中的个人有转换身份或经历的需要，这种需要通常由仪式来满足，而当人们找不到适当的仪式或是畏惧宗教仪式的威严与烦琐时，旅游就可能成为宗教的替代品，帮助个人完成人生历程中的过渡时刻。格雷本提出“旅游：神圣的旅程”的概念，把旅游的仪式性质和宗教的神圣性质结合起来。他认为旅游与宗教朝圣具有惊人的相似性，因而，旅游不仅是仪式，还是类似宗教朝圣的神圣仪式。在传统社会，朝圣者的回报就是他回家后地位和权力得到加强，而旅游者的回报就是人们所推崇的价值，即旅游者的身心得到恢复，身份得到了保持，还经历了不同的奇异事物。

图 3－1 揭示了旅游作为一种仪式的全过程。A—B 段为日常阶段，B—C 段为进入的过程，C—D 段为神圣的阈界/阈限阶段，D—E 段为返回的过程，E—F 段又回归/再融入日常阶段。在进入旅游目的地之前，旅游者在自己所在的社会对旅游地心生向往，人未至而心先到，这即是 A—B 段虚线部分想要表达的。C—D 段的虚线表示旅游者在从目的社区回家前，已经对家的生活充满向往或深表忧伤。E—F 段的虚线描述的是旅游者已经回到日常生活中，但是心仍然停留在旅游目的地，或是对旅行的怀念，或是对回到日常生活的厌倦。

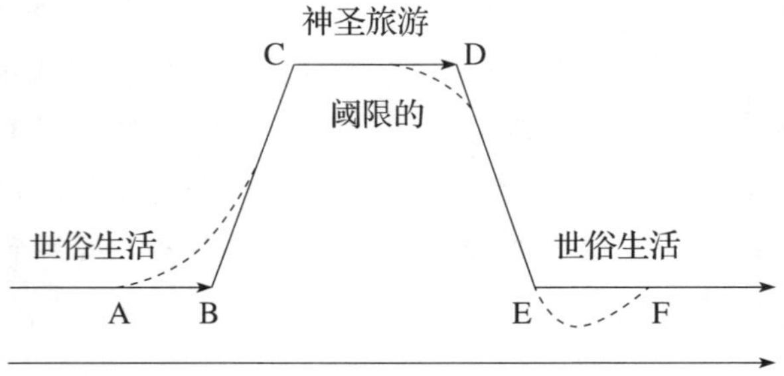

图3-1　旅游，一种仪式的全过程

3.2　旅游仪式过程的解析

旅游作为一种神圣的旅程，对于旅游者和东道主而言，每一段有意义的旅游活动都标志着某种特殊仪式的通过。这种通过仪式经过旅游目的地不同的文化表征使旅游者在文化震荡中感受到新奇，从而达到放松心情、娱乐身心，并获得自我提升。旅游仪式过程大致包含分离、阈限和交融三个阶段。

3.2.1　分离

最初，游客每天都在重复着波澜不惊的日常生活。当他们的生活或工作状态达到一定限度时，就会产生休息和休闲的需要，以期获得生理和心理的适度放松与调整。于是，人们产生从原有的生活状态中短暂分离的动机，旅游成为现代人的重要选择。在分离之前，游客社会性地位和身份根植于所处的社会文化环境，通过语言、法律、习俗延伸至未来，是一种结构化的社会生活模式。因而，结构化的生活模式使人们通过各种努力去满足各种需求和愿望，生活充满了艰辛与困难。进入旅游阶段，游客和东道主形成另一种社会文化群体，这个群体不同于一般的社会文化群体，它首先不是一种经济实体，大家不是为了生存而相聚在一起，东道主和游客也都各自保持独立的社会文化背景，因此，旅游目的地的社群组织呈现出明显的反结构性质，社会意义的生产和交流方式自然不同。来到旅游目的地，游客会进入到一种非一般的状态，在这种状态下，非世俗化的事情会发生，会体验到异域的文化现象和事物，这会在一定程度上影响游客对生活的认知，达到另一个新的同期性整合，生活进入新的阶段。

3.2.2　阈限

旅游，对旅游者而言是从一种日常文化氛围中分离，而投入到一种具有异文化特色的氛围中。东道主通过多样的文化表征方式吸引游客的参与和体验。游客在领略其文化之后，达到娱乐身心、放松心情的目的。当游客在旅游目的地面对这些文化表征时就会对其产生应对：解读。他们开始用不同的方式来描绘或解释其中所发生的意义生产。在这一过程中，游客所接触到的文化表征形式往往体现为各种符号。由于符号的能指和所指之间的联系具有任意性，所以对其意义的解读结果同样会出现多种，这取决于表征主体的社会文化背景。以丽江古城为例，在旅游业发展中，它的文化表征形式开始由单纯的民族文化走向多元的文化表征，比如古城酒吧。当游客在古城内接触到酒吧时，他们对其符号的解读就开始了。首先，游客将古城内部的酒吧与他们头脑中有关酒吧的概念相联系，将两种酒吧的概念进行分组、集束、对比，之后就会出现多种解读结果：有人会很失望，因为这影响了他们对古城文化的体验；但也有人认为丽江的酒吧和他们概念中的酒吧又有所不同，那就是丽江的酒吧少了概念中的喧嚣和吵闹，多了一些与古城相契合的文化氛围。在这一阶段，由于游客群体不同于一般的文化实体，其成员都保持各自的社会文化背景，从而导致解读方式的多角度、多方式，其解读结果也显得纷繁复杂（刘建峰，王桂玉，张晓萍，2009）。

此外，在旅游过程中，人们摆脱了日常的行为模式，进行必要的休息与“充电”。旅游是人们新生活的开始，对于人们的身心健康是非常必要的。而在人们生活的这一反结构状态中，人们为了达到彻底的休息与放松，体验与日常生活不同的经历，往往会在行为方式、人际关系等方面与日常状态下的表现产生很大的反差，甚至出现了“逆转”。逆转是旅游行为模式中一种有趣的现象，是由纳尔逊·格雷本提出的。它是指在一些仪式中或旅游活动中，有些所谓常见行为的意义和规则发生了变化，有些消失了，有些甚至完全发生了反向的变化。旅游活动中存在逆转现象，例如旅游者性格表现异常，由日常生活中的沉默寡言变得活泼好动；旅游者情绪大幅度改变，由日常生活中的压抑烦躁转变为异常兴奋；由日常的生活节俭变为旅游活动中的挥霍等。因此，在某些情况下，旅游者通过参与某些旅游活动，使日常状态下的压力、烦躁、低落的情绪在参与过程中变为兴奋感和愉悦感，释放平时工作和生活所带来的各种压力，进而出现西方旅游人类学家所称的反结构状态。旅游活动因游客情绪变化也可能导致旅游安全问题（张晓萍，刘倩倩，2010）。

3.2.3　交融

在这一阶段，游客彼此利用短暂的时间交流、相互学习和影响。这时，游客可以摆脱结构化社会生活的束缚和规范，处于一种无结构状态，一种新的结构和自我形象开始建立。由于这种状态是自发的、即时的和自由的，游客常常对这种状态充满了感情，达到了心中所向往的生活和精神境界。交融阶段可以促使新的社会结构形成，这种结构游离于日常生活模式，或者与其并行。例如，“驴友”组织因游客经历神圣的旅行之后，经由相互的交流和影响而形成。

游客结束神圣的旅行之后，必然要回归生活，但此时他们的心理状态已发生变化，最明显的表征就是“假期综合征”。他们依然回味着假期所带来的短暂的愉悦体验。此时，游客处于原有文化环境与新接触文化的震荡阶段，这促使他们不愿回到过去，同时也为自己建立了新的形象定位。旅游带来的文化震荡使游客长期处于交融整合的状态，一旦这种交融达到平衡，游客的幸福感就增强了，日常生活的烦琐和劳累也消失了，并且激发了下一次神圣的旅行的动机。这一次次的旅游，就如同人类生命中的一个个通过仪式，使游客获得对自我和社会的认同。

仪式能够在最深的层次揭示价值之所在，人们在仪式中所表达出来的，是他们最为之感动的东西，所以仪式所揭示的实际上是一个群体的价值。随着旅游业的发展，现代旅游会更加注重对文化内涵的挖掘和体验。人类学家将旅游视为神圣的旅程不仅是对旅游价值的肯定，也是对旅游业发展的目标所寄予的厚望。旅游仪式的神圣性就在于它带给游客心灵的冲击和感动，游客带着对异域文化的品味和感动，以一个全新的状态投入到生活之中，并发现生活之美。在整个旅游过程中，游客希望看到"真实的世界"，他们渴望鉴赏他人的生活、习俗、传统、仪式等，而东道主的日常生活和独特的地方人文精神作为一种活文化是重要的旅游吸引物，尤其那些具有多元文化特色的民俗活动具有吸引游客的独特魅力，而这些生活形式的文化展演激发了东道主对自我文化的觉醒，他们开始意识到自己文化的重要性和独特性。因而，旅游者的每一个通过仪式，也是东道主的通过仪式，他们在仪式中满足了彼此的需要。

3.3 旅游仪式与旅游体验

马克·吐温（Mark Twain）在《密西西比河上的生活》中写道："水的表面有时变幻为一本奇妙的书……游客不会读到这样的书，只看到其中各种各样的美丽图画，有太阳描绘的，有云层荫庇的，然而对于训练有素的眼光，这些根本不是图画，而是最严厉的和最棘手的解读……太阳意味着来日有风；水面上斜斜的标记提示有一处垂直的暗礁；高大的枯树仅存一根活着的树枝，它的生命即将终结，因而没有古老温暖的标记。"在这段文字中，马克·吐温描述了由河流而产生的两种不同的体验。第一种是游客在欣赏"各种各样的美丽图画"时所获得的旅游体验，另一种是借助专业知识而获得的对河流的认知体验。在文中，马克·吐温还暗示出这两种体验是相互排斥的，或者最起码是相互干扰的。他认为游客如果知晓河流潜藏的意义，则会"遗落一些永远不会回来的东西……所有的优雅、美丽和诗意在这条伟大河流之外消逝了"。以此而论，游客的体验只涉及形式的鉴赏而排斥了对内容的关注。

如果现代旅游充满了仪式的象征性，那么它需要建立在传统文化和一定的约定俗成基础之上，游客的体验将更加注重地方的文化、特色及内涵，而不仅仅满足于形式的鉴赏。如梅里雪山雨崩村，它带给游客的不仅仅是雪山的壮美，还有雪山脚下民族文化和宗教文化的独特体验和享受。在梅里雪山的旅游中渗透着藏族传统文化，旅行本身能够让游客身临其境地体会一种文化的深刻内涵及感染力。作为仪式的旅游更多地表现为一种环境体验，这种环境是开敞的，它包围着游客，通常以一种愉悦的方式影响着游客感官。这一事实表明旅游体验具有几个重要的特征：首先，旅游体验的对象是游客所处的环境，是环绕游客的一切。于是，游客不但身处体验的对象之中，而且体验对象也构成了游客体验的处所，游客活动于其中，既能改变游客与环境的关系，也改变了环境自身。其次，游客对旅游环境的体验是开敞的、紧密的和包容的。当游客身处其中，旅游环境会强烈地作用于他们的全部感官，无论是停驻其间抑或是活动于其中，游客目有所视、耳有所听、鼻有所闻甚至是舌有所尝。说到底，作为仪式，旅游体验是一个感知系统，即由一系列体验所构成的体验链。最后，旅游体验对象具有难以驾驭性和无序性。

作为仪式，旅游包含着充足的多样性，实际上是一种具有不同类型、暗含潜力、极端丰富的体验源泉，这使得游客有极大的自由去选择、强调和组织其元素。那么如何使旅游仪式让游客身临其境地体会一种开敞的、积极的和创造性的文化体验呢？不同的规划思想侧重点不同：艺术途径重视旅游吸引物的感官与形式属性，并努力带给游客较高的旅游审美愉悦；市场途径紧随游客脚步，强调旅游产品的创新，为游客创造满意的旅游体验；生态途径重视对游客旅游体验的引导，倡导游客如其所是地去体验；伦理途径强调游客旅游体验中的人文关怀，更加关注旅游业发展中社会、文化和环境之间的公正。总的来说，通过仪式可以获得旅游体验的途径大致也就包括艺术途径、市场途径、生态途径和伦理途径四种形式。

3.3.1　艺术途径

1. 对象模式与景观模式

在艺术欣赏中，观众很明确欣赏什么以及如何欣赏，能够清晰分辨哪些是艺术，哪些不是艺术，也能够区分艺术作品的不同审美属性。而旅游环境是一种无定性的对象，具有充足的多样性，而且寓意深刻，游客有极大的自由去选择和组织，这使得艺术途径在处理旅游体验问题时遇到了困难。

观众在欣赏一件艺术作品时，他们所关注的是这件作品中与审美相关的感官与形式属性，以及这件作品所具有的某些抽象的表现属性，这与作品所处的周边环境没有直接的联系，这种艺术欣赏途径可以称为“对象模式”。旅游规划中，这种模式能够反映旅游环境中旅游吸引物的自然属性，但容易忽视其所处的环境，割裂旅游吸引物与本土环境的“胎息”，容易误导游客的旅游体验。例如，我国旅游吸引物调查与评价方法中对旅游吸引物感官与形式属性的分析是非常详尽的，而且至今仍有学者试图寻找一种定量评价的科学方法，这些方法虽然看上去是那么直观形象，但对环境因素的排斥也是显而易见的，这对旅游规划工作非常不利。举例来说，古敢水族乡是云南省唯一的水族乡，有五个近乎清一色的水族聚居村寨，俗称“水五寨”，干栏式民居依山傍水，分布在黄泥河、补掌河沿岸。但在近年来的旅游规划与开发中，独具特色的水族民居被白墙青瓦的建筑所取代，这满足了游客的旅游审美愉悦，但其对水族建筑文化的认知却是片面的。旅游吸引物与周围环境有着千丝万缕的联系，通过环境营造的推动力才能彰显出本真的魅力。署名“朝拜的路”的游客在博文《青稞架可以背负太阳》中分享了他对香格里拉青稞架的欣赏：“它有着单调的结构，却承载着人类赖以存活的阳光。那粗犷结实的原木，经过大刀阔斧的处理，靠自身的卯榫结合在一起，将伟岸的身躯伸向蓝天，到了秋天，青稞架上搭挂着金色的青稞，青稞贴近木架，十分地亲切生动。”青稞架在创造它的环境之中，被赋予了更为丰富的审美属性，这些属性与环境相伴而生。正是这些具有表现力的属性使其更为亲切生动，并为游客展现出它与环境间的相互联系。

景观模式与风景画这种艺术形式有着密切的联系。在风景画中，绘画的重点集中在对绘画起决定作用的属性上。与此类似，在处理旅游环境欣赏时，景观模式也常常将重点放在环境中那些如画性属性上，这要求游客将环境如同风景画般感知。譬如旅游规划工作者惯用的一种景观处理手法：将自然环境分割成单个的场景，并设定风景视点来引导游客欣赏；旅游地也通常凭借相片、明信片来宣传它们的如画性景观，这些做法有助于激发游客的旅游审美愉悦，而且通过观景点的设置，这种愉悦的体验会得到增强，游客也渴望这种完美的景观。但这种模式也具有一定的局限性：将旅游环境分割成的场景或片段需要从特定视点，并设定适当的空间距离来欣赏。这就需要静态地再现旅游环境，并将旅游环境简化成一个场景或一个视图，游客仿佛置身于户外画廊。但是旅游环境既非一个场景，也非一个再现。举一个简单的例子，游客欣赏一幅画所获得的感受与他们走在真实环境中所获得的感受并不一样。因此，景观模式在为游客创造如画性景观时，应关注游客环境感知，并引导其如其所是地去欣赏。

2. 规划者的景观

秉持艺术途径的旅游规划者很容易将旅游环境视作艺术品来塑造，并期望游客按着他们的意图来欣赏，游客所体验的是规划者的景观。这经常导致规划者将工作的重点放在旅游环境中那些可以与艺术品相媲美的旅游吸引物上，并追求那些只有在艺术作品中才能体验到的审美愉悦。在此视角下，旅游吸引物通常被理解为视觉上能为旅游者带来愉悦感的东西，而且旅游吸引物价值的决定和测量是建立在规划者经验判断和主观偏好基础上的。这种经验研究由于概念的单一、知觉上的趋同和高度的臆测而忽视了游客与旅游环境的基本互动。一言以蔽之，游客所欣赏的无非是旅游规划者所塑造的个人作品。那么，规划者所构建的图景是否真如他们臆想的样子得到认可和实现呢？最为人熟知和遭人诟病的情形就是：尽管有的旅游规划图件做得非常精美，景观与设施看上去就像它们应该如此一样，但往往在后期的实施中产生诸多问题。

综上所述，艺术途径使游客以一种静观的态度关注与自身分离的对象，从一开始就很武断。规划者在选择和组织旅游环境时如果只注重景观形式的一面，势必会割裂它们与所处自然和文化环境的紧密联系。旅游体验不完全是视觉的，它是综合的，包括了所有的感觉形式，需要以一种开敞的、积极的方式参与。游客对旅游环境感觉特性和直接意义的内在体验应该占有支配地位。此外，规划工作中也应该规避艺术途径规划者容易产生的自负心态。

3.3.2 市场途径

1. 真实性与满意度

市场途径对游客的需求有着宽容的心态，游客的满意度是评价旅游规划工作的重要指标，这极大地激发了规划者的创造力。他们工作的重心就是创造具有吸引力、竞争力和生命力的旅游产品，为游客创造满意的旅游体验。迪士尼主题公园的诞生增强了市场途径的自信心，并树立了可供效仿的范式。游客在迪士尼主题公园中真情释放、无忧无虑，正如阿诺德·柏林特所描述的：“尽管到处都是人群和不停的活动，但从来不会让人感觉到压抑，游客仿佛置身于仙境，日常生活的态度和行为已全然忘却”。迪士尼主题公园在 20 世纪 90 年代对我国产生较为深远的影响，一时之间，中华大地出现了形形色色的主题公园。同时人们也对市场途径借自夸张的想象力所营造的旅游环境开始担心。实践证明，这种担心不是多余的，市场途径本身所具有的光明前景指引着规划师的冲动，真实性在有些人心中变得无关紧要，他们不会害怕产生什么不快的结果，因为市场途径所产生的成就感足以取代这种担心。以全国各地的民族村为例，村寨中拥有民族景观的复制品、民俗风情以及民族工艺品等，当然还包括作为民族主体的人。有些规划者试图通过这些来传输民族文化的信息，但这些复制的景观以及灿烂的表现手法实际上包含了很多层面的虚构，即使某物自身是真实的，但它所处的背景也让它变得虚假。在这种没有民族真实生活场景的环境下，什么是真实的呢？是否还有一种真实的事物存在呢？

2. 催眠性和剥削性

市场途径注重为游客创造没有生活中各种限制的地方，详细的规划和精心的管理保证了时间和空间上的流畅性，景区内的每一个旅游项目、每一件东西似乎都是为了让人放松和愉悦而规划设计的，消费文化充斥着每一个角落。游客会发现在这里花钱是件非常容易而且非常舒服的事情。在优美闲适的环境中，游客处于一种完全放松的状态，而无心去考虑这些微妙的渗透性。这种温和的方式是市场途径惯用的手法，它可以使游客放松警惕心，完全陶醉其中。以丽江古城为例，2007 年初冬，我们第一次走进古城，清晨的古城非常安静，哗哗的流水声异常清脆，当时正下着小雪，雪中漫步古城别有一番情调，如梦境，如仙境……渐渐地，雪停了，平静的古城开始热闹起来，古城的门窗打开了，映入眼帘的并不是期盼的纳西人民，而是琳琅满目的商店，后来才发现在古城内与纳西人民邂逅是一件很困难的事情。游客在古城内乐此不疲地购物，尽情地消费似乎才是当下应该做的事情。一家披肩店内，一位纳西族装扮的女孩正忙着织布，并不时向游客推销她的产品。这种表演式的销售策略确实奏效，一会儿工夫便成交几笔生意。丽江古城俨然成为“消费主义者的仙境”，免费门票让人产生了一种金钱上的错觉。

市场途径几乎可以将每一件事物转化为可供消费的形式：旅游目的地的历史、文化甚至是当地居民的生活方式。这些改造影响着游客对民族文化的认知，在景观所制造的兴奋以及愉悦的购物环境中，隐藏在背后的文化信息的篡改事实却被有效地接受了。当游客在温和的哄骗中愉快地接受市场途径所营造的环境时，游客们实际上正在遭受着某种程度的剥削。这种剥削表象很精湛，弊端很隐匿，为了表现一种永久的美好形式，旅游地的现实被单向地摒弃了。生态环境恶化、民族文化信仰丧失、社区冲突加剧逐渐显现，但这些伤痛被一种温和的方式掩盖了。以云南西双版纳傣族园为例，泼水节被转化为可供游客消费的旅游产品，民族文化的实践意义却被过滤掉。再如傣族园内，不同的文化实体组成一个庞大的集合体，规划者试图通过它描绘傣族的真实风貌，但这种文化碎片所构成的民族文化实体几乎不可能使游客真实地了解傣族。虽然这些精湛的形式具有一种强烈的认知性，能够带给游客愉悦感，但也因此失去了重要的文化内涵，甚至会导致严重的文化分裂症。

3. 旅游体验被过度包容

市场途径对旅游体验需求的宽容心态有时也会转变成一种过度的包容，所产生的影响是惊人的。首先，市场途径的过度包容使旅游成为一种新的殖民主义，这使规划者与支持他的旅游地政府、社区以及旅游企业陷入一种交易，这种交易经常因力量的悬殊而使规划者对旅游地的责任感缺失。有些规划者在发展旅游的名义下，任意侵犯旅游地的自然与文化资源，甚至出现篡改、挪用的现象。他们认为旅游地的真实与虚构不是游客关心的主题。丽江古城虽然还保留着民族建筑，但这仅仅是表面的真实，这里已没有纳西人民生活的场景，文化脉络已被切断，丽江古城实际上已经易主。其次，一旦旅游规划致使游客的旅游体验仅仅局限于一些主观、琐碎和肤浅的认知，旅游规划工作也就出现价值观的扭曲，失去了其存在的本真意义。

综上所述，市场途径拥有创新的激情，也有着仁慈的、宽容的外表，游客沉浸于令人愉悦的旅游产品中，这是值得肯定的。但是应避免缺乏责任感的规划行为，尊重旅游地的自然和文化资源，增强游客对旅游环境的认知，体现旅游规划工作的本真意义。

3.3.3 生态途径

1. 生态适宜性

生态途径尝试将旅游环境视为一种多层的、有着紧密联系的生态系统，追求旅游体验的生态适宜性。生态学强调自然世界是由复杂、密切联系的生态系统所组成，每一种生态系统必须与其他生态系统彼此间相互配合，追求生态适宜。没有这种适宜，无论是单个有机体还是整个生态系统都无法长期生存下去。以此为基础的生态途径认为旅游环境中没有一个对象能够在孤立的状态下得以充分地欣赏，并强调只有将旅游环境视为一个相互联系、功能上相互配合的生态系统，旅游环境才能呈现出某种有机的连续性。实现这种生态功能的适宜最主要的是将旅游环境塑造成为相互适合的整体。举个例子，在香格里拉纳帕海湿地公园内，极具特色、错落有致的藏式土掌房、藏族人民的生活情景与高原湿地牧场在功能上相互适合，塑造出美丽的高原湿地景色。与之类似，在婺源等诸多美丽的乡村地区，这种适宜性也体现得非常明显。当生态适宜性在这些地区得以实现的时候，这里所发生的所有事情便营造出一种自然和谐的氛围，一种看上去应当如此的氛围。但是，这种自然的氛围并不像想象的那样容易维持，为满足游客骑马的需要，纳帕海湿地已变得满目疮痍。旅游业的快速发展使这种生态适宜性遭受到前所未有的威胁。

2. 如其所是地欣赏

生态途径还强调旅游环境应该被如其所是地欣赏。这是一个重要的观点，也是旅游体验的应然需求，旅游体验应该由旅游环境的真实性所指引。依据生态适宜性，旅游环境的真实性指引着游客的旅游体验。在梅里雪山雨崩村调研时发现，诸多游客主动请当地的村民做向导，并乐于体验原汁原味的土著居民的生活方式。游客所关注的已不仅仅局限于雪山、冰川、湖泊等壮丽的自然环境，这里的方方面面都可能成为他们的兴趣点，哪怕是高山牧场的牛粪也可能成为旅游体验中一个不可或缺的因素。最值得一提的是，在雨崩村，一种区别于星级酒店的藏族客栈备受青睐，虽然条件简陋，但游客没有任何芥蒂地与当地村民同吃同住，欢声笑语，好不热闹。

3. 生态途径的窘境

生态途径不仅关心游客的旅游体验质量，还涉及环境的保护问题。它尝试将美学层面的“美”与生态层面的“好”联系起来，实现旅游体验的生态适宜。旅游环境中的所有旅游活动能够营造出一种正确或恰当的氛围，一种看上去应该如此的氛围。这不仅能够满足游客的旅游体验需求，而且在生态上也是健康的。但是，有一点需要进一步明确：在处理自然环境方面，生态途径显得得心应手，因为通过自然科学知识可以把握自然环境的规律性，但是文化似乎没有这种相似的规律性。文化在旅游环境的塑造过程中扮演着重要的角色，它使环境中的不同有机体或者系统彼此间配合得非常默契，看上去就如同它们应该如此。这是生态途径所要极力维护的状态，并且认为这种状态可以提供更多的旅游体验趣味和价值。但是，由于文化规律的难以把握，将环境塑造成看上去如同它们应该如此的这些因素，可能会遭到质疑，它们的价值甚至不会得到认同。因为这些因素在社会层面上可能会涉及民族情感问题，在经济层面上可能会涉及资源掠夺，甚至在政治层面上还会涉及腐败堕落。生态途径想直接将这些因素带到游客面前，因为这些负面因素也是构成旅游地生态适宜性的有机部分。但是这种方式无疑是在纵容那些伤害民族情感、资源掠夺以及腐败堕落的行为继续塑造旅游地的环境。难道存在这样一种规划思想，使得规划者做出这些在道德层面上不负责任的规划吗？因此，如何将文化考虑带入旅游规划中，并通过寻找文化在旅游规划中的必然性，使得文化和自然协调一致成为生态途径所面临的窘境。

3.3.4 伦理途径

1. 旅游体验的伦理诉求

对于旅游规划而言，如果不考虑任何伦理问题，有可能会导致不负责任的规划行为。例如，如果规划工作倡导游客如其所好地参与到旅游环境的欣赏中，并以游客的名义肆无忌惮地挪用历史、文化甚至是科学背景，那这一问题产生的后果是惊人的。旅游规划隐藏着的虚伪操纵，可能会致使游客意识不到社会、文化与环境正在出现的有害后果，已经发生的伤痛也在所营造的轻松氛围中被忘却。如果游客认识到不负责任的规划行为，他们还会对那些令人兴奋的旅游产品表示满意吗？

2. 价值判断与伦理途径

旅游环境具有两个方面的重要价值：一方面是指旅游环境中对象的物理属性，可以称其为“外在价值”；另一方面是指旅游环境带给游客的内在知觉价值，可以称其为“内在价值”。举例来说，当游客漫步于孔府时，看到的不单纯是那些令人愉悦的建筑，感受到的也不单单是那肃穆的文化氛围，这里的一切深深浸染着游客的记忆与游览过程中的感受，从而焕发出一份深厚的文化情感。旅游环境所表现出来的内在价值通常是那些能够反映、形成旅游环境本质的动力要素。这些要素涉及旅游环境的自然属性及社会文化属性。内在价值得以表达常常涉及两个价值判断，第一个是规划人员对原生环境的评估，第二个是游客对旅游环境的感知。规划师的任务不仅是要解决旅游环境如何欣赏的问题，还要涉及它为何这样欣赏。如果后者涉及民族问题、资源掠夺问题或者是腐败堕落问题，那么这些价值的表达就会与伦理问题有着密切的关系，规划师应对其进行评估并做出判断。当道德问题和旅游体验发生冲突时，促成前者的价值应该高于后者。无论是社会文化伦理还是环境伦理，它们的关注点在于旅游与社会、文化、环境之间的公正。一旦出现不一致的地方，就需要协调，按照公正的原则加以妥善处理。

3.4 旅游仪式的特点

开敞的、参与式的和创造性的旅游仪式应具有以下特点：

3.4.1 连续性

著名建筑师弗兰克·劳埃德·赖特（Frank Lloyd Wright）曾这样评价自己田园风格的作品：“一个建筑应当看上去如同从场地中生长出来，并且被塑造成与周围的环境仿佛和谐共生一般。草原有其自身的美，我们应当认同（草原所具有的）恬静（韵味），并加以强化。因此，舒缓的坡屋顶，低矮的体量与恬静的天际线完美地融合在一起。”同样地，旅游也应该尝试保持旅游环境的连续性。举例来说，文化景观是与特定地理环境相适应而产生和发展的，已与环境形成了良好的融合关系。沿海居民的海草房、黄土高原的窑洞、红土高原的土掌房以及西双版纳的傣族竹楼等，它们与环境之间均呈现出某种必然性。但是，社会的变迁使当地居民逐渐摒弃这些建筑，如何平衡原著居民的生活需求与乡土建筑的保护常常是旅游规划工作最为棘手的问题之一。经常发生的问题是，当环境被概念化为一种景观时，有些规划者的注意力不是放在乡土建筑和环境之间的必然联系上，而是转向了景观的整体构图和形式属性上。他们惯常用的手法就是选择某个视角、某个尺度，并运用标准的艺术手法如取景、框景等来展现景观的美。这样的景观虽然审美属性被大大增强，但经常是没有内容和过去的虚无的立面。但是，换一种视角，将旅游环境看成是具有独特地质结构、地表形态和地域文化特色的环境时，在处理上述问题时会有所改观，至少不会为了追求华丽的立面来牺牲旅游环境的连续性。

3.4.2　本真性

旅游体验不是没有任何意义和侧重点的生理感知。如同艺术欣赏需要艺术学知识一样，旅游体验也不应该将知识剔除在外，科学知识应该在旅游体验中扮演重要角色。在科学知识的指引下，旅游体验会转化为富有意义的精神财富。例如，游客欣赏的焦点不再局限于环境中如画性的景观上，而是对其内在的价值进行探索，从而唤起更为丰富的情感升华。同样，游客所知晓的知识将产生对旅游体验而言适当的限制。比如，科学的生态知识可使游客与旅游环境之间保持适当的距离，有利于保护生态环境。所以，科学知识不仅与游客欣赏什么这一问题有关，也与如何欣赏有关。旅游环境有多种类型，它们需要不同的欣赏方式。游客所知晓的知识能够告诉他们如何去欣赏。这就如艺术一样，必要的艺术知识有助于艺术作品的欣赏。因此，科学的知识可以为游客提供合适的欣赏焦点和欣赏边界，以及相对应的欣赏方式，从而使游客更好地认识旅游环境的真实本性。同样地，旅游规划工作也应该由科学的知识所指引，规划师在进行规划之前，必须知晓不同环境类型的性质、功能以及构成要素。同时，其规划行为也应该有利于引导游客采用正确的欣赏方式，因为不能期望游客从一开始就具有相关的科学知识，也不能奢望游客去主动地接受这些科学知识。这也正是旅游规划的重要任务：如何能够通过合理的方式积极引导游客在科学知识的指引下去认识旅游环境的真实本性。

3.4.3　功能性

旅游环境是一种功能性的环境，但功能性的实现不应局限于空间的组织，还应把时间和感知等因素纳入规划的考虑之中。旅游环境不但是各种景物、景观的聚集地，它还是游客进行各种旅游活动的场所，具有复杂的结构。如果认识不到旅游环境内部所包含的时间概念，就不能很好地理解旅游环境。作为特殊参照物的游客在旅游环境规划中占有中心地位，旅游环境的功能性要反映游客的旅游体验要求。要获得一个以人为参照的旅游环境，最重要的一点就是控制影响游客感知的条件。游客所处的旅游环境包围着游客，这种事实衍生了多重结果：游客不但身处体验对象之中，而且体验对象也构成了游客的体验环境。因此，当游客身处其中，体验对象也就会强烈地作用于他们的全部感官，无论是停驻其间抑或是活动于其中，游客目有所视、耳有所听、鼻有所闻、肤有所感，甚至是舌有所尝。简而言之，旅游体验一开始就是开敞的、紧密的而且是包容的。因而，除了空间组织上考虑游客的需求以外，旅游规划需要创造一个有主题故事的旅游环境，调动游客的多种感官，重视旅游体验的联系过程和不同的体验模式，使游客能够更好地去感受异域文化空间的另一种生活状态和存在方式。

3.4.4 伦理性

对于人与环境的关系大致有两种观点，一种认为人始终独立于环境之外，另外一种则认为环境是有包容性的，包含着人类及其他一切。艺术途径和市场途径常被责难成人类中心主义，认为其规划思想漠视环境的真实本性，始终将人独立于环境之外。这些观点也同样影响着旅游规划的价值判断和伦理标准。旅游规划工作会涉及非常复杂的价值判断，这些价值主体在根本上有着密切联系。想要使旅游规划取得成功，必须改变通过否定或者消灭一方来照顾另一方的做法，必须要正视和理解它们之间的关系。这并不表示所有的价值主体都拥有同等的地位，但必须承认每一方都有权被正视和认真对待。当想尽一切办法优化选择和做出抉择时，必须付出同样的努力，保持同等程度的尊重，而不是厚此薄彼。比如，在环境脆弱的生态旅游区修建公路，虽然保证了游客旅行的方便，也使环境看起来整洁许多，但它对环境的影响是不会在华丽的外表下被湮没的。再如，许多旅游地为保证能够获得巨大的经济效益，将世代生活的原居民外迁，并侵占他们的生活空间，将文化浓郁的生活环境变成消费场所，为保证原汁原味的魅力标签，积极吸引原居民参与表演或者服务，虽然经济补偿弥补了物质损失，但民族情感的伤害却是无法抹去的。因此，旅游规划必须为正确的伦理标准所指引，要尊重所有的价值主体。

本章小结

综上所述，作为仪式的旅游使游客逃离结构式的日常生活，参与到充满象征性和表演性的仪式中，以期满足日常生活难以获得的需要；而东道主在向游客展示其文化内涵的仪式中往往是通过富有象征性的表演活动、对象及场景等的实物安排构拟出一个有意义的仪式情境，并让游客从这种情境中重温和体验这种仪式带给他们的心灵慰藉和精神需求。

关键术语

通过仪式（rites of passage）
神圣旅程（sacred journey）

世俗仪式（secular ritual）
阈限（limen）
旅游体验（tourist experience）

复习题

1. 阐述法国人类学家阿诺德·范·根纳普关于仪式研究的主要观点。
2. 试分析纳尔逊·格雷本旅游仪式的主要思想。
3. 阐述四种规划途径在游客仪式体验处理上的主要思想。
4. 开敞的、参与式的和创造性的旅游仪式应具有哪些特点？

扩展阅读材料

从神圣旅程到交互时空
——以泰北中国游客的文化体验为例*

一、“神圣旅程”范式研究的提出与不足

格雷本在《旅游：神圣的旅程》一文中最早提出了“神圣旅程”的概念。他认为，从时间维度来说，旅游与世俗的工作形成了鲜明的对比，从而具有了神圣性。他说：“我们的两种生活（神圣的、非一般的、旅游的生活和世俗的、日常待在家里的生活）对于普通人来说一般是交替性的，往往以仪式作为标记，标志着生命的开始和结束。如果下定义来说的话，可认为是以一种生活的开始标志着另一种生活的结束。”此外，格雷本还认为在西方，旅游强调个人主义的价值，旅游让人获得自我更新的感受。对于格雷本的研究，有中国学者认为，关于神圣旅程的理论倡导要回到旅游者的背景文化中去探寻旅游的本质，看到世俗社会与神圣旅程之间的反差与对比，而解释旅游本质的关键在于旅游体验。

纳什对格雷本的观点提出了批评，他认为神圣旅程概念更关注的是旅游所满足的需要，而不重视影响旅游体验的社会因素。他提出，对游客的文化体验的研究应当强调游客的跨文化适应问题，游客对旅游地的态度的变化，旅游对个人性格变化的影响，以及游客的社会文化背景对他们在旅游地的行为的影响等方面。纳什的批评在一定程度上突出了旅游人类学研究中的社会文化因素。在他的表述中，游客同时受到客源地社会文化和旅游地社会文化的影响，这一说法当然没错，但是他忽略了游客的主体性和在意义生成方面的创造性。

总的来说，从旅游人类学研究的以上两位代表性人物的论说来看，主要存在两个方面的问题：一是此类研究在强调游客的体验的同时，带有方法论的个体主义的色彩，即仅仅从个体的生命经历的角度对旅游进行意义阐释，忽视了作为社会成员

---

* 龚浩群．从神圣旅程到交互时空——以泰北中国游客的文化体验为例．西南民族大学学报（人文社科版），2019（2）：26-33.

的游客对于自身所处社会文化的理解与他们对于旅游地社会文化的理解之间如何相互影响；二是预设了旅游与日常生活在时空上的分离，忽视了二者之间的联系，以及旅游带来的生命体验改变日常生活的可能性。正如 Amanda Stronza 所指出的，人类学要么聚焦于游客的旅游动机，要么聚焦于游客对当地的影响，而忽略了当地人的策略和主动性，也不太知道旅行带给游客的变化。我们很难知道游客在目的地的经历如何影响了他们的思想、感受和行为方式，如何将客源地与目的地之间联系起来仍是难题。她呼吁整体性的研究视角。

笔者以为，强调游客的视角，强调对旅游客源地的研究，不仅仅是实现人类学整体观方法论的必要途径，也是实现作为文化批评的人类学的现实路径。人类学学者容易通过对旅游文化商品化的批判来贬低游客的文化体验，然而，笔者认为，与专注于异文化研究的人类学学者一样，游客在对异域的文化体验中也可能产生文化反思的能力，他们完全可能在对异文化的欣赏过程中发展出对于自身所处社会与文化的批评，即“将陌生的异域风俗与人们熟知的本文化相并置，或者对诸如家庭、权力以及信仰等给予我们的日常生活以司空见惯的观念进行相对化”，从而起到重塑生活方向的作用。因此，如果将游客视作追寻和生产意义的主体，那么，人类学研究可以基于游客的文化体验和文化反思来实现旅游人类学的文化批评功能。而游客的文化反思能力之所以被人类学学者忽视，与人类学学者过于关注旅游地的变迁，以及人类学学者较少对游客开展参与观察有关。

游客的旅游经历是在与他们自身所处的社会文化进行比较的基础上形成的。“交互时空”的概念试图说明，神圣旅程与世俗的日常生活并不是割裂开来的，而是通过游客的旅游体验交织在一起：无论从时间维度，还是从空间维度来讲，只有将神圣旅程与世俗的日常生活，或者说将在异域的旅游地体验与日常生活体验并置，我们才有可能真正理解旅游对于游客的意义，并由此对游客所处的社会形成反思与文化批评。也就是说，当人类学学者研究旅游现象时，应该看到游客的旅游地体验和日常生活体验的交汇与“互文”效果的形成——游客的异文化体验如何促成他们对自身所处的社会文化进行反思。

本文的案例来自笔者对泰国北部中国游客的文献研究与参与观察。2012 年，电影《泰囧》在国内热播之后，泰国北部城市清迈受到中国游客的高度青睐。2013 年，赴泰国旅游的中国游客超过 300 万人次，中国游客为泰国带来的旅游收入达 1 000 亿泰铢（约合 200 亿元人民币）以上。2014 年 1 月 28 日，中国公安部宣布全面放开中国公民免签、落地签出境，中国公民前往包括泰国在内的部分国家（地区）可以直接放行，大大方便了中国人游泰国。根据泰国旅游和体育部的数据，2017 年赴泰旅游的外国游客总数超过 3 500 万人次，其中中国游客量超过 980 万人次，占比最高。无论是对亚太地区而言，还是就整个世界而言，中国都是泰国最大的旅游客源国。在清迈，我遇到一位边开车边听中国歌曲的双条凳车司机，他说每天都跟着收音机学一些中文会话。我还拜访了中华总商会清迈分会的主席成先生，他说正是该商会帮助清迈市政府在全市推广中文标识，以方便中国游客。在我住的旅馆里，有免费的中文清迈导游地图，我在上面发现了有趣的“泰囧寺”。其实这所寺庙的真实名称是布帕兰寺（Wat Buppharam），因为电影《泰囧》在此地取景而为中国游客熟知。随后我拜访了位于塔佩门外的“泰囧寺”，从功德簿上来看，有来自中国各地的游客为寺庙捐赠并留下了姓名和他们许下的愿望。可以说，中国游客已经成为清迈城市空间中非常醒目的群体。

二、近二十年来赴泰中国游客的人群特征与行为方式的变化

自1988年中国政府允许公民赴海外旅游以来，赴泰中国游客的人数不断攀升。1988年，赴泰的中国游客为33 000余人；到2006年赴泰的中国游客突破百万；到2012年，赴泰中国游客达到278万，中国成为泰国最大的旅游客源国。为了更好地把握中国游客的人群特点和行为方式的变化，以期为清迈地区的旅游业从业者和政府部门提供参考，清迈大学社会研究所在2014年发表了研究报告——《新时期中国游客的行为方式：对清迈中国游客的案例研究》。该报告以2013年回收的248份由中国游客填写的有效问卷为基础，对该群体的年龄、性别、婚姻状况、教育程度、职业、收入、来源地、赴泰次数、出行方式、旅行动机、探访城市、景点选择、消费水平、住宿方式、餐饮喜好、购买物品、交通选择、娱乐方式、对清迈的评价以及面临的问题等等做了较为细致的统计和分析。更有意思的是，该报告将此次问卷分析的结果与2005年由该国另一所研究机构关于中国游客行为方式分析的结果进行了对比，从而让我们看到一些有意思的变化。

从问卷的情况来看，女性游客的比例为62.5%，男性游客的比例为37.5%，也就是说女性游客人数明显多于男性游客。30岁及30岁以下游客占据了总人数的44.4%，31～40岁的游客占据了总人数的27.4%，41～50岁的游客人数占5.6%。可以说，清迈的中国游客相当年轻化。从学历上来看，该群体中的90%以上都拥有大学本科以上学历。在职业分布中，来自私营企业的员工和专业人士是人数最多的群体，其次是销售人员、公务员、学生和自由职业者等。这一群体中月收入在5 000～10 000元的占31%，月收入在2 000～5 000元和月收入在1万元以上的人数基本持平，都约为27%。从游客来源地看，来自北京、上海、深圳和广州四大城市的人数占据前四位，占总人数的42.8%，其次还有来自成都、昆明和厦门等大中城市和其他城市的游客，这一群体中只有五位来自农村。可以说，这次问卷调查涉及的中国游客大多数属于年轻的城市中产阶层。从出行方式来看，绝大多数人是和家人、朋友或情侣一起出行，并且90%以上的人选择了自由行，只有5%的人选择跟随旅行团。在吃住方面，受访的中国游客相当接地气，例如在住宿方面，接近一半的受访者选择了居民区内的民宿；在饮食方面，泰餐和清迈地方饮食占据了前三位，中餐只排在第四位。另外，值得注意的是问卷调查中占总人数1/4的游客并不是第一次到泰国，总人数中高达98.8%的人表示还会再来泰国。

该报告对清迈中国游客的行为方式进行了调查，并与2005年由该国另一个研究

机构关于中国游客行为方式分析的结果进行了对比，可以看出从2005年到2013年期间赴泰中国游客行为方式的若干重要变化。该报告将这些变化总结为：中国游客较之前与当地人有更多的接触，更关注地方文化，不再局限于吃喝玩买的“浅游”。从以下方面可以看出中国游客的旅行如何由浅入深：

第一，2005年的调查显示，当时赴泰中国游客选择的主要目的地分别为曼谷、帕塔亚和普吉岛；而2013年的调查显示，清迈成为赴泰中国游客的首选目的地，其次分别为曼谷、帕塔亚、阿瑜陀耶、巴蜀、素叻他尼、清莱、喃奔、喃邦、素可泰、乌汶、乌隆及普吉。可以看出，中国游客的旅游目的地更加多元化，而且深入到了泰国不同文化区域，一些处于泰国不发达区域但具有文化或自然环境特色的地方也受到了关注。

第二，出行组织方式也发生了很大变化。在2005年的调查中一半以上的游客选择跟随旅行团，由导游来安排所有行程，自行出游的人数只占19%；而到了2013年，跟随旅行团出游的人数下降到了5%，自行出游的人数占到了90%以上。

第三，在景观的选择方面，以清迈为例，在2005年的调查中中国游客选择的景点主要有素贴山、大象园（骑大象）、因塔罗山和木雕村；在2013年的问卷中，60%的受访者表示对当地的历史文化感兴趣，40%的受访者对自然景观感兴趣，还有27%的人对探险感兴趣，他们选择的景点中仍然将素贴山和大象园（骑大象）放在重要的位置，但也增加了许多历史文化景点，例如作为游客首选景点的古城门，著名的清迈大学，包括辛哈寺、大佛塔寺、隧道寺、花园寺等在内的古寺，以及夜市和博物馆等。

第四，在消费方面，从购买物品来看，在2005年的调查中中国游客首选购买的物品是珠宝，其次是加工过的水果和时装；而在2013年的调查中，中国游客首选的是具有泰国特色的布艺制品尤其是布包，其次是木制品和银器。从娱乐消费来看，在2013年的消费中出现了学做泰餐（10.9%）、学习泰语（8.9%）等新的消费项目，而过去中国游客热衷的观看人妖表演的比例只占8.1%。

第五，从游客的主观评价来看，在2005年的调查中，有约37%的中国游客愿意再次来泰国，而在2013年的调查中这一比例高达98.8%。在2005年的调查中，中国游客对泰国之行的正面评价包括物价便宜、让人感觉好、环境好、风景美、气候好、好玩和欣赏古寺；在2013年的调查中，中国游客强调当地人友善、风景好和饮食可口。

从这份研究报告来看，赴泰中国游客的消费和文化体验方式在近年发生了变化，赴泰中国游客对他们的旅行体验有非常积极的正面评价。这一调查结果与世界范围内中国游客在出行目的和出行方式方面的转变是一致的。例如根据国家文旅部官网发布的信息，多国旅游管理部门认为近年来中国游客偏爱自由行，兴趣多样化、主题化，开始注重文化体验。

笔者在清迈的观察也印证了上述结论。首先，从笔者的实地观察来看，中青年城市中产阶层仍然是清迈中国游客中的主要群体。其次，寺庙等历史文化景观确实是中国游客的游览重点。2017 年 7 月 22 日下午两点，笔者去参观清迈国家博物馆。该馆收取的门票因人而异，泰国人每人收取 20 铢，外国人每人收取 100 铢。管理员问我是哪国人，然后拿出一个小纸片做记录。管理员告诉我当日的外国来访者中最多的是中国人（23 人，包括笔者），其次是日本人（3 人）、美国人（2 人）以及零星的韩国人、荷兰人等。笔者认为，随着中国游客出境游的频次增加，中国游客已经逐步开始了深度的文化体验，并更有可能在文化比较的视野中形成文化反思。

中国游客与泰北地方社会的文化冲突是另一个值得关注的话题。2012 年之后大量涌入清迈的中国游客带给当地民众很强的"文化震撼"，小部分中国游客的某些不恰当的行为方式经过媒体的放大宣传，引发了当地社会对于中国游客的一些负面评价。不过，近两年有了很大的改观，我在清迈访谈到的出租车司机、旅店老板等认为中国游客比过去更懂规矩，待人更礼貌，也能够更好地适应当地的社会规则。

三、中国游客在泰北的文化体验：交互时空与文化反思

为了理解中国游客在清迈的文化体验，笔者分别于 2017 年 7 月和 2018 年 1 月在清迈对中国游客进行了短期的参与观察，包括参观了古寺庙、清迈国家博物馆等"景点"，参加中国游客的一日游项目，参与泰餐烹饪的小组学习，并与当地的禅修中心负责人、导游、烹饪老师、双条凳车司机、出租车司机和其他旅游业从业者进行了交谈。笔者认为，中国游客在泰北的文化体验中突出了对于当代中国社会的反思，具体表现为：以生活节奏"慢下来"为诉求的对当代中国都市生活方式的反思；以信任感建构为诉求的对中国社会人与人之间存在的不信任感的批评和反思；对泰国人"知足常乐"的评价则体现了中国游客对于中国社会中出现的欲望与焦虑的反思。

（一）"慢下来"：中国游客的时间体验

在清迈的饭馆或者双条凳车上随处可以遇到中国游客。来自东北的一对夫妇带着上高中的女儿来清迈旅行，他们是第一次来泰国，没有打算去其他地方，就在清迈住上一周然后回国。夫妻俩都表示非常喜欢清迈，还会再来。事实上，不少中国游客将清迈作为他们来泰国旅游的重要站点，甚至是唯一站点。清迈吸引中国游客的独特之处除了自然和人文景观，还在于它是一座少了大都市喧嚣的清新小城，人们在这里可以"慢下来"。

一对从湖北宜昌来的情侣一共在泰国旅行一周，在清迈住两天，去清迈周边玩丛林滑索等娱乐项目，然后会去曼谷和帕塔亚。他们认为跟团游没意思，自己啥也不操心，也就跟没来过一样。大清早我在米粉店遇见他们。在等米粉的时候，我说老板娘"真磨蹭，米粉上得太慢"，这位男士却说："不用着急，到了清迈，就是要慢下来。"事实上，"慢下来"不仅是中国游客的主观体验，当地人也试图将"慢下来"建构为清迈的文化特点。例如泰餐烹饪班的泰国老师就说："大家在中国工作太紧张，没有时间做饭，到了清迈可以慢慢来，学着做做饭。"在笔者参与的一日游过

程中，泰国导游大伟也特别向游客强调清迈所代表的兰纳王国的历史，将清迈塑造为与曼谷不同的有着独特历史和文化的城市。清迈自13世纪起就是兰纳王朝的首府，直到19世纪末兰纳王朝才被正式并入暹罗（1939年改名为泰国）的国家版图。泰国人也常常将清迈视作较少遭到现代文明侵蚀、保留了古老历史和风情的独特地方，是泰国中产阶层抒发乡愁之地。中国游客涌入清迈之后，更加强化了清迈作为与现代社会形成鲜明对照的小城印象。在老城闲逛，在咖啡馆小憩，学习泰餐烹饪，或在劳累之余体验泰式按摩，中国游客在这里感受到了令人放松的节奏。“慢下来”既体现了中国游客对于平时生活中重重压力的逃避，同时也体现了他们对于另外一种生活方式的向往。

在清迈参加禅修课程的中国人也不在少数。我曾遇到一位在泰国北部参加国际禅修班培训的中国女孩，她来自成都，大学毕业后在公司做财会工作。为了让自己的心静下来，明了真实生命的意义，她从公司辞职，到访泰国等地进行禅修。在清迈，我访问了当地一所有名的禅修寺庙，该寺负责禅修项目的法师介绍说该寺庙的禅修中心早在1975年就有了，现在每个月都有两期为外国人开设的禅修班，每期10天，由僧人用英语传授禅修方法，课程免费，学习内容除了僧人开示之外，主要由禅修导师指导学员进行冥想。近年来该寺来自国内与国外的禅修人数不断上升，2016年有700名来自国外的禅修者，其中有200多名来自中国。在泰北，已经有不少开设国际禅修班的禅修中心，而禅修也已经成为泰北中国游客的“慢”文化体验方式之一。

“慢下来”不仅是中国游客对泰北当地社会节奏的体验性描述，还意味着对于中国社会在快速发展过程中导致的社会压力的释放，也反映了中国游客试图回归自我和寻求生命意义的努力。旅行者的时间体验是一个非常值得关注的话题。旅游人类学往往将旅游看作现代消费主义的表现形式，而忽略了旅行者对于现代社会进行反思的主观能力。笔者并不否认旅行作为休闲时间制度的安排，“在一定程度上是生产时间制度的反结构（anti-structure）”，但是，我们也必须承认旅行者具有对于自身所处社会的时间制度进行反思的能力，旅行者的时间体验有可能为其带来新的行动选择。

（二）信任感建构：中泰之间的比较

泰国学者在对中国游客进行研究时，更多关注中国游客的消费选择，并没有对中国游客的主观体验进行直接的参与观察。笔者试图通过参与中国游客的活动来探究中国游客对泰国社会与文化的理解。虽说大多数中国游客选择的是比较程式化的大众旅游路线，但是他们在旅游过程中产生的对于泰国社会和中国社会的双向思考很值得研究者关注。

2017年7月24日，笔者以游客身份参加了一家华人旅行社的清莱一日游活动，和其他九位中国游客一起游览了清莱的白庙、蓝庙和黑庙，还和其中的两位游客一起参观了长颈族村落。一天的行程让我感受到许多有意思的问题：泰国导游如何建构兰纳文化，中国游客如何通过泰国来反思中国。在这个过程中不仅有文化的展示，还有文化的再生产。

这次行程的导游是位年轻的泰国男子大伟，他的汉语说得不错，也很幽默。车上有十位游客，除我之外还包括：一位母亲和一个十一二岁的男孩；一位在韩国留学的女研究生晓晓，她是北京人，走过不少地方，去过印度尼西亚和柬埔寨；三位从绍兴来的中学老师，其中两位是五十岁左右的中年妇女，另一位比较年轻，她们随另外两家人昨日从曼谷自驾到清迈，中途还去了大城。一对从四川成都来的姐妹，姐姐艳红曾经在曼谷和清迈地区教了两年中文，会说一些泰语，对泰国比较熟悉。还有一位以玩家自称的中年女性李大姐，是从广东来的中学老师，去过很多国家，她随身携带的长镜头专业相机表明了她的玩家身份。

在共处的将近十二个小时当中，一路上大家会彼此交流在泰国的文化体验。艳红因为曾经在泰国生活过两年，对于泰国的社会与文化有自己的独到看法，并感染了其他游客。艳红特别强调泰国人的善良。她回忆说自己刚到泰北的时候，去集市买东西，拎着大包小包走路回家，总会有开车或骑摩托车赶路的本地司机停下来，主动提出送她一程。她觉得在中国很难遇见这种情况，即便遇到这种情况，自己也不敢轻易搭陌生人的车；而在泰国，人们都乐于帮助他人，她也就习惯于接受帮助了。

李大姐去爪哇岛支教教中文一年刚回来，她对东南亚有自己的看法，比如“东南亚人爱干净，再穷的地方卫生间都没有异味”，“人厚道朴实，讲诚信”。她认为中国现在真的是强大了，不管到哪里当地人都会说一点中文，而且东南亚的物价真便宜。她愿意选择自由行和在地方跟团的方式出行，认为今天的行程紧凑，价格实惠（“才 200 多人民币，在中国连车费都不够”）。李大姐特意问我报团的价格，发现我在旅行社直接报团，和她通过旅店老板报团的价格是一样的。她认为泰国人厚道，旅店老板并没有收回扣。来自绍兴的三位女老师也认为泰国比较安全，很少有欺诈游客的现象，当地人也不会强买强卖，这些方面都让人感觉比较放松。

有意思的是，泰国导游大伟在他的沿途讲解中试图贯穿泰国人的佛教价值观。例如他告诉大家在寺庙许愿的时候，第一要许下健康，第二要许下财富，第三要许下做一些好事，力所能及地帮助他人。大伟试图建构泰国人的道德话语，而这与中国游客在当地社会的体验是相吻合的。可以说，我接触到的中国游客并没有因为语言障碍和不熟悉环境而对当地人产生不信任感。相反，他们充分肯定了泰国人的诚实、善良和值得信赖。

中国游客产生的信任感并不完全来自对作为“黄袍佛国”的泰国的刻板印象，游客的日常体验成为他们构建信任感的主要依据。

（三）知足常乐：另一种价值观体验

中国年轻的城市中产阶层日益成为境外旅游的主力军，他们中的许多人在国内经受着激烈的竞争环境和生存压力的挑战，境外旅游可能带给他们另一种价值观体验。清迈在近年来成为许多中国游客首选的旅游目的地并非偶然。与喧嚣嘈杂的曼谷不同，清迈更像是一所前现代的城市，如前文所说人们在这里可以“慢下来”，同时还能体会到悠然自得、“知足常乐”的心境。

“知足常乐”是中国游客关于泰国人的深刻印象之一。在前文提到的清莱一日游过程中，中国游客艳红发表了她对泰国人性格特点的看法。她认为泰国的国家福利好，孩子的教育免费，公共医疗免费，房价也低，所以泰国人生活压力小，不需要存钱，有钱就花，比较乐观和注重眼前的生活质量。事实上，艳红的观察并不一定全面。在泰国的基础教育阶段，公立学校的教学质量不高，家境稍好一些的人家都把孩子送去私立学校上学，泰国的贫富差距和阶层分化也是十分明显的。要理解中国游客对于泰国人随遇而安的理想化看法，就需要体察他们在中国社会目前发展阶段中所承受的各种压力。

2017年7月26日，在泰餐烹饪班上笔者认识了来自上海的白领磊磊。磊磊毕业于国内某重点大学的新闻系，在一家外企工作。她为了避开上海的高温天气，来了一次说走就走的旅行，独自来清迈玩三天，她说清迈这样闲散的地方就适合独自旅行。烹饪课中间休息的时候，磊磊在厨艺馆的院子里很有感触地说，清迈人的生活过得悠闲，拥有这样一个厨艺馆也挺好的，不像在国内大家都想着“非要怎样不可”，在这里“日子过得去就行”。“非要怎样不可”表述的是当下中国的社会心态，人们在追赶人生目标的同时可能失去了对于生活的美好体验；而“日子过得去就行”是对泰国人另一种价值观的解读，在磊磊看来，泰国人的知足心态使得他们更容易在生活中寻找到安宁和幸福感。

可以说，中国游客对于泰国社会可能会形成一些理想化的看法，这些看法并不一定符合客观事实，但是，他们的看法无疑是在对中国社会存在的诸多问题进行反思的基础上形成的。也就是说，离开了中国游客对自身所在社会的反思和批评，就无法理解他们在泰国的旅游体验和文化印象。

四、作为文化批评的旅游人类学：方法论的思考

本文以泰国北部的中国游客为例，分析中国游客在泰国的旅游体验和文化反思。笔者通过文献分析和参与观察，发现中国游客在出境游中越来越注重文化体验，而中国游客对于泰国的文化印象在很大程度上是在对中国社会的反思和批评的基础上形成的文化比较的结果。泰北对于中国游客而言，意味着远离城市污染和紧张压力的桃花源；中国游客眼中的泰国人诚实友善，这使得泰北成为一个远离旅游欺诈的理想地点；中国游客还在泰北体会到知足常乐的人生态度。可以说，中国游客迈出了欣赏他者和文化反思的第一步。

本文试图提出旅游人类学研究中的方法论问题，即如何超越神圣旅程的理论范式，在交互时空的语境中探讨游客的文化反思与意义生成路径。就此本文提出以下看法：

（1）客源地的社会文化与旅游地的社会文化在游客的主观体验中交织在一起，

游客所形成的对于异文化的印象在很大程度上源自他们对自身所处社会与旅游地社会的比较。也就是说，旅游体验是以游客对自身所处社会的感受和思考为参照而形成的。因此，要探讨游客的旅游体验和文化感知，就必须突破神圣旅程范式中将神圣与世俗、客源地与旅游地、旅游与日常生活二分的思路，积极看到它们之间的联系。本文所提出的交互时空概念试图分析客源地与旅游地的社会文化如何同时在旅游体验中呈现：从时间维度来说，旅游并没有与日常生活之间形成断裂；从空间维度来说，旅游时的所见所感与日常生活中的感受也是彼此不可分离的。

（2）交互时空的概念对研究者提出了方法论上的新要求。首先，研究者需要同时对客源地和旅游地的社会文化进行较为深入的研究，只有在此基础上才能看到交互时空的生成过程。在大批中国游客赴国外旅游的今天，我们特别需要有海外民族志研究基础的学者加入到旅游人类学的研究中来。其次，研究者需要对游客的旅游行为开展参与观察，通过观察游客与东道主之间的互动，见证在文化交流的过程中游客对意义的选择与文化反思的生成。再次，交互时空的概念需要突破方法论个体主义，亦即研究者不仅探讨旅游对于作为个体的游客的意义，而且需要在游客所来自的社会和东道主所在的社会之间开展比较，看到二者在游客的主观体验和意义生成的过程中所发挥的作用。

（3）交互时空的概念突出了游客在客源地社会文化与东道主社会文化之间进行意义再生产的重要地位，从而为作为文化批评的旅游人类学提供了可能性。笔者以为人类学学者不可低估游客进行文化比较和文化反思的能力。事实上，旅游在一定程度上也可能成为游客通过“泛文化并置”而实现文化批评的有效途径，即“对常识加以分解，对意外事物进行描写，置熟悉的事物于陌生的事物”，从而将自身所处社会进行陌生化。中国人类学学者可以通过中国游客的眼睛来重新认识异域社会，并通过他们对中国社会的反思来重新认识我们自己。这样一种作为文化批评的旅游人类学就具有了双重意义上的文化反思性，既包括游客的文化反思，还包括人类学学者基于游客的文化反思而形成的新的反思。当然，要实现这一目标，还需要我们对游客开展更深入的研究，比如尝试对游客进行追踪研究，不仅参与他们的旅游过程，还真正进入他们的日常生活世界，从而对游客的文化反思及其日常生活世界的意义生成有更深入的把握。

第 4 章

旅游与族群

- 掌握族群的概念
- 掌握民族旅游的概念和内涵
- 掌握民族旅游与社区参与的关联
- 了解民族旅游的特征
- 掌握旅游族群形成

我国是一个统一的多民族国家，民族文化旅游资源十分丰富，为发展民族旅游提供了广阔的空间和巨大的经济潜力。国外的民族旅游研究起步较早，已经形成较完整的民族旅游研究体系，而我国民族旅游研究起步较晚，虽然近年来研究势头良好，在理论和实践多方面有长足发展，但仍需要对一些相关的基本问题进行明晰和阐释，如民族旅游的文化人类学学理背景，又如族群与民族概念在使用中的若干具体问题，还如民族旅游在中国旅游业实际发展中的讨论等。

4.1 族群

与“民族”相类似的一个词语是“族群”，这两个学术概念有不同的产生背景和使用语境。在国外，对族群的研究涉及面很广，经过长时期的学术积累，有关族群理论方面的研究文献浩繁，不胜枚举，甚至形成了“族群人类学”的研究学术传统。在国内，对族群本质的探讨主要基于与民族的差异而形成了特定的研究体系。

在国内的学术领域，对 nation，nationality，ethnic group，ethnicity 等一些外文词汇的翻译一直争议颇深，有学者将 ethnic group 译为“族群”来进行解读，有学者将其译为“民族”并加以理解。很多专家学者也提出了许多颇具参考价值的新观点，但最关键的是将民族和族群放在同一学术语境下加以理解和研究，进而在其本源、概念、适用范围以及相应关系这几个方面加以辨析。

4.1.1 族群与民族的来源

“族群”一词最早在20世纪30年代开始使用，用来描述两个群体文化接触的结果或者从小规模群体向更大社会发展所产生的涵化现象。最新研究成果显示，在史籍《南齐书》中已经使用“民族”一词；20世纪50年代，我国学者将 ethnic group 译为“族群”，随后在民族学、人类学和社会学等领域开始使用。然而，要找准民族与族群的词源，还得从我国古时最早使用的“族”类概念入手，对其深入分析和理解，进而研究我们现在所使用的民族和族群与古时候所使用的“族”类概念有无渊源。

在中国古代典籍中，“民”字最早见于周代文献中，后来“民”的使用范围越来越广，演变成与统治者相对应的一种称谓，成为一般劳动者的统称。纵览历史书籍，“民”的基本含义在发展演进中尚未发生较大变化，基本上是指百姓、平民，泛指被统治的人。而“民”“族”组合作为词语最早见于南朝（梁）《南齐书·列传三十五》（《高逸·顾欢传》），其载有“今诸华士女，民族弗革，而露首偏踞，滥用夷礼，云于翦落之徒，全是胡人，国有旧风，法不可变”（萧子显，1972）。此文献中民族系指国人的族属，所谓族属是以制度和文化为参照系的华夷之别。在历史的发展进程中，民族一词在一些文献书籍中偶有再现，只是所指含义略有不同，但均是在“族”类划分意义上来加以使用的，与今天民族的使用亦有相通之处。而赋予西学内容，近代意义上的民族概念，一般认为是始于梁启超撰写的《东籍月旦》一文。文中记载："日本人十年前……其自叙乃至谓东方民族，无可厕入于世界史中之价值"。"民族"在这里实为西文"nation"的翻译名词。自西学概念意义上的"民族"传入中国后，随着使用日益广泛，其概念融贯中西，经过不断丰富和发展，"民族"的概念逐渐具有了现代意义。

"群"字在中国古典文献中出现也较早，在《说文》《国语・周语》《诗・小雅・吉日》《礼记・曲礼》等著作中均有记载。从一般意义上讲，"群"指三个及以上的人或物相聚而成的集体。但"族群"作为一个词语使用，据目前的研究成果反馈的信息，中国古代典籍中尚无记载。族群首次在我国出现是对"ethnic group"的翻译，对其内涵及外延学界同仁研讨相当激烈，这虽与我们今天谈论的"族群"概念不论是内涵上还是外延上都有相当大的差距，但也有相通之处，即都将文化特征作为划分人群共同体的重要标准之一。

4.1.2　民族与族群的概念辨析

关于什么是民族和族群，国内外学者、政治家各持己见，并对其概念进行了不同的解释。

1. 民族的概念

据所见的资料，关于民族定义有近百种说法。19 世纪德裔瑞士政治学家布伦奇利认为，民族包括八种特质：（1）同居一地；（2）同一血统；（3）同其肢体形状；（4）同其语言；（5）同其文字；（6）同其宗教；（7）同其风俗；（8）同其生计。这一定义既讲了物质方面的要素，也列举了精神文化要素，当时在西方资产阶级学者有关民族的解说中影响较大。

迄今为止，就我国民族理论领域而言，接受和公认的是斯大林的民族定义：人们在一定的历史发展阶段形成的有共同语言、共同地域、共同经济生活以及表现于共同的民族文化特点上的共同心理素质的稳定的共同体。当然，在新中国成立后的民族识别工作中，很多学者并没有僵硬地套用这一定义，而是根据我国实际情况进行识别和划分。

2. 族群的概念

对族群这一概念，有的强调群体内部的共同特征，有的强调其排他性和归属性，还有的既强调内涵又强调边界。这反映了族群概念的多义性。目前大部分学者认为族群是一个文化的共同体。中国学者也提出了一些族群的定义。《人类学词典》对族群的解释是："一个由民族和种族自己集聚而结合在一起的群体。这种结合的界线在其成员中是无意识承认，而外界则认为它们是同一体。也可能是由于语言、种族或文化的特殊而被原来一向有交往或共处的人群所排挤而集居。因此，族群是一个含义极广的概念，它可用来指社会阶级、都市和工业社会中的种族群体或少数民族群体，也可以用来区分土著居民中的不同文化和社会集团。族群概念就这样综合了社会标准和文化标准。”徐杰舜（2002）在其《论民族与族群》一书中给出了一个更为简明的定义：族群就是有着共同文化要素而自我认同的社会实体，这个概念有这样三个含义：（1）共同文化要素是凝结它的纽带。（2）自我认同是维系群体的重要方面。（3）社会实体。

若按照上述族群定义来界定，它既可以指我国某一民族内部的一个支系，如纳西族的摩梭人，也可以指我国56个民族中的任何一个，还可以指海外华人，可见，以文化来界定族群具有不稳定性和多义性。

总之，民族与族群，是两个不同的概念。民族（nation）具有一定的政治意味，有“民族国家”之含义，泛指国与国交往过程中的政治认同意识，如中华民族、大和民族等；族群（ethnic group）是一个拥有一定的能够繁衍下去的人口，在同他族他群互动过程中具有强烈的历史、血缘、语言、文化及社会等多方面认同意识，以此来作为我群与他群之分的标准的社会群体。认同是个体在与他人互动过程中在体质（或血缘、族源）、宗教、文化等方面承认自我、认可他人的一种心理意识（李远龙，1999）。

3. 民族与族群的适用范围和相互关系辨析

迄今为止，学者就民族、族群等概念的研讨较为深入，但在民族与族群的适用范围及相互关系方面却仍莫衷一是。

毋庸讳言，我国近现代意义上的民族概念的使用是由英文“nation”和“nationality”翻译过来的，最初与西方“民族—国家”概念有不可分割的联系。也应该看到，经百余年的推进演化，中国民族理论的学术话语体系已经基本构建起来。我国当前使用的民族一词已经具有现代意义，它与中国民族实际相结合，形成了具有中国特色的民族概念，本身有其深刻的特定内涵与外延，在中华民族的意义上使用和在汉族及55个少数民族意义上使用都已约定俗成，不至于引起学界同人的不同解读。

“ethnic group”被翻译为“族群”并传入我国后受到了学界的青睐，甚至有学者主张在民族学界用族群代替民族。但通过对西方国家多部百科全书“ethnic group”释义进行分析研究，综合西方资深学者及中国学者对“ethnic group”的种种解读，自然得出如下结论：相对民族而言，“ethnic group”作为按某种标准划分的人群共同体，可以涵盖民族或民族的次级群体，也可以指与特定民族无甚联系的人类群体，诸如打工族、月光族等，应用相当宽泛，且与民族相比，更具客观实在性及较强的学术指向性。从一定意义上讲，“ethnic group”是一种学术性识别，而民族是依据特定标准（民族“四特征说”，但又结合中国民族实际）的一种国家确认，这是有一定联系但又截然不同的两个层次，必须严格区分。正如徐杰舜（2002）教授所指出的，“ethnic group”强调的是其文化性，显现的是学术性，使用范围相当宽泛；民族强调的是其政治性，显现的是法律性，使用范围相对狭小。

总体观之，民族和族群各有所指，虽然适用范围略有交叉，但是两者均有各自的研究领域，不能混同使用。同时，从相互关系来看，民族与族群属不等位的判断价值，既不能形成互补关系，亦不能构成替代关系。族群和民族有表示的、高低的双重排序：族群的政治地位没有民族高；族群是“自然的”“不正规的”，民族是“文明的”“正规的”（纳日碧力戈，2015）。在学术上加强对于民族和族群的关系研究对于民族学、人类学的丰富和完善是大有裨益的。

4.1.3 族群认同

在人类学对族群的研究当中，族群认同是核心内容之一。当今世界政治、经济、文化力量的格局不断发生着变化，族际交往日益频繁和深入，因此族群认同现象愈演愈烈，同时随着时代发展又被赋予了新的内涵。

1. 族群认同概念

认同，原本属于哲学范畴，后来在心理学中的应用日益频繁，而今在社会学、人类学领域也应用广泛。由于大量使用，因而界定也有多种。在社会科学领域，这个概念的使用范围日益扩大，包括社会认同、文化认同和民族认同等，它们分别指个人认为自己与所处的特定的社会地位、文化传统和民族群体等的统一。还有人将其定义为“认同指个人与他人、群体或模仿人物在感情上、心理上趋同的过程”（陈国强，1990）。因为“认同”一词源于注重个体研究的心理学，所以一个个体对某一个个体接纳是其本义。由于哲学、社会学、人类学等方面的学者的采纳，后又演化为着重揭示个人与群体，甚至群体与群体的归属，因此有的学者认为族群认同是“以文化为主的族群之我群与他群的认同意识，即社会成员对自己族群归属的认知和感情依附”（王希恩，1995）。查拉尔认为族群认同是指“个体对本族群的信念、态度，以及对其族群身份的承认”。从以上的界定来看，族群认同概念与态度、价值观等有密切的关系，涉及个体对人、事、物的看法，更涉及个体对内群体与外群体的类属关系的看法。

族群认同是社会认同理论在少数民族心理学研究中的发展。按照社会认同理论的说法，社会认同是个体对其所归属的群体或类属的认知和信念，并通过社会比较和社会类化两个阶段完成社会认同过程。而族群认同也包括自我认同、归属感、对参照群体的认知以及个体在群体中的价值分享等不同的维度，是动态的多维度的结构。

族群认同产生及存在的基本条件必须是：族群之间在互动的基础上接触到差异化的文化、情感，从而产生将自己归类、划界的认同感。在与世隔绝的孤立群体中，是不会产生族群认同的。而一个族群中的个体，从未接触过异质的文化，那么就无从产生认同。

根据罗瑟拉姆和菲尼（Rotheram & Phinney）的看法，族群认同包括四个要素：族群知觉、自我的族群身份认同、族群态度、族群行为。族群知觉，是指个体对自己的族群和其他族群的了解，包括与族群有关的知识、主要属性、特征、历史、习俗和与其他族群间的差异等。以这些认知为基础，个体才能正确地辨识和标记出自己所属的族群。自我的族群身份认同是指个体以自己属于某一族群的知觉和概念为基础，习得正确而一致地使用其族群标记。族群态度，是指个体回应本族群和他族群意识的方式。它可能是正向积极的，也可能是负向消极的。族群行为所关注的是个体在对本族群认知的前提下，其行为是否与本族群的要求相符。而研究者往往将族群成员行为（社会参与和文化实践）作为衡量族群认同的指标。由于社会参与和文化实践的外延相当广泛，因此族群行为本身包含许多变量，如语言的使用、人际交往的范围和偏好、宗教礼仪和文化习俗的操守等。任何族群离开文化都不能存在，族群认同总是通过一系列的文化要素表现出来，这些文化要素基本上等同于族群构成中的客观因素。因此，族群认同是以文化认同为基础的，共同的文化渊源是族群的基础，族群认同的要素应包括共同的历史记忆和遭遇、语言、宗教、习俗等（周大鸣，2001）。

2. 族群认同理论

传统的族群认同理论，从族群认同的起源和成因看，有根基论和工具论抑或原生论和情境论之争；从其表现形式看，有主观论和客观论的分野。

（1）原生论。原生论又称根基论，其萌芽可以上溯到18世纪德国的浪漫主义时代对启蒙运动理性主义的反对。这一理论认为族群认同具有自然属性，主要来自天赋或根基性的情感联系，通过语言、宗教等非理性的原生性自然纽带获得内聚外斥的力量，主张在族群所具有的共同世系或起源的信念中区分族界的标志，甚至有的学者认为这是“亲属认同的一种延伸或隐喻”（庄孔韶，2006）。从社会心理学的角度来说，原生论意义上的族群认同是人性中某种非理性的原生情感的外化，在儿童时代通过早期社会化的过程内化到人的意识形态中去（罗彩娟，梁莹，2014）。

一般来说，原生论又进一步划分为两个流派，即文化历史学派和社会生物学派。前者以解释人类学家克利福德·格尔茨（Clifford Geertz）为代表，后者以社会生物学家皮埃尔·L. 范登伯格（Pierre L. van den Berghe）为代表。克利福德·格尔茨（Geertz，1973）认为族群研究的最小分析单位是成员个体，族群认同主要来自根基性的情感联系。这种根基性的情感联系来自语言、习俗、种族、宗教以及其他既定的文化属性，进而扩展为具有共同祖先的文化集合体。与上述几个论点不同的是，范登伯格运用社会生物学的理论分析了族群现象，认为族群实际上是亲属关系的一种延伸；族群和种族是难以毫无基础地发明和创造的，族群认同可能被用于操纵、使用和剥削。还有些社会生物学家认为，族群依附感情的持续是群体团结在人类长期演化过程中赋予人们的生存优势的结果。

总的来说，基于原生论背景下的族群认同已经被简化为亲缘关系，仅仅是基于自然选择的必然结果，族群身份也是先赋的社会角色，族群认同具有稳定性和不可变化性。这一理论对于解释某些族群现象，比如东南亚被殖民国家的原生情感，具有理论上的意义。但是，兰林友（2003）认为“这一研究路径过度强调了族性的原生维度，没能理解族群认同的灵活性与工具性，忽视了文化对人们行为乃至意识形态改造的巨大影响”。可见这一解释路径被认为是静止的、自然主义的族性观。

（2）工具论。工具论又称情境论，出现在原生论之后，倾向于将族群视为一种政治、社会或经济现象，认为族群认同是在有限资源的竞争中形成，集体利益可以激发族群意识的感召力。工具论强调族群认同是在具体的历史和社会情境下构建起来的，具有主观性、趋利性、层次性和不稳定性。

该理论的代表人物主要有：阿伯乐·库恩（Abner Cohen）、保罗·R. 布拉斯（Paul R. Brass）。阿伯乐·库恩认为人是双向度的，既是象征的人，又是政治的人，族群认同的实质是一种政治现象。同时，他还认为“当一些利益群体的成员不能依照法定的规则来把自己正式组织起来的时候，他们便会有意无意地来利用既有的文化机制来把彼此组织和连接起来，而族群意识也正是在这种条件下产生的”（庄孔韶，2006）。以保罗·R. 布拉斯为代表的工具论者从理性选择的角度强调了族群认同的建构性，认为族群认同是为了政治、经济目的改变、建构，甚至是“精英创作、歪曲并有时编造他们想代表的群体的文化材料，以保障他们的福祉或存在，或获得本群体以及主要是精英自己的政治和经济优势”。同时，他还借鉴了精英论的观点，认为族群精英借助文化来维持族群边界，并把它作为象征符号来增强群体团结进而捍卫族群的利益。工具论者大多认为族群认同与政治、经济和社会的变迁密不可分，认同是族群为达到某种功利性目的而采取的手段。因此，对于族群意识兴衰而论，工具论具有一定的解释力。

除了以上两种主流理论之外，还有一些比较具有影响力的族群认同理论，如文化论从客位的视角，以文化的显性特征如语言、服饰、宗教信仰、节日、风俗习惯等来判断共同体的族群身份，认为族群的本质在于客观的文化特征。

弗雷德里克·巴斯（Fredrik Barth）的边界论开启了族群研究的新时代，主要是以族群结构差异和由此产生的族群边界来阐释族群现象的。巴斯将族群定义为一种族群成员在主观上认定的范畴，强调族群形成的原因是族群的边界。族群的边界主要是指社会边界，而不是地理上的边界；族群认同就是通过不同的行为而得以维持的，在生态性的资源竞争中通过强调特定的文化特征，来区分我群与他群，维护族群的边界，形成内聚外斥的合力（李肇忠，2011）。另外，现代—想象论强调族群和民族的现代性、政治性、市民（或公民）性以及其缘起的西欧性。代表人物本尼迪克特·安德森（Benedict Anderson）认为民族是一个“想象的共同体”，其实质上是一种现代的想象形式，是一种政治与文化的构建物。

同一个族群的人拥有共识：同文同种，血脉相连，命运相关。族群可以获得某些自然特征，如语言、服饰、住房、饮食、宗教、体貌等。这些特征既可以同时发生作用，也可以单个发生作用；既可以是原生的，也可以是后来产生的（同化、强加、借入等），甚至可以是想象的、构建的、实用的。族群内部的人员在这些共识和自然特征的共同推动下，具有持久稳定的能动作用。

无论在国家、区域之内，还是在国际事务中，族群认同、族群关系、族群冲突以及移民等越来越成为影响社会发展的重要因素。而族群认同又是一个多面向的、复杂的建构过程，因此其也将成为旅游人类学领域研究的热点。

4.2 民族旅游

4.2.1 民族旅游的概念

杨昇、王晓云、冯学钢（2008）在《近十年国内外民族旅游研究综述》一文中对民族旅游的概念作了探讨，指出：1977年瓦伦·L. 史密斯在《东道主与游客》中提出民族旅游（ethnic tourism）概念，这一概念一经译介便在中国掀起了“民族旅游”的研究热潮。民族旅游因其自然风光的独特性和民风民俗的异域性日益受到游客的青睐，但同时我们必须注意到，民族旅游产业的大发展也引发了诸如民族资源如何开发、民族旅游资源的产权分配及保护、民族旅游的原真性以及民族旅游主体的角色定位等一系列现实难题。近年来，国内学术界针对上述问题的研究日益增多，但至今仍未有一个统一的认识和清晰的概念。所以，明确民族旅游这一概念非常重要，而且这也是研究和阐述民族旅游相关问题的重要基石。

关于民族旅游的概念，国内学者在早期经常用“民族地区旅游”“少数民族专项旅游”“民族文化旅游”等相关概念表述，在我国台湾地区还把民族旅游称为“异族风光”。无论用什么样的概念名称，从总体上来说都是以少数民族地区的自然民族文化资源为基础，通过某种方式或从某个角度对民族旅游的内涵进行产品化的描述，从而满足旅游消费者和少数民族自身的需求。这类研究的代表观点有：

瓦伦·L. 史密斯把民族旅游定义为“主要是以地方的‘奇异’和异域的民族风俗习惯为特色，包括当地人和村落拜访，观看民族歌舞和民族仪式表演，购买当地的土特产品”。科恩认为：（1）民族旅游是观光旅游的一种变体；（2）其目标群体在文化上、社会上或政治上不完全属于他们所居住过的主体民族；（3）他们由于自然生态和文化方面的独特性、差异性而被贴上旅游的标志。爱德华·布鲁纳认为民族旅游是指外国或本国的旅游者在旅游中可以观察其他民族，这些民族不仅被认为有明显的身份特性、独特文化和生活方式，而且通常被贴上种族、民族、原始的、部落的、乡下的或农民的标签。

潘盛之（1997）将旅游划分为两种类型：民族旅游和族内旅游。他认为民族旅游是指游客和旅游对象分处于两种以上的不同氛围之下，换句话说，游客和旅游对象分属于不同的民族，游客是一个民族的成员，而各旅游对象则是另一个甚至另外几个民族文化的产物。在此，民族旅游的概念相当于跨民族旅游。徐新建（2000）认为民族旅游的内容包括以民族文化为特色的观赏活动、商品及服务，开发方式可以从建立民族旅游热点（主题公园、民族村）、开辟民族旅游线直至规划民族旅游区。刘晖（2006）认为民族旅游是指游客被异域具有独特的自然生态和民族文化的少数民族吸引，而前往异文化人群去体验异域风情的短暂旅游经历等。

本书认为：

（1）民族旅游，首先是指作为现代旅游活动的一种类型，在概念上介于自然旅游和文化旅游之间，是两者的完美结合。民族旅游不仅是单纯的文化旅游，还涉及对目标群体所处的生态环境的审美需求。其次，民族旅游是指一种专门的旅游产品。再次，民族旅游还指旅游学中的一个分支或组成部分。

（2）与一般的旅游活动一样，民族旅游同样具备和平性、异地性、暂时性和综合性特征；而民族旅游与一般的旅游活动最大的不同就是民族旅游对象的核心是当地居民，是生活在特定环境中创造、演绎、体现和代表着独特生产生活方式、民族风情与文化的目标群体。民族旅游者的目的专门指向民族文化、民族社区及其共同体，即更注重满足生活与文化的需求，更强调人与人、民族与民族的交往，少数民族往往由于其独具特色的文化风俗而吸引着旅游者。

（3）民族旅游是一种通过开发生活在一个多民族国家、地区特定少数民族及其独特文化风俗和社会生活方式，使游客得以观察、体验、认知和了解其古代文化遗产和当代活化社会文化形态，从而实现游客和少数民族各自需求的经济社会活动与现象。

综上，这里将民族旅游界定为：民族旅游是指旅游者通过对某一民族的独特文化或生活方式的参与、观察和体验，来实现其审美需求的过程。一般来说，这一民族常常是历史形成的边缘性少数族群，或者是在当代民族的政治—经济框架中处于相对弱势地位的文化群体，而民族旅游的本质也相应地体现为一种族际的交流或一种跨文化的观察与体验。但民族旅游并不完全等同于少数民族地区旅游，比如：深圳的锦绣中华也属于民族旅游产品，但不属于少数民族旅游产品。民族文化旅游资源具有可移植性，能够进行异地开发。

4.2.2　民族旅游的特征

作为一种专门化旅游活动的类型与旅游产品，民族旅游除了具备一般性旅游的共同特征以外，还具备自己独立的个性与特点，具体说来包括以下几个方面。

1. 多元民族性

民族旅游具有显著的民族性特征，是因为民族旅游的旅游吸引物和旅游者都具有民族性。而民族旅游同其他种类旅游最根本的差别和最大的特点就在于旅游地区的少数民族同胞是最基本的旅游吸引物，是民族文化活的载体，支撑起了包含服饰、文艺、手工艺、节庆、饮食、建筑、语言等文化元素在内的整个民族文化体系，形成了多元化的民族旅游特色。据初步统计，当今世界有 2 000 多个民族，每个民族均有不同于其他民族的文化特点、风俗习惯和生活方式，绝大部分民族都有自己独特的生活环境，相当一部分民族或传统文化已迁移或扩布到不少异民族地区。因此，数量众多的民族和多姿多彩的文化使得民族旅游呈现多元化、独特性。

2. 特定地域性

文化圈理论认为，一定的种族、民族或区域民众总是在一定的空间范围、场合创造文化。凡是人类共同生活的环境所形成的社会的、语言的、风俗的、道德的、宗教的等共同的文化特质，就可称之为文化圈。由此也决定了民族文化旅游资源的分布在空间上具有明显的区域特征，每种民族旅游资源都有自己的特殊环境和相应的地理区域，客观地构成了民族旅游资源的地区差异。而民族共同地域是一个民族长期共同生活、形成内部联系的地理空间环境，民族的共同语言、生活风俗、外貌特征以及行为习惯，只有在共同地域的基础上才能逐渐形成。例如：蒙古族广阔无垠的草原、丽江纳西族的古老神秘的东巴文化、以龙脊壮族梯田为特色的稻作农业、拥有秀丽多姿的大小七孔风景区的贵州瑶族聚居地、摩梭人聚居的美丽神秘的泸沽湖、藏族世居的壮丽宏伟的青藏高原等都给民族旅游增添了独特的韵味。

3. 丰富神秘性

对于异民族和同民族不同支系的游客来说，东道地区独特生僻的语言、古朴别致的建筑、美味独特的饮食、丰富多彩的节庆、淳朴热情的村民、不可思议的礼仪、千姿百态的服饰以及庄严肃穆的祭祀等，都具有神秘的色彩与气氛。游客参与到这种异族文化的过程中，不仅可以满足其求知、求新、求异的心理，还可以在体会异族文化的同时扩展自己的知识，开拓自己的眼界。如大瑶山瑶族鸣枪送客迎宾，以礼歌会待客；侗族以打油茶待客；苗族以拦路酒迎宾；柳江壮族婚礼唱哭嫁歌，以牛车接亲，撒五谷进家门等，都别开生面。

4. 内容多样性

民族数量的众多、民族生活的复杂多样、民族风俗习惯的千奇百怪、民族地区生活环境的迥然不同，使得民族旅游资源具有丰富多彩的特质。就民族民俗来看，主要的旅游资源包括物质民俗、精神民俗、社会民俗、语言民俗等，具体包括自然风光、民族文艺、民族服饰、民族建筑、特色美食、民族节庆、民族礼仪、语言艺术等，种类丰富多样。就民族旅游资源总体的类别和亚型来看，现共有旅游资源（包括自然资源和人文资源）8 类，31 个亚类，155 个基本类型。

5. 浓郁乡土性

首先，民族旅游区的民族文化资源一定带有浓郁的地方特色，它是民间生活的一种体现和展示，是取自老百姓生活、由他们所创造的一种风俗和文化，是伴随着生活的需要而自然形成的、历史悠久的文化形态，而非官方文化和上层文化。其次，民族旅游环境多属于田园牧歌式，取自大自然最朴实、最具乡土气息的环境，其自然而然地反映着民族社会生活的原貌。

6. 敏感脆弱性

民族旅游的敏感性主要是指存在着特定的民族问题，即民族间的关系与矛盾问题。无论哪个时代，只要有民族存在，民族语言、民族风俗习惯、民族宗教信仰便是民族问题中三个最为敏感的因素。在中外历史上，因这三个因素处理不当而引发的民族矛盾、隔阂、纠纷甚至战争屡见不鲜。所以，旅游者与东道主应该相互尊重彼此的民族语言、风俗习惯以及宗教信仰，避免不愉快事件的发生。另外，少数民族地区一般都处于生态的脆弱区，一旦开发中没有对当地的旅游资源进行合理的保护，那么民族文化的真实性和民族旅游的可持续发展将会受到威胁。因此，在对民族旅游资源开发的同时，对其民族文化和生态环境进行保护十分重要。

4.2.3 民族旅游的影响

国外最早有关民族旅游的研究就是了解民族旅游对旅游目的地带来的各种影响。其中，最有代表性的著作可以追溯到瓦伦·L. 史密斯在1977年出版的《东道主与游客》，直到现在这个问题也依然是国内外民族旅游研究的重点和热点。从宏观环境研究角度来看，旅游活动对民族旅游地的影响涉及社会、经济、政治、文化、环境等各个方面。从民族旅游系统研究角度而言，民族旅游的影响包括对目的地的影响、对游客的影响、对客源地的影响。从不同的视角出发会有不同的理论，本小节主要从积极和消极两个方面来探讨民族旅游的影响。

1. 积极影响

民族旅游的积极影响主要包括：一是唤起族群认同意识。通过民族历史文化的再现，不仅向人们展示了民族文化的魅力和智慧，吸引了大量游客，而且唤起了民族地区居民对本民族历史文化的记忆和认同，增强了民族内聚力。二是民族旅游可以带来共同的利益，包括更高的收入、更多的就业机会和更高的生活水平。如Li Yiping（2000）以加拿大温根遗址公园作为成功案例分析，指出民族旅游开发当中政府、商业组织和当地社区共同合作，共享利益，居民能参与旅游规划和开发工作，并且本土文化的商业化被作为当地实现可持续发展的有效手段。三是保护和发展传统文化。为了发展旅游，当地人民和政府会有意识地对传统文化加以挖掘和保护，那些已经被遗忘的风俗、文化又重新被人们认识和了解，并加以重视。四是促进少数民族群众整体素质的提升。当地少数民族通过民族文化的展现增加了与外界联系的机会，这使他们在思想上和认识上得到一定的提升。

2. 消极影响

民族旅游的消极影响主要包括：一是传统文化的失真、商品化。为了刻意迎合游客好奇的心理，很多民族旅游地不再表现本民族原有的民族文化，失去了文化的本真性。还有的民族地区对民族宗教文化进行过度开发，不仅没有让游客真正了解和认识本民族文化，而且是对本民族传统文化的一种亵渎。二是民族特征简化。在旅游宣传中各少数族群之间复杂的社会和文化差异往往被简化为一系列经过挑选的、表面化的、容易辨认的标记。三是民族意识衰微。由于游客对民族旅游地传统文化的影响和冲击，当地居民会产生一种自卑和本族落后文化的心理。

消极影响除了一般性的民族文化商业化和周围环境遭到破坏以外，主要还有：欧克斯（Oakes，1992）认为许多当地少数民族群体会觉得自己生活中的隐私受到了侵犯，对于游客的一些行为举止和衣着打扮会感到震惊。凯科·艾希（Kayoko Ishii，2012）以泰国某个部落年轻人和妇女的旅游收入比年长的男人要高这个现象为例，揭露了民族旅游虽促进教育或经济收入，打破当地社区的传统宗法制度，但这既不能改善国内少数族裔社区被边缘化的状态，也不能平衡少数民族社区内的性别角色或法律地位。

4.3 民族旅游与社区参与

我国少数民族地区凭借异彩纷呈、独具特色的民族风情与婀娜多姿、气象万千的自然风光，现已发展成为重要的旅游目的地。然而，在其发展过程中，民族旅游开发之初主要以政府或企业为主体进行开发，在这一模式的影响下，不可避免地出现诸如利益冲突、文化商品化、文化真实性、文化变迁和发展等一系列问题。旅游目的地居民作为旅游负面影响的主要承担者，由于利益没有得到充分保障，进而出现抵制旅游开发、排斥外来旅游者的行为，导致当地居民未能全面、有效地参与到旅游的开发、发展过程中，从而严重影响了旅游业的可持续发展。在旅游开发过程中，每一个主体的利益理应得到充分的保护，旅游业才能得到永续发展。

早在1985年，墨菲（Murphy，1985）出版了《旅游：社区方法》一书，引入了社区参与的概念，开始尝试从社区的角度研究和把握旅游，指出："要在社区开展旅游业，传统产业的东道主必须成为自愿的合作者。"此后，社区参与旅游的研究日益受到人们的关注。1997年，世界旅游组织（UNWTO）、世界旅游理事会（WTTC）与地球理事会（Earth Council）联合颁布了《关于旅游业的21世纪议程——实现与环境相适应的可持续发展》，明确提出：可持续发展的旅游业必须保证社区成员，包括妇女和当地人，都能享受旅游所带来的益处（张广瑞，1998）。这是在旅游业的官方文件中明确提出将社区居民作为关怀的对象，并把社区居民参与旅游发展当作旅游业可持续发展过程中的一项重要内容。社区旅游作为一种发展旅游的方法，意味着受益人被鼓励参与自身的发展，通过动员他们自己的资源，使他们明确自己的需要，并由他们自己作出如何参与的决定。

4.3.1 社区与社区参与旅游发展的概念

首先看社区。社区是社会学的一个基本概念。社区（community）一词，最初是由德国社会学家F. 滕尼斯在1887年出版的《社区与社会》一书中提出的，并将其首次用于社会学中。那时的社区是指一种基于亲族血缘关系而形成的联合。一般认为，社区是指由一定数量居民组成的，具有内在互动关系与文化维系力的地域性的生活共同体。地域、人口、组织结构和文化是社区构成的基本要素。在这四大要素中，地域是社区的自然地理与人文地理的空间载体，人口（居民）是社区的主体，组织结构是社区活动得以展开的社会组织形式，而文化则是社区范围内具有特质的精神纽带（周文建，宁丰，2001）。

国外对社区参与旅游发展的理论研究起步较早，对社区参与旅游发展的概念却没有具体界定，对于社区参与方面的研究更多地注重把参与作为社区发展的一种方式和工作手段。对其理解具有代表性的有：澳大利亚国家发展援助局认为社区参与是期望受益人参加发展项目的计划、实施，它意味着发动人群对影响自身生活的一切参加管理及作出决策。波普（Poppe）则认为社区参与是在决策过程中人们自愿的民主介入（叶敬忠，李小云，2002）；斯凯奇（Skelcher）认为社区参与意味着避免使用传统官僚方式的愿望（王浪，2008）；托森（Tosun，2000）提出要在经济事务中鼓励和促进社区参与。

刘纬华（2000）在《关于社区参与旅游发展的若干理论思考》一文中将社区参与作为社区参与旅游发展的简称，提出社区参与旅游发展是把社区作为旅游发展的主体纳入旅游规划、旅游开发等涉及旅游发展重大事宜的决策、执行体系中。但是，孙九霞（2005）认为这种阐述看重的依然是旅游的发展而非社区的发展，真正的社区参与应该是为了自身的发展而在指导下寻找适宜的发展道路。她指出社区参与概念是建立在旅游人类学的框架体系中的。政府自上而下的推行和社区自下而上的参与是现代化的双向互动进程，社会的整体发展和进步有赖于基层社区发展的推动。社区居民的主动性参与是社区发展的内在动力，社区参与的主体是社区居民，客体是社区的各种事物。郭颖（2001）认为社区参与旅游发展是指“旅游区居民参与旅游开发与发展的全过程，并通过参与来享受经济、社会等各项利益”。

综合以上可以得出以下结论，即社区参与旅游发展是指作为主体的社区居民，在政府行为和政策指导下，参与到旅游发展的全过程，在参与中充分享受经济、社会等各项利益，并为促进当地社会经济发展、社会文化的维护和环境的保护作出贡献，最终使社区政治、经济、文化和环境得到全面协调发展。其核心是从社区的角度考虑旅游目的地的建设，以旅游与社区的互动理论指导旅游区的总体发展和空间布局，尤其重视社区居民的利益是否得到保证，基本特征是旅游与社区的结合。

在现代旅游市场规模快速膨胀的宏观环境和各地旅游产业政策积极推动下，民族社区居民从参与到旅游行业中就业到承担旅游东道主角色，甚至成为旅游接待主导者，他们已经从“被动旅游化”状态逐步转向了“主动旅游化”状态。

4.3.2 社区参与旅游发展的内容

总的来说，社区居民参与旅游发展包括以下内容。

1. 参与旅游发展决策

包括授权居民自行决定旅游发展的目标，倾听居民对发展旅游的希望和看法，并将其意见纳入到政府决策中。地方政府、旅游等相关部门在制定各种旅游发展的政策法规及作其他相关决策时，必须反映社区居民的意见和建议。

2. 参与旅游规划和开发

近代规划的经验告诉我们精英规划往往是片面的，比较容易出现中看不中用的“白象”规划，这样的规划往往对旅游地社区和居民的意愿缺乏重视、缺乏可操作性。现代的规划注重多方参与，特别是旅游地社区居民的参与。现如今对旅游规划的制定，已出现要体现居民意愿的趋势，相关部门也开始注重居民参与旅游规划制定的必要性。

3. 参与旅游经营与管理

在旅游地社区中，不仅各种自然资源是吸引旅游者的主要吸引物，而且当地社区居民及其固有的社会文化传统也是旅游产品中的组成部分。居民在成为旅游地社区的客体的同时，也应发挥其作为主体的作用，参与到本地社区的旅游经营与管理之中。这样不仅可为居民提供更多的就业机会和商业机会，让其在经济上最大限度地受益，还可以进一步加强其主人翁意识，让社区居民在参与经营与管理中充分体会到社区的发展与自身息息相关。

4. 参与利益的分配

使社区居民受益是旅游可持续发展的主要内容之一。可持续旅游提出要尊重当地的文化和环境发展体制，要考虑到当地居民和社区，以提高当地居民生活质量，促进社区经济、环境和社会文化的可持续发展。让居民成为旅游经营、管理的主体，充分参与到旅游发展的全过程中，并从中受益（主要体现在经济方面，如就业与收入方面），是社区参与旅游发展的主要目的。为此，可以让社区居民通过参与住宿、餐饮、接待、导游、保卫、环卫、手工艺制作等途径，分享旅游发展带来的利益，从而也就保证了社区从旅游发展中受益。

5. 参与环境保护和传统文化维护

要真正地保护一个旅游社区的环境和维护其传统文化，仅靠环保部门、旅游部门甚至旅游者都是难以奏效的。在社区居民参与旅游规划制定、旅游开发、经营与管理的同时，也应让其参与到旅游社区环境保护和社区传统文化的维护当中来，并且使其成为参与的主体力量。而保护自己经济收入这一切身利益就成了社区居民参与保护环境和维护社区传统文化的最大和永久动力，从而促使居民更加积极有效地参与到环境的保护、文化的维护以及其他与旅游有关的各项活动中来。

6. 参与相关培训和教育

保证社区有机会参与旅游知识、环保知识以及相关技能的培训，其目的在于：一是提高居民的旅游意识和环境观念（主要由旅游行政管理部门或行业协会负责实施）；二是增强居民在旅游发展中的参与能力和技能，如学习接待方式、经营方式等，规范居民的旅游服务活动，使之尽量标准化、规范化。

4.3.3　社区参与旅游发展的阶段

胡志毅、张兆干（2002）对社区参与旅游发展的阶段性特征进行了研究，根据旅游地发展演化阶段，从历史的角度将社区参与旅游划分为以下四个阶段：

1. 个别参与阶段

在此阶段，由于社区旅游业发展处于萌芽阶段，只有零散的游客来此，没有特殊或专门的旅游服务设施。社区居民是在游客的主动求助过程中不自觉地、被动地参与到游客的旅游活动中，但这种参与也仅限于个别居民。他们为远道而来的游客提供住宿、饮食和指引路径等帮助。这些帮助几乎是无偿的，没有或很少有人从中获得经济收入。

2. 组织参与阶段

随着旅游者人数的逐渐增多，当地社区居民开始自发地建造简便的商业设施和组织简单的服务机构，有组织地为游客提供手工艺品、土特产等商品和导游、景区交通等服务。在此阶段，社区参与旅游的特征主要表现为：随着旅游经济活动的进一步开展，社区居民逐渐对旅游业有所认识，并且在参与旅游活动过程中不断受益。参与的人数逐渐增加，参与的形式也由被动开始向积极主动方向转变；与此同时，旅游业发展已给社区带来潜在或非普遍的社会文化和环境问题，但这些问题还未引起居民的重视，因为居民更注重的是经济利益的获取。

3. 大众参与阶段

社区旅游业发展在此阶段已趋于成熟和稳定，并在外来资本的积极参与下形成了一套完整的旅游业体系。社区居民参与旅游业发展的内容不再仅仅局限于向游客出售旅游商品（纪念品）和提供有偿服务，而且已经扩大到参与旅游机构的组织经营、基础设施建设，以及将自身的社会文化内容融入旅游产品系列中。在这一时期，更多的社区居民愿意参与到旅游发展中来，参与热情空前高涨，参与形式更积极主动。与此同时，旅游业发展对当地的社会文化和环境带来的负面影响进一步加剧，这虽引起了社区居民的关注，但只有一少部分居民认识到这些问题已成为当地社区旅游业进一步发展的障碍。

4. 参与解体或全面参与阶段

社区参与解体主要是指在旅游经济高速增长的同时，社会及文化问题仍然被忽视，最终社区参与随旅游资源吸引力下降、旅游地的衰退及社区旅游业的解体而逐步衰落。后者是指当旅游地的环境和社会问题严重到足以影响社区存在和发展的社会基础和资源基础的时候，从自身利益出发，社区居民开始意识到保护环境和维护传统文化的迫切要求，并自觉地付诸行动，从而有力地促进社区旅游业可持续发展的实现。

4.3.4 民族社区参与旅游发展的意义

1. 民族社区参与旅游发展提升民族地区自身的发展

发展旅游就是为了旅游地区居民的生存和发展。对民族地区居民而言，他们需要的不仅仅是旅游开发，更重要的是自身各方面的条件得到发展和永久地摆脱贫困。事实已经证明，纯粹经济性的旅游发展观是短视而片面的，而健康的可持续发展的民族旅游必须确立新的发展观，即社会性的发展观。它的核心是具有经济、社会、环境和文化四大功能，即在发展经济、保护环境的基础上，促进社会的全面进步和传统文化的继承和发扬；通过建立有效的机制，使当地社区居民参与到旅游开发活动中来，在旅游开发过程中充分考虑并汲取他们的意见，充分体现民声、民情，增强当地居民的主人翁意识，从而更好地保证当地社区的利益。

2. 社区参与有利于旅游产品质量的提高

社区是为游客提供新鲜感和亲切感的必要基础，是游客体验旅游生活的重要区域。民族地区旅游资源的独特性在于自然生态系统的完整性和民风民俗的古朴性，对游客最具有吸引力的就是原汁原味的自然生态系统和民俗文化。游客体验的真实性是决定旅游产品质量高低的关键所在。而旅游社区文化特色的展示需要社区居民的参与，以恰当地体现当地的民风、民俗、民情，这也是民族地区发展旅游业最大的卖点。社区是其“文化的容器”，没有了原居民参与的旅游社区就成为单薄的文化空壳，最终也会被游客抛弃。同时，游客通过贴近当地居民的日常生活和风俗习惯，能够得到更高层次、更高质量的体验，丰富其旅游经历。

3. 社区参与旅游有助于增强民族认同感

民族认同感也称民族认同意识，即民族认同性，它是“同一民族的人感觉到大家是同属于一个人们共同体的自己人的这种心理”（费孝通，1989）。旅游业的开发在促进民族地区经济发展的同时，也给民族地区居民的民族认同感带来了诸多不利的因素。诸如外来文化的进入使民族地区居民的生活方式与价值观念受到冲击；贫富差距逐渐加大，使人们对自己民族的归属意识逐渐弱化；生存环境受到威胁，生存成本增加等。相反，若社区居民积极参与旅游业的发展，极有可能有效地抑制旅游业发展所带来的负面影响。首先，通过参与旅游开发并充分享有旅游业带来的利益，他们切身感受到旅游业发展给他们带来的实惠；其次，旅游者更加贴近社区居民的实际生活并感受风俗习惯，显现出社区文化对旅游业发展的重要性，增强当地居民对本民族文化的价值认同。此外，社区居民在参与旅游开发活动的过程中不断体会到团结合作的重要性，并逐渐形成利益共同体，群体凝聚力与归属感得到强化，有利于增强民族认同感。

4. 社区参与旅游有助于保护生态环境和民族传统文化

由于历史的原因，我国许多少数民族聚居区在长期的封闭和自我发展中保持了良好的生态环境和较为完整的传统文化，并成为民族旅游开发的重要吸引物。然而，旅游业的过度和扭曲性开发，造成了传统文化和价值观衰退、生态环境恶化等诸多负面影响。究其根本，没有吸纳当地居民参与是主要原因之一。当地社区居民是旅游目的地的真正主人，是维持当地生态系统平衡的最主要成员，对其生态规律也最为熟悉，生态环境的保护离不开当地居民的参与。如当碧塔海西线社区居民参与旅游发展并从中受益时，他们就自觉担任义务环保宣传员、森林防护员，主动清扫景区垃圾。后来，随着南线的开通，西线居民因参与机会减少而利益受损，他们保护环境的行为骤然减少，并演变为环境破坏行为。

另外，民族地区居民是优秀民族文化的创造者和传承者，对民族文化的内涵体会最深。民族传统文化往往通过村寨建筑、构筑物、传统工艺品、服饰、家居、饮食等物化形态的民俗以及生产过程、人生礼仪、岁时节日、信仰、歌舞、游戏等非物化形态的民俗得以全面系统地展示。当地居民积极参与到民族文化的保护和传承中，民族地区的旅游才能够得到持续发展。并且社区居民随着在旅游发展过程中参与程度的提高，将会逐渐认识到良好生态环境和民族传统文化对发展旅游的重要性，保护意识也会日益增强，形成人与生态的良性循环。

4.4 民族旅游与性别角色

随着民族旅游业的蓬勃发展，旅游发展的重要利益群体——旅游地居民亦逐渐成为国内旅游学界研究的一个焦点群体，研究涉及的主要问题包括旅游地居民的旅游感知和态度、文化心理、生活质量、社区参与以及旅游发展对旅游地居民的影响等。在旅游地居民中，男女两性在生理和性格上的差异所导致的社会地位和社会价值上的不同，形成了受到旅游人类学家关注的“旅游中的社会性别”，而女性在民族旅游的发展中扮演着重要的角色。如1977年瓦伦·L. 史密斯在《东道主与游客》中，就描述了旅游目的地社会中女性的角色。他通过研究指出女性在旅游决策中往往起着主导作用。作为参与者，民族旅游发展地区的女性具有双重角色。她们既是民族文化的传承者和创造者，又是民族旅游的开发者和参与者。一般认为，在民族旅游发展过程中，女性在接待、餐饮、语言、亲和力等方面较男性更具有天生的适应性，随着女性参与到民族旅游发展中并获得旅游经济收益，女性在民族旅游发展中起到越来越重要的作用，这也在一定程度上影响并改变着少数民族女性在传统社会关系中的社会地位。

本节通过对国内旅游地女性问题相关文献进行梳理和分析，主要从以下三个方面探讨少数民族旅游与旅游地女性的关系：旅游地女性参与民族旅游的发展；旅游地女性角色变迁；民族旅游发展对当地女性的积极影响。

4.4.1 旅游地女性参与民族旅游的发展

原汁原味的民族风情是少数民族旅游社区获得可持续发展的重要保证，这要求当地居民必须扮演参与主体角色，他们既以参与旅游作为生存手段，又肩负着传承民族文化的重任，与一般旅游社区参与者不同。旅游目的地女性对当地民族旅游的发展起到了非常积极的推动和促进作用，作为民族旅游发展的重要参与群体与支持群体，旅游地女性具有多重角色，她们既作为民族旅游地形象宣传的载体，又是当地民族旅游的开发者和参与者，同时还是当地民族文化的传承者和保护者。

1. 民族旅游形象宣传的载体

女性是民族歌舞、民族节日、民族服饰等传统民族旅游活动的主要参与者，她们的活动从根本上促进了民族旅游业的进一步发展。因此，少数民族旅游活动中旅游目的地的形象宣传方面呈现出女性化特点，即在旅游地有关旅游的宣传、广告、电视节目、书籍、杂志以及各类小册子中，女性形象经常作为宣传的载体。李拉扬、李宁（2006）对旅游目的地门户网站进行的分析表明，许多旅游地门户网站都采用了女性形象做宣传，在真实生活与购物场景中常见的是女性形象。在少数民族旅游地区，以当地女性作为旅游形象宣传载体的现象十分普遍，利用女性形象将民族特性定位为能歌善舞、神秘古老，这种少数民族旅游女性化形象有助于提高游客对异文化的好奇，并对少数民族地区产生旅游兴趣，而游客对代表民族形象的具有十足神秘感的少数民族妇女更是充满了解的愿望。

2. 旅游业参与的主体力量

旅游地女性一方面作为吸引游客的宣传载体，另一方面也是当地民族旅游经营活动中的主要参与者。金少萍（2003）以云南白族妇女为例，指出白族女性既是当地家庭旅游接待的主要承担者，而且负责传统手工艺品的加工与销售，同时也积极参与民族歌舞表演以及当地的餐饮服务业，此外还承担着导游的角色。对于女性成为民族旅游从业人员主体力量的原因，赵捷（1994）从四个方面进行了分析：其一，由于生理因素和社会化的作用，女性形成的细腻、耐心、热情等特质，符合旅游从业人员所需要的职业道德；其二，与男性相比，女性具有秀丽婀娜的体态并且对外表更为注重，这种女性效应对游人普遍追求美和美的享受的心理产生了良好的影响；其三，传统男主外女主内的社会分工模式使得女性比男性更关注人类的衣食住行，并能在相同条件下得心应手地拓展相关的事业；其四，女性普遍具有仁爱之心和牺牲精神，并具有较强烈的理解人和被人理解的欲望，这样的思想基础有利于旅游活动中的相互沟通和情感交流。

3. 民族文化的传承者与保护者

少数民族女性既是民族文化的创造者，也是民族文化的传承者，同时还是民族文化的开发者。相对于男性而言，女性所承袭的民族传统文化更接近于文化的真实，她们投身民族旅游业，成为民族文化再传播的重要媒介。著名的人类学家博厄斯说过："任何一个民族，都有一部分生活只有女性才能深刻地理解。"王兰（2006）认为，一方面，女性作为民族文化传承的重要载体，在展示当地民俗风情中获取了自信心，认识到了保护当地传统文化的重要性，并且自觉地传播和促进着民族的民俗文化；另一方面，她们自身的发展也积蓄了当地旅游发展和文化保护的后劲。

4.4.2 旅游地女性角色变迁

少数民族旅游业作为一种强有力的现代性力量，冲击着传统社会，在改变社会结构的同时也改变了人们的社会角色，女性就是其中的典型代表。在传统的文化因素影响下，少数民族旅游地区的女性在家庭和社会中居从属地位，最大作用是为家族传宗接代，女主内的传统性别观念使得女性对家庭付出更多的劳动和精力。这在很大程度上是因为旧的传统社会将女性与经济分离开来，没有经济能力就等于失去了自立的能力。但民族旅游业的兴起和发展，将女性带出家庭，走入社会，去参与市场和社会活动，获得劳动就业的机会，经济收入不断提高，生活系统对外开放，交往对象不断扩大，也能够获得更多的信息，开阔了视野，思想意识也发生了巨大的变化，自我能力认可度明显提高，自立、自主意识不断增强。所有这些使女性在家庭中拥有了经济支配权和管理决策权，家庭地位发生了翻天覆地的变化。女性的生产角色开始由个体家庭单纯的自给自足的劳动者逐步向市场经营的主体转变。陈斌（2004）从摩梭女性劳动对象的变化和女性参与到民族旅游接待活动中这两方面出发，认为当地民族旅游使得女性的经济收入增加，经济地位的变化使得女性权力回归，以母系为主体的思想也在社会中获得新生。王雪莲（2014）以湖南通道侗族自治县皇都侗寨为例，曾懿以湘西德夯苗寨为例，进一步揭示出民族地区旅游开发成为少数民族女性家庭地位提高的直接推动力。

另外，民族旅游虽然使当地女性的社会角色发生了巨变，但是这种变化并不是新角色对传统角色的颠覆，而是继续和补充。参与民族旅游活动带来的经济收入增加和再生产活动的减少并不能完成颠覆农村妇女原有的生活和家庭社会角色的重任，经济变化无法带来真正的两性平等，传统文化和受教育因素在性别关系中发挥着根深蒂固的作用。在当地传统文化的影响下，女性角色转变的过程仍然是非常漫长的。

4.4.3 民族旅游发展对当地女性的积极影响

民族旅游发展对目的地女性的积极影响呈现多方面的特点，主要表现在经济、教育以及思想文化等几个方面，而且这几个方面的影响相互关联。

1. 经济方面

民族旅游的发展实现了少数民族文化资源和旅游产业链的有机整合，带动了当地交通运输业、商业、饮食业、文化娱乐业、旅馆业、旅游商品和制造业的发展。当地女性自身具有从事民族旅游服务业的独特优势，作为发展民族旅游的主要促进者及参与者，她们通过自己的努力，一方面促进了当地旅游经济的蓬勃发展，另一方面也极大地提升了女性自身的经济地位。民族旅游业给当地少数民族女性提供了难以估量的就业发展机会，增加了她们参与社会活动和发展自己、表现自我的机会，提高了她们的经济收入。

2. 教育方面

民族旅游业的发展，使得当地的女性在参与到旅游业的同时，提升了自身各方面的素质。一方面女性要学习和了解当地的民族文化和民俗风情，这样才能充分地向游客进行讲解和展示；另一方面，在此过程中她们还需要学习一些民族旅游的理论知识和相关服务知识，如在餐饮业、娱乐业以及酒店管理中，不断地学习，并在实践中不断地进行演练、完善，以提升职业素质。同时，旅游业的发展引起了当地居民对于文化教育的重视，他们会选择将下一代送去学校接受先进的知识教育，从长远看整体提升了当地民众的综合素质。

3. 思想文化方面

民族旅游的发展不仅在经济和文化教育方面对女性影响深远，而且也促进了当地女性思想意识的提高。当地女性积极参与和投身于民族旅游业，让她们得以抛弃了千百年来对男人的依赖思想，在生产活动中和经济上变得独立；同时当地女性的思维方式由感性向理性转变，民族旅游业的发展能增强当地女性对于本民族文化的自豪感和认同感，其生存意识、环保意识和责任意识也在不断加强。

本章小结

近年来我国民族旅游发展迅猛且潜力巨大，相关的理论基础却略显单薄。基于旅游人类学的学科背景，族群与民族的概念、来源、适用范围及相互关系等基本问题仍需要进一步明晰。总的来说，族群是在自我认同和他人认同基础上形成的地理相近、语言相近、血统同源、文化同质的集合体。

随着自然风景观光旅游与异域民族风情体验相融合，民族旅游的概念应运而生。民族旅游主要以当地悠久的历史文化为依托，以独特的民风民俗展现、参与、体验为特色，从而实现人与人、民族与民族的交流过程。虽然民族旅游广受游客的青睐，但同时必须注意到民族旅游产业的大发展也引发了诸如民族资源如何开发、民族旅游资源的产权分配及保护、民族旅游的原真性以及民族旅游主体的角色定位等一系列现实问题。

社区居民参与旅游发展为促进当地社会经济发展、社会文化的维护和环境的保护作出诸多贡献，是旅游业可持续发展过程中的一项重要内容。但由于旅游目的地所涉及利益相关者众多，如何让社区居民自愿、合理、公平地参与到旅游开发建设及维护中，是亟待解决的一个难题。另外，女性在旅游相关行业具有天生的性别优势，她们既是民族文化的传承者和创造者，又是民族旅游的开发者和参与者，在民族旅游的发展中扮演着重要的角色，同时民族旅游也使得民族地区女性的社会角色及家庭地位显著改变。

关键术语

族群（ethnic group）

民族（nationality）

族群认同（ethnic identity）

民族旅游（ethnic tourism）

社区参与（community participation）

性别角色（gender role）

复习题

1. 什么是族群？什么是民族？简述两者之间的区别和联系。

2. 结合现实生活中的案例，谈谈你对民族旅游的理解，并分析发展民族旅游的利弊。

3. 民族旅游的特殊性表现在哪些方面？

4. 简述国内外对于民族旅游的研究现状。

5. 简述社区参与旅游发展的含义、内容以及阶段。

6. 社区参与旅游发展对于当地居民和社区发展具有什么意义？结合实际谈谈你的看法。

7. 民族旅游地女性参与到民族旅游的发展中，会给女性自身和旅游地的发展分别带来哪些影响？

扩展阅读材料

民族旅游的困惑与选择

——中国民族旅游与少数民族传统文化保护能否双赢的思考*

在当今中国大力推进现代化建设的大背景下，民族旅游无疑是发生在中国少数民族地区最重要的经济活动之一。民族旅游在许多少数民族地区被当作脱贫致富、发展经济、促进地区发展的重要手段。在民族旅游为民族社区带来经济利益的同时，学者们对民族旅游在民族文化方面的消极影响进行了深入的剖析，有些甚至由此对民族旅游进行了否定性批判。由此提出的问题是继续以经济增长为目标，大力发展民族旅游，还是以保护民族文化为重任，有选择地适度开发民族旅游？二者之间能否共利双赢？

一、发展的困惑：民族旅游开发与民族传统文化保护的两难处境

事实证明，对于民族文化而言，民族旅游开发从来就是一把双刃剑。民族旅游得以大发展的背后，却是民族文化备受摧残的无奈。人们打着保护、可持续发展的旗子，自以为是开发文化、利用文化、复兴文化、创新文化，表面的繁荣掩盖着深层次里传统文化价值和精神的剥离和缺失。民族旅游开发与民族文化保护陷于两难

---

* 高婕，田敏．民族旅游的困惑与选择：中国民族旅游与少数民族传统文化保护能否双赢的思考．西南民族大学学报（人文社科版），2009（6）：204-208.

处境，民族旅游与民族社区的发展令人困惑。

（一）民族旅游有利于不同文化之间的传播与交流，但因传播交流中的不对等而导致民族文化式微

旅游无疑有利于民族文化的传播和交流，许多偏远、传统的民族文化借助旅游为世人所知，旅游成为宣传、传播民族文化的有效途径。然而，对在民族旅游中形成的文化交流而言，由于旅游者十分抢眼的强势文化，游客向旅游目的地的文化输入多，而少数民族的文化输出少，二者形成完全不对等的文化交流关系。这种不对等的文化交流关系还会因为旅游者的旅游方式、个人动机和文化特性、旅游的时间与空间等因素的变化，而呈现出极不相同的效果。这种效果总的来说表现为少数民族文化的式微、同化或变异。民族旅游越是发达的地区，可能这种效果越突出。

（二）民族旅游有利于民族文化的开发和发展，但功利性开发往往导致民族文化异化

民族旅游的发展应该可以促进民族文化的保护，不少地区由于大力开展民族旅游，民族文化已经呈现出表面繁荣的景象。但这种保护在实际操作中常常出现异化现象，其结果是表面上似乎得到了保护，实质上可能已经远离了民族文化的核心价值，褪去了其本质属性，蜕化为只在旅游胜地表演的有形无骸的商品化的民族文化。出现这种情形的原因在于，由旅游推动的民族文化开发和保护，往往是建立在满足游客对奇异文化的癖好或珍爱的基础上的，其功利性、目的性显而易见。旅游表演中的民族文化如同孤立于社会的一座座孤岛，仅仅具有商业价值，仅供旅游者在闲暇中欣赏、娱乐和购买，它已经远离了其赖以滋生的人文生态，自然不是少数民族民众的生活本性，不再具有其原生意义的文化含义。

（三）民族旅游有利于族群交流，但因族群交流的非对称性而导致族群关系的紧张

民族旅游使不同族群即游客族群和旅游目的地的土著族群在一个特定的时空中相会，其交流的密度和强度都是空前的，应该有利于双方族群的交流和良好的族群关系的建立。然而，这里的族群交流同样存在不对等问题。在民族旅游过程中，游客是强势族群，土著族群则明显是弱势族群，双方的互动形成的必然是一种非对称性族群关系。游客族群观看、娱乐、休闲、欣赏；而土著族群则卖力地表演、讨好、被观看、被欣赏。游客族群的到来干扰了土著族群正常的生活节奏，除了参与旅游活动的少数人可以获得少许利益外，村中的绝大部分人与旅游无关，旅游对于他们来说带来的只有被打扰，他们可能因此而心生厌恶。在这种情形下，族群之间不仅不会消除傲慢与偏见，反而极易带来族群关系的紧张。

（四）民族旅游有利于民族社区社会生活环境与自然生态环境的改善，但民族旅游的过度开发往往使之缺乏可持续发展性

由于旅游发展的需要，当地政府和旅游企业必定会对旅游地进行大力投资和宣传，旅游地的基础设施、生活环境、生态环境等也必定会有一个根本性的改观，这些都有利于少数民族社区公益事业的发展和少数民族民众的生存、生活。然而，随着旅游者的增多，他们的道德观念、价值标准、生活方式等冲击着民族社区传统的伦理道德、社会风尚；旅游企业及其员工与民族社区的民众利益分配上的不对称导致少数民族民众的相对贫困和结构性贫困，导致民族社会内部的社会分层加剧；旅游开发中的土木工程不仅对当地自然环境带来损害，同时伴随旅游人群的增多，民族社区的空气与水的质量下降、噪声污染增多等，又都直接威胁到民族文化生态的可持续发展。

二、发展的选择：让民族旅游实现民族社区经济与文化双赢

民族旅游发展和民族文化保护之间的利弊双面性是一种本质属性、一种客观存在。利弊双面性的本质属性并不是利弊对立的本质属性，笔者认为，民族旅游完全可以做到兴利除弊，实现民族社区经济与文化的同步发展，从而实现经济与文化的双赢。

（一）以分离法杜绝民族文化商品化、庸俗化，保证民族文化的纯洁性

商品化是民族旅游带给民族文化最消极的影响之一，要实现民族旅游与民族文化的双赢和健康可持续发展，必须杜绝旅游过程中的民族文化商品化。具体可采取将旅游过程中的民族文化表演与现实生活中真实的民族文化生活分离开来的做法，即在宣传和展示过程中，无论对游客观众还是表演者本身，都明确无误地界定清楚哪些是旅游中的民族文化表演，哪些是真实的民族文化生活，不让人产生混淆和假想，以假当真，真假难辨。这样做的好处是，无论游客或是少数民族民众，对于旅游中的表演有一个真实的定位，表演就是表演，它仅仅是在旅游特定的时空环境下的一个橱窗式的展示而已。明白了这一点，对游客来说，他们不会因为表演的戏剧化和雷同性而失望，他们大可以把这种表演当作一次游戏和娱乐而开心一笑，不需要有过高的不切实际的奢望。对少数民族民众来说，他们也不会将舞台上的表演与现实中深厚的民族文化生活混为一谈而失去对文化真实的严肃、庄严和神圣性的体验，从而在社会生活中和个体内心感受里保留对自己文化核心价值观的认同和坚持。

非洲某些民族在旅游开发中的做法值得借鉴。涉及本民族的宗教仪式，如祭祖活动等，他们的做法是：在表演现场，纯粹是商业表演，以娱乐和赚钱为目的；但传统的祭祀活动，则在规定的时间、规定的地点，很庄重地进行，外人绝对禁止入内参与。这种方式正如同我们上述的“分离法”，实行起来具有实际的效果。

（二）建立新型族群关系，调整利益分配，杜绝民众的拜金主义，强化少数民族传统道德规范

少数民族民众在旅游过程中的唯利是图甚至强买强卖时有发生，严重影响了旅游目的地的声誉。值得反省的是，勤劳朴实、团结互助、热情好客、路不拾遗等，本都是少数民族传统道德的核心价值，为什么在旅游活动中会出现拜金主义？问题的关键不在少数民族民众，而在旅游活动中不对等的族群关系及由此带来的不合理的利益分层机制。在民族旅游的收益中，政府、企业、企业员工、村寨集体、少数

民族民众，是整个旅游受益分层结构中的五级，政府有税收，企业员工（包括导游）有薪水和奖金，村寨有提成，旅游企业（老板）有利润，部分少数民族民众（歌舞者等）有酬劳。而绝大多数的少数民族民众几乎是被忽略的一个群体。但是在整个民族旅游中，只有他们才真正是最核心、最主要的旅游资源，要进行资本核算的话，他们才是最大的股东。现实的状况是，这个最大的股东分得最少的利益，甚至没有分得利益。对他们来说，只有游客才可能是他们的生财之门，他们只有抓住一切可以挣钱的机会赚钱，甚至背离传统道德也在所不惜。深山里嘈杂的讨价还价之声，与其说是少数民族传统道德的迷失，不如说是民族旅游中分配不公的无奈。

因此，旅游目的地少数民族民众以其文化资源入股，获得旅游收入中的合理利润，是解决上述问题的根本之道。让少数民族民众成为旅游收益分层结构中的大股东，获得他们满意的利润分红，会在很大程度上增强他们在旅游活动中的主人翁意识：他们不再会为蝇头小利而不惜损毁传统，人人都将为维护民族的荣誉而尽力，人们将看到一个更加真实的他们，一个人们心目中热情好客、淳朴、善良的他们。

（三）创新管理以杜绝不正当获利，还民族社区一个安居乐业的文化生态环境

旅游过程中的不正当获利比如各种形式的不当收费、不道德收费等，都与旅游管理制度的不完善和不合理有关。可以通过进一步创新管理思路，采取切实可行的措施，杜绝类似问题的发生。比如村寨只在门票一处收费，进村后一律无费游玩；一村一费，不搞各自为政，多头收费；村内设立民族纪念品专卖区，加强市场监管，确保诚信经营；村内所有场所包括民居，在旅游期间一律免费开放，主人尽好东道主之谊等。通过这些措施的实行，务必杜绝所有的不正当收费，力求展现在游客面前的是一个纯净、自然、和谐、安宁的民族社区，让游客真正了解和体验到民族文化赖以产生的文化生态，从而对该民族文化有一个全面正确的认识与理解。

（四）坚持真实性原则与本民族认同性原则开发民族文化，确保民族文化保护及其可持续发展的实现

民族旅游的开发首先就是民族文化的开发，开发是必要的，也是符合民族文化变迁规律的。但是，许多开发个案中都不同程度地存在民族文化失真、错位、走样甚至伪造等问题，这极大地损害了民族文化的健康发展。在旅游开发过程中，必须坚持真实性原则和本民族认同原则。所谓真实性原则，就是开发出来的民族文化必须具有历史的真实性，来不得半点虚假和杜撰，这又需要认真深入地做好前期调研工作。所谓本民族认同原则，就是开发出来的民族文化，需要经过该民族的首肯，得到该民族的承认。只有在做好这两个方面工作的前提下，才能切实保护好民族文化，并实现其可持续发展。

（五）开展多层次、全方位的民族知识普及教育，让所有参与旅游的人员都成为推动民族文化健康发展的力量

在民族旅游活动中，政府、企业、导游、少数民族民众及游客等，都是民族文化的宣讲者、推广者，任何一个层面的宣讲失真都将对民族文化带来负面影响。政府主导民族旅游的发展，通过对政府进行民族知识普及教育，使政府对民族文化及民族旅游有一个全面、准确、权威的定位和宏观调控；通过民族知识普及教育，使企业在开发民族文化的策划中，不搞短期效应，不急功近利、竭泽而渔，培育长远意识、可持续发展意识；通过民族知识普及教育，使导游客观、真实地宣讲民族文化，不哗众取宠，不随意创改，增强导游的民族文化责任感；通过对少数民族民众进行民族知识普及教育，使他们认清自我，自觉维护自身文化的纯洁，增强民族自豪感、文化认同；通过对游客进行民族知识普及教育，使游客正确认识和了解民族文化，不猎奇、不误解、不误传，主动尊重民族文化，成为推动良好族群关系建设的先行者、维护民族文化本真性的义务工。

总而言之，如果有了以上各方面的齐心协力，民族文化的健康发展一定就是必然的。现代化本身就是一把双刃剑，尽管现实中满目皆是现代与传统的矛盾，但我们完全有理由充满传统与现代和谐共生的乐观，传统与现代完全是可以双赢的。同样，在民族旅游中，经济与文化并没有对立冲突的本质属性，通过努力，是完全可以实现双赢的。民族旅游既不能以损害民族文化为代价单纯地追求经济增长的目标，也不能守着千金难买的传统文化资源，拒绝民族旅游带给民族社区千载难逢的发展机会。我们要做的，是努力探索，找到合适的途径，以实现民族旅游中经济与文化双赢的结局。

第 5 章

主人与客人

» 掌握旅游人类学领域的基本研究范式
» 掌握旅游人类学的基本关系：主-客关系
» 了解旅游活动中的相关社会角色
» 运用相关理论进行具体分析

旅游，是一种游客与他者进行文化接触、交流的社会行为，具有跨文化研究的重要意义。一般而言，跨文化研究是一种研究方法、一种研究观念，但这一方法和观念在旅游人类学研究领域却具有重要的研究价值和无限的研究空间。东道主与游客（主-客）之间的关系已然成为旅游人类学领域里重要的研究范式，且在不断得到广泛深入的研究，但近年来这一范式也在被反思，“人—人”的研究内容在跨学科的交叉影响下得以拓宽。

5.1 旅游与跨文化

5.1.1 跨文化

跨文化研究的内涵主要包括两层：一是跨文化的研究视角；二是跨文化研究。

（1）跨文化的研究视角（cross-cultural perspective），主张从跨文化的视角来研究人类的文化和行为。这是人类学最基本的概念之一，也是人类学的主要研究方法，由此衍生出文化相对论、文化适应、文化变迁、文化涵化等论题，这些论题也成为了旅游人类学研究的重要基石。

例如，文化相对论强调任何一种文化都有其特点，有自己的个性，在过去、现在、将来，任何文化在价值上都是平等的。即任何一种文化都有其存在的价值，各个文化没有优劣、高低之分，不能说谁高谁低。因此，不能用普通、共同、绝对的标准去评判、衡量一种文化的价值。要判断或者解释他人的行为就应该依照他群的文化逻辑或文化模式，不能戴上本民族文化的有色眼镜来观察和思考问题。多样性文化的存在，使人类的文化多姿多彩。而随着全球化、现代化的快速发展，再加上现代网络技术的潮流，多样性文化不断整合、融合在一起了。文化相对理论的意义在于能摒弃自我文化中心主义、民族中心主义的偏见，保护弱小民族的利益，看到旅游业发展中的不同族群及其文化形态；但过分强调文化的相对性，也易走向极端，不利于现代旅游业发展的具体管理、治理。

（2）跨文化研究（cross-cultural studies），是人类学及其姐妹学科社会学、心理学、经济学、政治学领域中的一项专门建立在田野调查基础上的比较研究。它通过对资料的比较分析，验证假设，来反观人类的行为与文化，分析人类行为的共同性及文化的差异性，并试图发现某种规律或通则。

事实上，跨文化研究从19世纪末就已展开，它是随着社会学和人类学的兴起而出现的。爱德华·伯内特·泰勒（Edward Burnett Tayler）和刘易斯·亨利·摩尔根（Lewis Henry Morgan）等人类学家收集研究多个文化的资料，探究人类社会文化模式及其演化。20世纪30年代起，乔治·彼得·默多克（George Peter Murdock）等学者采用民族志的方法对人类600多个文化进行大规模的调查研究，积累了卷帙浩繁的跨文化资料，为60年以后广泛展开的跨文化研究打下了基础。默多克的《社会结构》可以认为是20世纪在全球范围内进行社会文化比较研究的经典之作。1945年，最引人注目的华裔人类学家许烺光的重要著作《宗族、种族与俱乐部》《美国人与中国人》等，也是文明社会比较研究的佳作。还有，法国人类学家列维-斯特劳斯（Levi-Strauss）在《忧郁的热带》中对异文化所进行的观察，也强调通过旅游过程中的交流来透视社会。20世纪90年代以来，随着全球化的加速，跨文化研究进入新阶段。全球化凸显了文化和宗教差异、文化交流和文化互动对人类社会发展的意义，推动学者们开辟跨文化研究的新领域；而大众旅游时代更表现出包括游客与东道主在内的不同文化因子携带者的文化交流与互动，使得旅游人类学的研究具有更广阔的空间和更大的发展潜力。

5.1.2　我者/他者；主位/客位

人类学研究都十分关注“他者的世界”，研究对象也常被形容为他者（other），这就形成了我者与他者的二元相对关系。学者们不仅关注他者的异文化，也同时关照自己的社会和自己的文化，这样的行为逐渐转化为一种“文化的互为主体性”。“同样都是娘生的，却有不同的生活”，所以，文化的互相关照，文化的双向互动过程成为人类学跨文化研究的最大特征。

而在跨文化研究中，在方法上强调主位（emic）与客位（etic）的互动及转换。主位研究强调在研究中要求调查者去习得被调查者所具有的地方性知识和世界观；客位研究则以调查者本身的立场为出发点来理解文化，研究者并不是以当地人的观点，而更多的会以主流社会的观念来观察、访谈。也正是如此，人类学研究才会总是着眼于观察“他者”并做异文化的比较，才会引出不同的观察和思考问题的方法。

不难发现，在人类学的跨文化研究观念和方法中，尤其是在人类学最早的研究溯源里可以看到，旅游活动具有先天的跨文化的视野和跨文化研究的必然性，于是，跨文化不仅在文化人类学里是重要的研究观念和方法，在旅游人类学这一延伸领域中同样是重要的研究基石和主要研究范式。

5.1.3　旅游中的跨文化行为

旅游是跨文化交流的一条重要途径。人们旅游的目的并不仅仅是领略自然风光和人文景观，其实更重要的还在于了解和目睹不同地域的文化和特色。跨文化交流是一个相互渗透、相互影响的过程，不仅引起目的地社会文化的变化，也通过对旅游者的影响来引起客源地文化的变化。旅游人类学与跨文化交流之间相互依存，相互联系。

旅游活动是以旅游者为主体，以旅游资源或旅游目的地为客体，在旅游业的媒介作用下互相作用而形成的社会行为。最直接的一对焦点关系就是东道主—游客的关系。不同文化背景的旅游者与东道主之间的交往可分为：文化间的交往（intercultural contact，两种不同文化）；跨文化的交往（cross-cultural contact，来自两种以上的文化群体）。

游客与东道主的关系具体会表现出双向或多向的相互影响和作用。最多的影响是游客对旅游目的地产生的正面的和负面的社会文化影响，游客对旅游目的地所产生的各种社会文化影响也正是旅游人类学领域里的重要研究内容之一；而对旅游目的地文化带来的最直接影响，就是给旅游目的地带来的语言文化上的涵化并由此导致文化变迁甚至变异。事实上，游客本身就具有文化传播的作用，会产生双向的文化传播。一方面是归向文化传播，即旅游者从旅游地归来后，根据自己对当地文化的认知、体验向他人或社会转述而形成的文化传播。另一方面是来向文化传播，指旅游地居民对前来游览、观光的旅游者所表现出来的文化意义的认同和理解。在文化传播过程中，由于游客与东道主在风俗习惯、价值观和行为方式等方面都有差异，所以形成了各种社会交往行为、文化交流甚至文化冲击等。

需要说明的是，文化禁忌是旅游的跨文化交流行为中必须要遵守的旅游规则，否则就将出现各种不文明行为，而导致各种社会矛盾的产生。反之，游客在遵守文化禁忌的前提下进行的旅游交往则会与旅游目的地形成良好的社会关系，有利于旅游的可持续发展和良性循环。所以，从这个层面来讲，游客在旅游过程中既是文化的交流主体，还是文化的传播者，担负着文化使者的重要职责。因此，在旅游的跨文化行为中不仅要研究游客对旅游目的地所产生的各种影响，同时也要加强对游客主体性作用的研究，在主-客互为主体性的基础上深入探讨多重社会关系利益之中的协调问题，并充分发挥其正面影响，传播正能量。

5.1.4 社会交往与旅游交往

旅游是一种重要而特殊的跨文化的社会交往方式。社会交往可有广义和狭义的划分。广义的社会交往指人类社会具有的普遍形式意义的抽象的交往；狭义的社会交往则是比较明确的、比较具体的交往，可以有多种划分方法。广义社会交往包括物质交往、精神交往和信息交往。物质交往指生产工具、生产资料及劳动力的交流，市场经济将它们作为资源进行合理配置；精神交往包括政治、经济、军事、文化、法律、宗教、外交等交流；信息交往则以计算机网络为支持系统的信息高速公路为核心，辅之以广播、电视、移动通信等高度现代化的交流手段，为人们提供各种高效优质的咨询与服务。交往是连接主体与客体的媒介，根据交往个体和交往群体相互间的关系区分，主体与客体发生交往大致有三种形式：个体与个体的交往、个体与群体的交往和群体与群体的交往。个体与个体的交往指日常生活中一般性私人交往与接触。个体与个体发生交往是社会交往的常见形式，如寻师访友、谈情说爱、旅游购物、求医看病等。个体与群体的交往就是指生活在特定群体中的个人与该群体的来往及与其他群体的来往，实质也是一种个人与个人的交往，只是交往具有群体性、公务性。群体与群体的交往是群体之间带有公务性、利益性的交往，交往双方是代表各自的群体相互接触。

旅游交往，指的是旅游者在旅游过程中一种暂时性的个人之间的非正式平行交往。暂时性是指旅游交往只发生在旅游过程中，一般不会向日常生活世界延伸，其交往的对象一般是平等的旅伴、交易者或旅游目的地居民，因此其沟通多为平行方式。谢彦君（1999）认为，旅游交往从形式上看在时间上起始于旅游过程的开始，终止于旅游过程的结束，一般不会由这两极再延伸，即使延伸，那时也不属于旅游交往，只能看作旅游的准备或旅游交往的效应。在旅游交往期间，由于对象一般是脱离了原社会系统职能约束的平等的旅伴、交易者或东道地居民，所以彼此的沟通多为平行的方式，并以感情上的沟通或物品交易为主要内容，当然也就没有组织规范的严格约束。这些形式上的特点是理解旅游交往的钥匙，同时也构成了预测旅游者行为的重要依据。交往是有层次的，旅游交往也一样。交往的层次反映着旅游者与他人相互作用的强弱程度，一般可分为六个等级：隔离、潜交、示意、互动、互助和竞争。旅游交往中主要的交往关系为主客交往，这种交往发生在旅游目的地的东道主与游客之间，是特殊的社会交往形式，体现了主-客之间的主客关系、主客交往、主客交互、主客接触、主客跨文化交流等交往。

5.2 旅游中的主-客关系

游客的整个旅游活动过程中涉及诸多社会角色和社会关系，并在以东道主与游客为核心的基础上形成了一个旅游社会关系的网络。

5.2.1 核心关系：东道主与游客

旅游是一种特殊的娱乐形式，是离开长期生活和工作的空间到另一个地方去游玩游览的一种行为。瓦伦·L. 史密斯认为旅游的形成需要有三个基本要素：休闲时间＋可自由支配的收入＋积极的地方认可。地方即旅游目的地，因此，在旅游过程中所发生的社会关系就是游客在与旅游目的地发生旅游关系同构过程中所缔结的，而旅游目的地的东道主与游客的关系，即主-客关系，也就是最直接的面对面的关系。东道主的范围主要是旅游目的地及当地居民，而游客主要是外来观光游览的人群，具有休闲的目的。

东道主文化是旅游者与之相接触的东道地的文化，在旅游过程中参与者的行为则创造了一种独特的旅游文化（tourism culture），这与他们常规状态下的日常文化明显不同。不同国籍的旅游者同时拥有旅游的文化（即背包族、普通旅游者等群体的文化）和民族文化。旅游者的文化（tourist culture）则是由旅游者在度假时带来的文化，这是他们自己的文化或他们的本国文化。文化背景的相似性会促进旅游者与东道主之间的互动，而其差异性则会减少这种互动。来自不同文化背景的旅游者与东道主在其互动中都可能经历困难，大多数困难都起因于交流中的文化差异以及社会互动规则中的文化差异。

旅游者和东道主之间的文化背景及其差异，在社会交往过程中影响和决定着旅游者—东道主交往的结果及其所带来的文化冲击。在文化间或跨文化的旅游者—东道主的交往之中，旅游者与东道主都面临着风俗习惯、价值观、准则及预期等方面与自己不同的一种文化。由于文化差异，旅游者都会经历互动困难：人际交流行为、非语言信号、人际互动规则和模式的差异与冲突。文化冲击是获得最普遍承认的旅行者融入异域文化所遇到的最大困难之一，是个体遇到不同文化时的一种体验。这种冲击是在某一新文化环境中人们无力去应对所造成的。其症状主要有生理和心理的，具体表现为角色休克、语言休克、文化疲劳、转化休克、重入休克等。

影响东道主与游客之间关系的因素，除了主要的文化差异和文化因素，还有具体的时空因素和各种交流方式的因素。旅游者在整个旅游过程中居于主体性地位，其类型也影响着主客关系的多样性和差异性体现。1976年，埃文斯（Evans）以墨西哥西部的港口城市为例，分析了旅游者的类型（分为大众旅游者、探索者、漂泊者和居民型旅游者）及其对主客交往的影响。瓦伦·L. 史密斯将旅行和旅游者的类型分为五种：民族旅游、文化旅游、历史旅游、生态旅游和娱乐旅游。游客的分类很多，但不同的旅游交往行为、跨文化交流都对主客关系产生着重要影响。

自20世纪70年代以来，有关主客交往的研究一直为学界所关注。国内外旅游主客交往的大量研究文献对主客交往的理论框架、影响因素、交往效应、交往驱动力、交往满意度、交往场景、研究方法等方面的进展都进行过详细的综述，取得了一定的成果，呈现出人类学、文化学、社会学、地理学、管理学等多学科交流、交叉研究的特征。

5.2.2 相关关系：游客与政府、企业、导游等

在旅游交往过程中，除了东道主与游客的关系外，游客还要与很多社会群体、社会行动者发生关系。由于担负的社会角色不同、资本形式不同，游客与这些行为主体发生交往所形成的互动关系，不仅在旅游社会中发挥着不同的作用和影响，还影响着旅游目的地的社会文化变迁。

1. 政府

20世纪90年代以来，我国一直倡导政府主导型的旅游发展战略，这也是我国旅游发展的必然选择。随着人们生活水平的提高，旅游业也越来越壮大，并且呈现出多样化和个性化的发展趋势。旅游业的壮大也对相关的旅游管理工作提出了更高的要求。同时，旅游产业涉及行业众多，其自身的公共性、非流动性、非实体性、信息的不对称等特性，决定了旅游产业需要政府干预。

在旅游经济运行过程中，政府行为是指政府根据宪法和法律，通过涉及旅游的政府机关及其工作人员对旅游在政治、经济、文化、社会等各个方面的事务进行组织、管理和控制的活动。

政府在旅游业发展过程中，通常要履行以下基本职能：宏观调控、组织协调、政策法规、营销规划、公共服务以及信息管理。具体而言，主要体现在以下几方面：

第一，宏观调控和组织协调。旅游业涉及各行各业，涉及众多利益主体，彼此间容易发生矛盾。因此，作为政府层面的旅游管理行为，除了关注旅游目的地的旅游功能定位、布局以及策划，还应注重不同利益主体间利益关系的平衡，调节社会关系和矛盾，促进旅游目的地和谐有序地健康发展。这是政府在旅游目的地管理中最为重要的任务。

第二，旅游政策法规。政府通过制定和执行相关政策、制度和法规，如《旅行社管理条例》、《导游人员管理条例》、旅游目的地行为准则、有关环境与资源保护的法律制度、旅游资源开发利用的产权制度、旅游消费与生态补偿制度等，来规范和监督旅游市场，进行法律保障及环境保护，维护旅游经营者和旅游消费者的权益，引导旅游市场积极健康发展，营造良好的旅游业发展环境。

第三，旅游营销规划。在旅游市场竞争激烈的今天，政府对旅游目的地旅游形象的宣传和旅游营销的影响尤为重要，可以扩大旅游目的地的知名度，促进旅游产品和服务的销售。而旅游规划是旅游开发的基础和指导，规划方应把最具特色的资源、生产生活形态及原生态文化进行科学规划。

第四，旅游公共服务。从狭义上来说，是指政府为旅游者提供的服务和公共产品。它涉及游前、游中、游后的各个阶段，涉及的主要领域包括旅游交通服务（旅游交通规划、旅游交通网络、交通设施设备、旅游出行服务等）、旅游信息服务、旅游安全保障（景区安全管理、旅游紧急救援、旅游保险等）。相较于发达国家，我国的旅游公共服务体系还不够完善，还存在政府公共管理职能和行政管理缺失、旅游发展资金不足、旅游第三部门发展不完善等问题，还需加强对旅游业的政策支持力度，加快旅游公共服务的法制法规建设。

第五，旅游信息管理。旅游信息贯穿旅游活动的全过程，旅游信息的对称与旅游者满意度紧密相关。政府通过旅游电子业务运作，完善旅游信息服务功能，成立旅游信息咨询中心，可以促进旅游业的发展。

政府对旅游目的地的管理分为国家、区域和地方三个层次。政府的管理职能除了有积极的社会效应外，也会给旅游业带来一些消极的影响。政府过多的干预会使本民族的文化被外来文化同化，还会限制旅游业的创新发展。政府过度从自己的利益出发，不仅不能解决实际问题，还可能使旅游业发展出现扭曲。

总的来说，政府通过对旅游业的宏观调控、组织协调、政策法规、营销规划、公共服务以及信息管理，可以整合各种旅游资源，实现旅游目的地的可持续发展。

2. 企业

旅游企业是指生产和销售核心旅游产品的组织机构，它是旅游产业的重要组成部分，旅游企业的竞争力是旅游产业发展的重要衡量标准。

因旅游小企业创业成本低、门槛低，所以旅游业中小企业大量存在，特别在餐饮、食宿、旅游购物等行业。罗登伯格（Rodenburg）的《不同规模的旅游企业对目的地经济发展的影响：巴厘岛旅游业研究》是最早涉及旅游小企业的研究。该研究发现旅游小企业不会导致巨大的经济漏损，还为目的地居民提供了更多的就业机会和收入，得出了旅游小企业比大企业对旅游目的地发展贡献更大的结论。

旅游小企业的区域影响主要有经济、社会、环境三方面。首先是经济影响，旅游小企业对经济的促进作用主要体现在增加就业、增加国民收入、提高居民生活水平、促进旅游目的地社会发展等方面。其次是社会文化影响。一是由于旅游小企业吸纳了很多当地居民就业，因此旅游更倾向于产生直接的经济影响，而不是很大的消极的社会影响。二是提高了居民的地方文化认同感、族群认同感。本地旅游小企业家在经营中通过对传统文化的展示，可以加深游客的旅游体验，提升居民的文化自豪感，并促进其对自身文化的传承和保护。三是提高了女性的社会地位。旅游小企业的经营，给很多女性带来了就业机会。再次是环境影响。旅游目的地要实现旅游的可持续发展，必须有一个优美、纯净、没有污染的自然环境。旅游目的地环境的破坏对旅游业的发展，特别是对目的地旅游小企业的发展是致命的，所以必须格外关注环境问题。

随着旅游业的发展，我国各个旅游目的地产生了大量的旅游小企业，并形成了一些知名的旅游小企业聚集地，如阳朔西街、丽江古城、大理洋人街等。随着旅游小企业数量的日益增多，它们对目的地发展的作用日趋明显，不仅使得目的地居民可以充分参与到旅游业当中，并且使其行为、观念在该过程中发生了变化，导致了旅游目的地社会文化的变迁，从业人员成为社区社会文化变迁的先锋人群。

旅游业不仅给东道地带来经济上的收益，而且也产生了许多社会和文化影响，其中既有积极的影响也有消极的影响。旅游企业也有自身的文化系统，在与游客的交往、与当地社区居民的接触和交往中也有一定的交往方式和规则。在旅游企业内，尤其在民族地区的旅游企业或国际性旅游企业当中，存在着很多个人和群体的社会交往类型，采取跨文化管理往往很有效。

3. 导游

依照《导游人员管理条例》的规定，导游是取得导游证，接受旅行社委派，为旅游者提供向导、讲解及相关旅游服务的人员。在向导、讲解、生活接待的工作过程中，导游扮演着文化讲解员、对外宣传员、情况调查员、关系协调员、语言翻译员、生活服务员、安全保卫员、经济统计员“八大员”的角色。导游工作具有明显的独立性、复杂性、高强度性、高关联性等特征。目前，中国的导游呈现出“中国式导游”的窘境：一面打人，一面被打。导游问题的急迫性和尖锐性使得导游不能再成为一个被忽视、被遮蔽的范畴。

导游的身份特质、形象的异化，旅游人类学学科发展的羸弱是导游研究中出现旅游人类学缺场的重要原因。基于旅游人类学研究中“人—人”关系的研究模式，导游与游客、导游与管理局、导游与旅行社、导游与媒体、导游与导游等五对重要关系是将导游纳入旅游人类学研究的重要内容（杨丽娟，2011）。

5.2.3　新型关系：旅游族群及驻客等

1. 旅游族群

在民族旅游“看”与“被看”的关系中，逐渐形成了一部分特殊的族群——旅游族群。

西方的旅游族群研究始于 20 世纪 80 年代，1984 年皮埃尔・L. 范登伯格与查利斯・F. 凯斯（Charles F. Keyes）首先提出了“民族旅游可以促发族群性的再创造”的观点。国外旅游族群性研究主要有五个方面：基于主客互动关系的族群性研究、基于文化认同的族群性建构研究、基于族群关系的族群性研究、基于外部依赖的族群性研究以及基于民族主义的族群性研究。国内关于旅游族群的研究，主要集中在对旅游目的地居民的族群意识、族群认同、族群文化的移植、族群文化的保护、族群关系的影响等。

2. 驻客

在东道主与游客之外还有一种“类中介旅游人群”，他们被称为“驻客”。这部分驻客离开原来生活居住的城市来到东道主社区长期居住生活，既不是游客，也不是主人，成为游离于游客和东道主的一个群体。云南大学的杨慧教授最早在旅游人类学的视野下对驻客作了定义：以休闲为目的，自愿离开家到某一个地方去参观、访问并长期居留，以体验不同生活方式的人。驻客并不是一个新兴群体，其都是由游客而来。后来，杨慧指导她的学生赵丽佳等人对丽江、大理等地的驻客进行了田野调查和研究，并对驻客作了进一步解释。“驻”在字面上有以下含义：一是旅游目的地的外来者；二是在旅游目的地相对较长时期地居留。“客”有几层含义：一是原来的身份是游客；二是现在客居旅游地；三是在身份上与“主”相对（赵丽佳，2009）。

有些游客在结束旅游后并没有返回原住地，而是在旅游之后驻留在旅游目的地生活，形成了与旅游目的地原住民不同的社会群体。大多数驻客都是旅游业经营者，但与一般经营者不同的是，做生意不是他们来旅游目的地生活的主要目的，而只是一种维持悠闲生活状态的手段。他们以不同于原来的生活方式生活，其生活空间也与旅游目的地居民保持一定距离。旅游目的地的环境为这部分游客提供了转换生活方式的可能，旅游经历和旅游体验促使他们主动地寻求理想的生活方式。驻客的迁移行为对所移居的旅游目的地产生了影响，导致了旅游目的地的文化变迁，并通过“异”生活方式的选择来重构自我认同及社会认同。

驻客的社会交往主要体现在与本地人之间的互动、与游客的互动以及驻客之间的互动上。迁入时间越长的驻客，与本地人互动越多。驻客会到房东家做客，参加当地的社会活动，参与当地的婚丧嫁娶。而迁入时间较短的驻客，与本地人交流较少，对目的地居民存在一些刻板印象。而驻客半休闲半工作的状态，容易得到游客的认可，与游客互动较多。驻客也乐意以主人的角色带游客到处游玩，并向游客传播东道主社会的文化。一般来说，驻客之间的互动范围与频率都较为有限，朋友圈较小，基本在10人左右。

作为一个特殊的人群，驻客对旅游目的地社会的文化带来了很大的影响。驻客作为文化的传承和传播者，带着迁移地的行为方式、思维方式、价值观念、生活方式、建筑风格、饮食习惯等一系列可见和不可见的外来文化元素进入旅游目的地，导致了旅游目的地文化的变迁。例如，在云南丽江，随着大批外来驻客的出现，驻客构建的喝茶、聊天、晒太阳、看书、发呆、听音乐的休闲文化氛围，已经超越目的地社会的文化。纳西文化不再是游客关注的焦点，而休闲文化成为了主导文化。这一现象在大理古城也同样明显，驻客的休闲文化超越古城的白族文化，人们来古城，主要目的不是寻找白族文化，而只是从繁忙的工作当中解脱出来找一个适合发呆、聊天、放空、晒太阳的地方。

5.3 其他社会关系及其互动

5.3.1 利益相关者的视角

1708年，《牛津词典》最早收录记载了“利益相关者”这一词条，用来表示人们在一项活动或一个企业中“下注”，在活动进行或企业运营的过程中抽头或赔本。1929年，通用电气公司的一位经理在其就职演说中首次提出公司应该为利益相关者服务的思想（刘俊海，1999）。20世纪60年代，西方国家出现了对传统主流企业理论股东至上主义的一种理论反思，利益相关者理论也是对西方社会所掀起的一系列社会责任运动的理论回应。此后，学者们从不同的角度对利益相关者进行定义。1984年，弗里曼（Freeman）在《战略管理：利益相关者管理的分析方法》一书中明确提出了利益相关者的概念。利益相关者，是能够影响一个组织目标的实现，或者受到一个组织实现其目标过程影响的所有个体和群体。弗里曼的定义，大大丰富了利益相关者的内容，使其更加完善。

随着旅游经济的发展，旅游业发展中涉及的利益主体日渐增多、复杂，利益相关者理论也被引入到了旅游场景的分析中，诸如旅游规划、旅游目的地的开发与营销、旅游企业的管理等领域。20世纪80年代中后期，国外旅游研究者率先将“利益相关者”一词引入旅游领域。索特和莱森（Sautter and Leisen）在前人研究的基础上，将利益相关者理论运用到旅游业中，他们认为旅游业利益相关者包括旅游规划师、本地商户、本地市民、积极团体、游客、国家商务链、竞争者、政府部门、员工。国内学者普遍认为民族旅游的利益主体是多元的，不仅包括旅游者、民族旅游目的地原住民、当地政府和旅游企业，还包括投资者、竞争者、媒体等。云南大学的吕宛青教授（2007）根据各利益主体与民族旅游联系的紧密程度，将民族旅游利益主体分为主层次利益主体和亚层次利益主体。张补宏和徐施（2008）则将民族旅游的利益相关者界定为以下这些组织、个人和群体：民族旅游目的地政府、当地社区、旅游者、旅游企业以及民族旅游关心者等五类。目前，国内相关研究主要聚焦于民族旅游经营者、民族旅游目的地社区及其当地居民等几个利益群体。

在利用利益相关者理论来分析旅游现象时，着重分析利益相关者的经济性，研究由于经济原因而产生的利益矛盾和利益冲突，对于解决旅游中的一些现实问题具有重要意义。但是，文化与经济、文化与政治之间的转换机理在现有研究中体现得并不充分，还需要以多学科的视野来进行分析和研究。

5.3.2　旅游场域的视角

在对旅游与文化的探讨中，人们发现旅游与族群文化变迁的互动关系并不是单纯的东道主与游客之间的关系。在政府主导旅游业的战略发展背景下，被卷入旅游活动的相关社会角色和社会力量，如政府机关和部门、旅游企业、旅游者以及当地社区的组织和居民等，都在旅游场域的平台上发挥着作用并深受其影响。

场域理论早已进入研究旅游现象的视野。在对布迪厄（Bourdieu）的众多概念和理论的译介和运用到中国的过程中，场域（field）是被研究和运用得最广的一个概念，涉及的范围也很广。其中，与旅游有关的场（域）理论研究是众多研究中尤其值得关注的一个领域。如果说权力场域、经济场域、政治场域和社会场域等是与布迪厄的哲学背景、社会研究有关，文学场域、艺术场域、文化场域和新闻场域等是布迪厄研究内容的一个扩大或在中国的具体运用，那么，旅游场域的研究：一是由于旅游业发展的特殊社会环境和特殊资本而兴起的；二是由于布迪厄理论和旅游环境的天然联系。在旅游业发展的实际过程中卷入的社会关系力量很多，也大都围绕旅游而展开，并且在旅游市场经济的作用下存在着不同的利益争夺；特别在民族旅游的场景中，民族文化资本在其中的地位更突出，旅游开发对民族文化变迁的影响力也更大。

很明显，作为游客、开发商、导游、当地人和政府相互作用、相互博弈的一个必然结果，旅游同样具备场域所应有的基本特点。只有从相互关系着手分析，才可能准确地把握住旅游的本质特性。许多旅游学家和旅游人类学家也曾经对其中卷入的诸种社会角色和社会力量及隐含在其中的权力因素进行过研究和讨论。但如果使用布迪厄的场域理论则更容易参透这一现象：具有极强扩散性和辐射性的旅游场域，是演示我群和他群之间的政治—经济—文化性差异及其互动关系的最好平台；族群（或旅游地居民）、旅游机构及游客、国家及其代理机构三者间的客观关系，也同样足以在这一游戏和竞争交织的关系网络之中得到最为充分的观察、描写和阐释。

对旅游场域的理论构建与运用研究，在国内始于2003年：光映炯在硕士论文中最早引入场域概念，并以丽江为例对旅游场域的含义、特征及理论的运用等问题进行了系统分析。此后国内进行了大量的相关研究。光映炯认为，旅游场域是指存在于旅游空间中的一个客观关系网络，或是卷入到旅游活动中的各种社会角色所形成的一种关系构型。旅游场域有五个特点：时空性、游离性、互动性、镜像性和经济性。时空性：指旅游场域应该具有时间和空间两个基本维度。游离性：指旅游场域的存在以客观关系为前提而不受制于任何具体的物理时空。互动性：指旅游场域的各个主体间存在的一种关系，这种关系可能是双向的，也可能是多向的。镜像性：指对旅游场域的分析要从与旅游活动相关的各种关系来思考旅游现象，旅游场域折射出了各种社会、经济、文化资本间存在的复杂关系。经济性：指旅游主体间以经济利益最大化为第一准则。

旅游场域围绕旅游活动形成和展开，而旅游场域中的最大动力就是围绕文化资本而搭建起来的旅游舞台。在旅游场域中，文化资本和经济资本一样都要服从政治资本的支配。政治资本、经济资本和文化资本三者之间会发生转换及相互作用，相应地各种社会资本的行动者围绕着各自的利益发生作用以获取相应的利益。第一，政治资本的主要行动者，通过经济资本的投入、吸收，加强政治权威和控制力（社会资本），获得经济利益，又通过文化资本实现文化一体化，推动文化的变迁，并获得经济利益。第二，文化资本的主要行动者则通过文化商品化来获取经济利益（或经济资本），同时传承文化、推动文化的重组和创新，并从政治资本那里得到政治上的合理性与合法性。第三，经济资本的主要行动者，通过对文化资本的开发、包装、利用来获取经济利益的最大化，同时，从政治资本那里得到政治上的合理性与合法性。如图 5-1 所示。

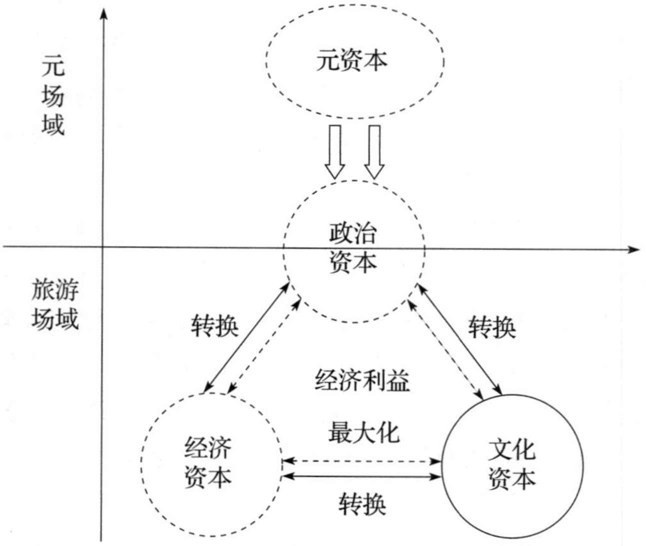

图 5-1　旅游场域的资本关系网络

资料来源：光映炯．旅游场域与东巴艺术变迁．北京：中国社会科学出版社，2012.

基于现代旅游活动，旅游业的发展规模已形成了具有独立意义的旅游场域。旅游场域是一个较为特定的概念，有着很强的理论含义和现实意义。

5.3.3 旅游移民的视角

国外旅游移民的研究起步于20世纪70年代末80年代初，该阶段的主要研究内容是旅游移民迁移的空间及时间、迁移动因、迁移的人类学特征等；80年代到90年代，研究的主要内容是旅游移民的职业转移特征、管理以及人力资本；90年代到现在，研究的主要内容是旅游移民的社会融合、社会认同、迁移适应环境的构建、旅游移民的社会影响、退休移民、生活方式移民、VFR旅游（个人和家庭事务旅游）、迁移模式、旅游移民在旅游地的行为等。而在研究方法上，经历了从定性研究到定量研究再到定性与定量相结合的转变。

旅游移民是目前西方旅游研究的热点，但国际上尚未对旅游移民的概念形成统一的界定。不同的学者根据自身的研究需要，从不同的视角出发，依据不同的划分标准，对旅游移民进行了分类。相比较而言，国内关于旅游移民的研究最近几年才刚刚起步，研究成果较少，主要包括旅游移民的概念、类型、特征、迁移动因，旅游劳工移民的行为特征，旅游移民的文化适应、移民归属倾向、社会融合、地方认同、地方依恋等方面。

旅游移民，是由于过去旅游经历或出于休闲目的，或由于旅游产业发展的需要而引起的外来人口在旅游地工作或居住超过半年的移民（杨钊，陆林，2005）。旅游移民与旅游者的主要差别在于时间差异和动机差异：旅游移民在旅游地停留时间超过6个月，且不排除旅游后留在旅游目的地工作的人群。

旅游移民作为边缘性群体，因旅游移民类型的不同，与东道主居民的社会交往程度也不同。同时，旅游移民与迁入地的当地居民交往程度随迁移时间的长短也有所不同：迁入时间较长的人，与当地人交往较为密切，交往频率较高，部分人群会参与当地人组织的活动，甚至会参与当地人的婚丧嫁娶；而迁入时间较短的人，社区认同度较低，社交活动基本在相类似的旅游移民之间展开，与当地居民交往较少，社会距离较大。

旅游移民的类型，大致可分为旅游劳工移民和旅游消费移民两种。旅游劳工移民，是旅游地以外劳工迁入旅游地定居并从事旅游工作超过一定期限的移民，具有异地性、长期性和职业性。旅游消费移民，则是基于以往的旅游经历和休闲需求，在旅游目的地购买房产的移民。除了异地性，旅游消费移民的主要特点在于消费性，其主要动机是出于休闲需要（杨钊，陆林，2005）。

近几年，除了旅游劳工移民和旅游消费移民外，出现了一种介于消费和工作之间的新的旅游移民类型——生活方式型移民，尤其在比较成熟的旅游目的地，如大理、丽江、凤凰、阳朔等风景优美、基础设施较为完善的地方更为突出。这些地方的共同点是不仅能满足迁移者对乡村田园风光的追求，还能为他们提供较为舒适的生活条件，吸引大量的城市白领移居于此。生活方式型移民的典型特征是他们的迁移动因主要是追求某种特定的生活方式。唐香姐、徐红罡（2015）将生活方式型移民分为退休移民、未退休度假型移民；而梁微（2009）从旅游企业主的角度，将生活方式型旅游小企业主分为类生活方式型、进取型、保守型。

此外，还有旅居者概念的提出。旅居者是芝加哥大学社会学系学者萧振鹏提出的西方移民研究的一个社会学概念，他认为旅居者是“一个在另一个国家度过很多年却没有被同化的陌生人”。其中，同化是理解旅居者含义的关键，其核心在于“是否分享共同的历史、经验与文化生活”。根据时间的长短，又可将旅居者分为长期旅居者和短期旅居者。以大理为例，一般而言，长期旅居者认为在大理的社会交往和原居住城市差异很大，在大理人际交往关系简单、淳朴和友好；而对短期旅居者而言，他们与其他群体的社会交往有限，具有高度流动性和匿名性，利益关系松散，身份标志物缺失，具有去身份化的特征。

可以看出，驻客、旅居者是与生活方式型移民相类似的两个概念，但也有差别：移民一般是为了追求更好的物质生活而背井离乡，而旅居者、驻客则是为了追求更自由的精神享受而远走他乡。

从旅游移民的角度来分析旅游场景中东道主—游客之外的社会关系，具有重要的现实意义。对旅游移民社区的研究，可以更多地关注目的地社区文化与民族文化的互动、交流、保护等一系列问题，更好地引导和培养旅游移民的地方归属感和认同感，推进东道主社区的和谐发展。通过对旅游企业中旅游移民生活方式的研究，可以发现旅游移民特殊的爱好、价值观和生存方式，并将其与旅游企业的经营和管理相结合，从而有利于旅游移民的日常活动和社会交往，实现旅游企业文化与东道主地区文化的共赢与稳定。

本章小结

人类学的研究关注“他者”和“我者”的二元相对关系，强调跨文化的研究方法。跨文化研究主要包括跨文化的研究视角和跨文化研究。旅游，作为一种跨文化交流的重要途径，围绕着旅游行为及社会活动而形成了最基本的东道主与游客即主客关系，这是旅游社会关系网络中最核心的关系。东道主主要指旅游目的地及当地居民，而游客主要是外来观光游览的人群，具有休闲的特征。由此产生了旅游者的文化和旅游文化。在旅游交往过程中，旅游者和东道主之间的文化背景等差异可能会导致“文化休克”。有关主客交往的研究一直为学术界所关注，研究成果也较多。而游客对旅游目的地所产生的各种社会文化影响也是旅游人类学领域的重要研究内容之一。

旅游地的其他社会关系参与者还包括政府、企业、导游等，以及旅游族群、驻客等新型参与者。政府是旅游业的宏观调控者，具有整合各种旅游资源、引导旅游市场良性发展、营造良好的旅游业发展环境等积极作用，但过多的干预也有其消极影响。旅游企业内尤其在民族地区的旅游企业或国际性旅游企业当中，存在着很多个人和群体的社会交往类型，因而采取跨文化管理往往很有效。导游与游客、导游与管理局、导游与旅行社、导游与媒体、导游与导游等五对重要关系是将导游纳入旅游人类学研究的重要考量，但目前研究内容较少。旅游移民，是由于过去旅游经历或出于休闲目的，或由于旅游产业发展的需要而引起的外来人口在旅游地工作或居住超过半年的移民。驻客，则是指在旅游目的地长期停留的外来者。

此外，在研究主客关系时，从利益相关者的角度又可将一些社会关系参与者分为民族旅游经营者、民族旅游目的地社区、民族旅游目的地居民；从旅游场域的角度又可将社会关系参与者主要分为政治资本的行动者、经济资本的行动者和文化资本的行动者。需要指出，旅游场域是指存在于旅游空间中的一个客观关系网络，或是卷入到旅游活动中的各种社会角色所形成的一种关系构型，是演示我群和他群之间的政治—经济—文化性差异及其互动关系的最好平台。

关键术语

跨文化（cross-cultural）

主客关系（host and guest relationship）

利益相关者（stakeholder）

旅游场域（tourism field）

旅游移民（tourism migration）

复习题

1. 旅游人类学领域的基本研究范式是什么？
2. 跨文化研究的内涵主要包括哪两个内容？
3. 旅游场域的含义、特征及研究意义体现在哪里？
4. 旅游活动中的相关社会角色包含哪些？
5. 什么是旅游移民？旅游移民的类型有哪些？分析旅游移民对旅游目的地社区的影响。

扩展阅读材料

“驻客”：“游客”“东道主”之间的类中介人群
——丽江大研、束河、大理沙溪旅游人类学考察*

一、何为“驻客”？

在现有的旅游人类学研究传统中，学者大多遵循着“东道主—游客”（Host-

* 杨慧，凌文锋，段平．“驻客”：“游客”“东道主”之间的类中介人群——丽江大研、束河、大理沙溪旅游人类学考察．广西民族大学学报（哲学社会科学版），2012，34（5）：44-50.

Guest）的研究范式，这一研究范式从本质上表明的是旅游人类学关注的常规研究对象，即或注重对东道主的考察，或侧重对游客的研究，抑或关注两者之间的关系探讨。而对于那些被排除在“东道主”与“游客”的分类体系之外的旅游人群的研究，则明显被学者们忽视了。在对这一特殊旅游人群进行持续关注与思考的过程中，经作者几番思索，根据这一人群在旅游目的地长期驻留的基本特征，笔者将其命名为“驻客”。仿照瓦伦·L. 史密斯关于“游客”的定义——“游客是指暂时休闲的人自愿离开家，到某一地方去参观、访问，目的是经历一种变化”，作者认为旅游人类学关注下的“驻客”应界定为以休闲为目的，自愿离开家到某一地方去参观、访问并长期居留，以体验和享受不同生活方式的人。

根据如上所做的定义，所谓“驻客”，首先从字面上来理解，“驻”有以下几层含义：一是旅游目的地的外来者；二是在旅游目的地有相对较长时间的停留。而“客”则有以下几层含义：一是原来的身份是游客；二是现在客居在旅游地；三是在身份上与“主”相对。因此，驻客在主流的“主-客”旅游二元语境中无明确归属，意义模糊，他们既不是游客，又不是主人，而且可以在两者之间随意转换，处于模棱两可的“类中介”身份；同时与通常讨论的一般移民也有区别，移民一般是为了追求更好的物质生活而背井离乡，驻客则是为了追求更自由的精神世界而远走他乡。

根据这一界定的理解，结合田野调查，作者认为，驻客具有以下特征：

首先，从驻客来源的角度看，驻客都是由游客转变而来，驻客在成为驻客前，都曾经以游客的身份，游览、访问过东道主社区。驻客一般都来自经济较为发达的地区，经济和人格上都高度独立，都是出于对悠闲生活方式的追求而选择居留于东道主社区。

其次，大部分的驻客具有高学历、高收入、高素质的特质。这些特质决定了他们所追求的不仅是一般物质上的享受，对回归自然、慢节奏的生活方式的享受，使得他们愿意放弃大城市的现代生活方式，与现代生活保持若即若离的状态。

再次，不同于普通游客短期租赁客房暂居的情况，驻客与东道主社区居民的交往通常还会涉及当地社区不动产方面的交易，从而使长期停留在东道主社会成为可能。

又次，驻客的根本特征是认同方面。由于文化背景、教育程度、语言、习俗、心理、生活方式等因素的不同，在自我认同上，他们都认为自己并非真正意义上的东道主居民，但也不认为自己是传统意义上的游客。

最后，驻客驻在当地除了像一般游客那样是为了体验另外一种生活方式，以休闲为目的外，根据作者的田野调查，同时还兼有工作、投资之类的因素，大多数驻客会在东道主社区开设客栈、咖啡吧、酒吧等，作为谋生的方式。

事实上，驻客并不是一个新出现的群体，早在20世纪80年代，中国旅游业蓬勃发展之时，国内一些旅游目的地就出现了一些由国外旅游者发展而来的驻客。这些被快节奏城市生活搅得身心疲惫的西方游客，在国内一些风景秀丽的乡村或小镇找到了休憩的港湾，他们以“他者的眼光”从当地人眼中习以为常的风景中发现特色，进而流连忘返，于是有了这些最早来自国外的驻客。休闲旅游陆续在阳朔西街、大理洋人街、丽江古城等地悄悄萌芽。进入21世纪，随着国内旅游的发展，观光型旅游向体验型旅游的转变，游客的旅游经历和旅游体验导致了一部分游客选择在旅游活动结束后，移居到旅游地生活，驻客开始出现。不过，正如上文提到的那样，对移居到东道主社区的驻客而言，经济原因并不是他们迁移的唯一原因，也不一定是主要原因，他们的迁移很大程度上是社会原因和文化原因所致。

二、旅游古镇中的驻客

2005年以后，大理—丽江这条旅游黄金线上的丽江大研、束河古镇，以及大理剑川沙溪古镇不断吸引着国内外的旅游者，而这些外来游客中有些人选择留在这样安静、古朴、贴近自然的古镇长期生活居住。

大研古镇最早的驻客应该是B先生（男，40岁左右），一位某高校的高才生。当年年轻气盛、愤世嫉俗，远离家乡到处流浪，在滇、川、藏之间辗转多年，最终选择落脚在大研镇，经营一间旅游工艺品店，长期驻扎在丽江。

还有内地某大学的年轻有为的Y教授（男，35岁），与他人在大研古镇合伙经营一间特色客栈，时而回内地工作，时而在丽江逍遥，休闲工作两不误。对于在大学从事科研工作的Y先生，丽江只是他工作之余，累了歇歇脚的港湾，享受和大都市不一样的生活，也只是暂时换一种活法。他不会与当地人建立较密切的互动关系，他周围的朋友多是与他一样的驻客。只要他感觉与其专业疏离和不敏感，他随时可以打道回府。

在木府附近，有一间工艺饰品店，这里面的饰品非常特别，充满了异国情调。漂亮、打扮时髦的店主F小姐（30岁左右），南宁人，自小就爱旅游，大学毕业后就浪迹天涯，走遍了祖国南北、世界各地，最后落脚在丽江。虽然选择留在大研镇，但一到旅游淡季，她就把店交给店员，到处游玩，习惯了每到一处都会去买一批饰品和工艺品回来，所以她店里的货与别人的不一样。

可见驻客身份可随心所欲地与游客变换，比游客有了更大的自由度和更广的空间。他们有的在职，有的放弃原先的工作，有的直接以旅游为职业，共同向往着宁静、慢节奏的生活，追求他们的梦想，更加充分体验与现代社会不同的生活方式。

三、驻客自我认同类中介的困境

驻客与游客不同之处在于，他们多半选择一个自己心仪的旅游目的地为据点，不断地自由出入旅游阈限中的类中介过程，从根本上说，这些因为旅游而发生暂时迁移行为的驻客，之所以离开都市来到乡村旅游地生活，与现代都市生活给人们造成的种种问题是分不开的。现代性是一把双刃剑，它在给人们带来舒适、便利和更多的选择性、可能性的同时，也导致了人类同自己本性的疏离、混乱和迷失。在现代社会中，工业生产和组织纪律打破并取代了传统。随着分类、秩序和合理化的加强，现代生活变得按部就班、单调乏味，且越来越快节奏。城市化带来了工作快节奏、环境污染、紧张压抑、生活压力大等问题。因备受“城市病”之苦而感到身心疲惫的人们，渴望哪怕只是暂时过上一种回归自然的简单生活，于是他们只好把怀旧的目光投向那些较少被现代文明污染的古镇和乡村。像大研古镇、束河、沙溪、西街这样的乡村旅游地，为身心疲惫的现代人提供了一个“避难所”，使他们可以暂时告别紧张压抑的现代生活，从城市的喧嚣和压力中解脱出来，回归宁静平和，对人生和自我进行思考和规划。

鉴于此，本文将“驻客”这一由现代旅游引起的高素质人口迁移现象置放在现代性与自我认同的关系之下来进行探讨。

旅游人类学关注的现代旅游，其本身当为现代性对传统人类生活渗透、侵蚀并与其相互交融作用的直接结果，人类学对其剖析与解释，窥一斑而见全豹，可为辨识旅游本质、反思并重建现代性认识提供难能可贵的契机。旅游人类学研究者身处的是一个由现代性统治着的世界。现代性消费着世界，发现着世界，殖民着世界，使这个世界得以合理化，还以科学和分门别类的方式认识世界。作者本文讨论中涉及的，无论是在大研、束河，还是在沙溪的那些先游客再驻客的旅游移民，他们身体力行的驻客行为本身就是现代社会中，现代性侵入人们的日常生活方方面面的真实写照。

尽管驻客行为作为现代人反叛现代性的典型表现，在为现代人带来更多自我实现的机遇，不过与此同时，它也给人们的自我认同带来新的挑战。以下，作者将以访谈案例呈现自我认同困境中的驻客生活。

个案 1　小九，男，27 岁，来自杭州，2007 年入驻束河

小九：大学毕业后我在湖北做过老师，在杭州做过广告摄影师，在武汉做过摄影记者，开过自己的小公司，在北京混过半年。应该说是大学毕业后“漂”了四年。

问：你在寻找什么？

小九：寻找我自己，因为我不知道我要什么，所以我一直在寻找自己想要的东西，尝试不同的城市、不同的生活，跟不同的人打交道。我也曾经想过放弃摄影这个行业，虽然自己很喜欢摄影，但是因为以前拍广告都是为别人服务的，那个圈子也是很复杂的一个圈子，人与人之间很难（有）真实（可言）。所以即使所做的工作是自己喜欢的、自己的专长，但是很多时候都无法从中获得乐趣。我觉得在束河，我是在尝试另外一种生活方式，之前从来不敢想过这种生活。在束河生活的这段时间是我从大学毕业到现在为止生活质量最高的半年，主要是指精神方面，我感觉现在比以前生活得更踏实了，因为在一个浮躁的城市里面生活有时会迷失掉自己，为一些所谓大众的生活目标去做事情，在这里会更多地关注一些本质的东西，而不是物质的东西。

像小九这样，生活在束河的80后驻客并不在少数。这些20世纪80年代出生的人与他们父辈相比，拥有更多的自由。这些年轻人会主动地追求适合自己的生活状态，他们也不认为自己一定要在某个地方生活一辈子，反而希望自己能体验更丰富的人生经历。他们不希望像父母一辈那样沿着固定的人生轨迹生活，而是想找到自己想要的生活。但是什么才是自己想要的生活呢？他们自己也说不清楚，就像小九所说的“因为我不知道我要什么，所以我一直在寻找自己想要的东西”。他们的社会角色、职业、生活方式和生活中的各种社会关系都处于不断的变化之中。这些变化为个体改变自我、发展自我提供了机遇，也给个体的自我带来了挑战，使得自我认同失去了稳固的基础。作为自由的个体，在社会价值多元化的时代，极易陷入自我认同的类中介困境之中。

个案2 鹏飞，男，30岁，来自珠海，2007年入驻束河

大学毕业后我抱着出来闯一闯的想法来到珠海，在珠海很长一段时间都没有找到合适的工作，后来看到肯德基招餐厅服务员我就去应聘了；在肯德基工作了差不多十年，从一个普通的服务员做到餐厅副经理；后来结了婚，有了珠海户口。但是两个人结婚几年了一直都是租房子住，2007年的时候珠海的房价已经涨到了每平方米13 000元左右，自己算算一个月4 000元的工资，一年下来连个厕所都不够买，想想自己在这个城市打工这么多年到现在什么都没得到。当时工作压力又特别大，感觉在那个城市里没有安全感，也没有归属感，常常觉得自己在工作中付出了很多，但是根本没有回报，于是开始对工作极度厌烦，甚至每天早上都不想去上班，后来就干脆辞职了。辞职后就出来旅游，想找个地方放松一下，在放松的过程中就想："人的一辈子活着的意义到底是什么呢？就为了打工赚钱？为什么就不能让自己活得轻松一点呢？"于是就想留在这边开个客栈，即使不能赚很多钱，只要能保证我的衣食住行能养家糊口就OK了。在这里至少能过上自主性比较强的生活。像我们这种实在是在大都市里待够了，出来躲一两年找清净的，估计躲一两年后也会找个地方想赚钱，但现在还不想，现在只想过自己想干什么就干什么的日子。

个案3 H先生，35岁，来自南昌，湖北荆州人，2003年入驻沙溪

2002年留学瑞士联邦苏黎世高等工业大学，自2003年起受聘于瑞士联邦苏黎世高等工业大学景观与空间规划研究所，后担任世界纪念性建筑基金会（WMF）“沙溪寺登街修复项目”负责人雅克博士的助手，后来成为瑞士沙溪复兴工程项目主管，主要负责国际慈善资金的管理与实施。在沙溪地方政府的积极配合下，顺利实施并完成了沙溪复兴工程。凭借在该工程中取得的优异成就，H先生先后获得世界纪念性建筑基金会的杰出工程实施证书（2003年）、联合国教科文组织亚太地区文化遗产保护卓越奖（2005年）以及2010年中国建筑传媒奖提名。

从2003年起，H先生就在大理剑川沙溪生活。尽管最初是因为工作他才到这儿的，但正是因为喜欢沙溪简单的生活，他才决定在项目完成后仍然留下，在沙溪就是为了可以边工作边享受生活。说到将来的打算，以及他在沙溪的身份问题，他

说从来没想过要成为当地人，认为再在这儿做多少事也不可能真的成为当地人，归根结底，他的根在别处，最终他还是会打哪儿来回哪儿去。

像鹏飞这样抱着“天生我材必有用”的想法，大学毕业后就到大城市打拼的年轻人比比皆是，但随着时间流逝，他们最初的激情在被都市生活渐渐磨平之后，便会对日复一日的重复工作越来越厌倦。此外，在大城市，他们不得不面对关于世俗的“成功”的残酷竞争，面对房价飞涨、住行艰难的城市生活窘境，他们对自己未来的工作和生活都看不到希望，长此以往，心中便产生了生活的无意义感，并对大城市没有安全感和归属感，于是选择逃离快节奏、压力大的城市生活，想要寻找一个能回归大自然、让自己心灵能够平静的地方，换一个环境，换一种生活方式，暂时过上一段类中介的相对自由宁静安逸的生活。现代性对于工具理性和管理理性的强调，成了自我认同缺失的重要原因。马克斯·韦伯将现代世界看成是一个自相矛盾的世界，人们要在其中取得任何物质的进步，都是必须要以摧残个体创造性和自主性的官僚制的扩张为代价。面对这种对自我认同的解构性力量，人们会发挥主观能动性来重构自我认同。但这一过程是非常痛苦和艰辛的。

以上在束河开店的驻客案例，给我们展示的是驻客由游客转换为驻客的一番心路历程。而在沙溪田野考察的案例中，拥有更多样化身份的驻客很多，他们力图摆脱现代性的束缚。当今世界，人们的物质生活不断改善，自由交往程度不断提高。但是，物质水平和交往程度的提高并没有真正使人们追求幸福生活的愿望得到实现，相反，却出现了诸如不断增强的主体意识与日益严重的主体虚弱感的矛盾、物质占有的丰裕与精神失所的矛盾、个体交往的广泛与孤独感不断增强的矛盾等问题。在现代生活中，很多时候人们不能确切地知道自己的生活价值和方向感。现代性为现代人带来了多变性和不确定性，在现代性的情景之下生活在不确定性世界中的人们，在物质欲望和消费主义盛行的环境中，在都市化的流浪、归属感的淡化中，在权威的不断消逝、身份感的不断模糊中……最终深陷于自我认同的类中介危机中。现代旅游情境下，像小九、鹏飞这样驻客群体的出现，正是由于不堪忍受都市生活里现代性施加的种种压迫，积极发挥其主体能动性，通过对生活方式与生活环境的转换，在对现代性有限度接纳或暂时性回避的同时，一并实现了对自我人生价值与意义的追求。不过，尽管驻客正是现代社会中生命个体对席卷全球的现代生活的拒绝与反叛，但令人深觉遗憾的是，驻客们想要极力摆脱的现代性枷锁并没因为驻客生活环境的变换而遭弃绝，恰恰相反，同时也颇具讽刺意味的是，驻客自身作为现代性类中介的产物，将其自身置于地方传统社会里，其实就是一种促使现代性进一步侵蚀传统社会、扩张其统治空间的行径。

四、驻客：尚未被正视过的类中介旅游人群

一直以来，旅游人类学视野所关注的一切论题，都是基于东道主与游客这两个基本人群接触所产生的一切关系之研究。这样做的结果就是否认了游客与东道主交融后的一种可能性，即驻客的真实存在，致使一些本来应该更加细化的研究得不到

合理的注视。

如果我们仔细考察先前基于东道主—游客研究范式所得出的那些研究过程与结论，尽管可能不是全部，但我们会发现有相当一部分的研究可以在东道主—驻客—游客的范式下发生改写，比如在推动东道主社区的文化变迁、涵化问题方面，不难想象，驻客与游客相比较，在与东道主的交往互动中具有更为持久、更加直接的影响力。因为那些驻客，大研、束河与沙溪才会成为今日之大研、束河、沙溪。那些在大研、束河、沙溪开店的驻客，不但因其自身的进入将其原城市的现代文明——从观念到语言到行动再到生活方式，带到了所谓发展滞后于外界现代社会的旅游社区，还凭借其在游客与东道主之间游离的特殊驻客身份，在发展旅游服务业的名义下协调、便利了游客与东道主之间的深入互动，同时也强化了自身的驻客类中介属性。正是驻客在游客与东道主之间的类中介特性，使得旅游人类学关于东道主—游客关系探讨具有转向新向度的可能。比如：驻客如何参与旅游目的地的建构；驻客与游客和主人如何互动；旅游目的地社区、文化变迁中驻客所扮演的角色，驻客的行为如何影响当地人；驻客的自我认同等。

毕竟驻客源自游客，所以在文化上、旅游体验上，驻客更容易与游客产生共鸣。一个明证便是，在大研、束河以及沙溪的田野考察中，能看到那些到达旅游目的地社区的游客，除游玩参观社区的自然人文景观外，多数情况下他们都待在驻客的店里，与驻客或其他游客相互攀谈、游戏，消磨时光；而不少驻客也乐意带着这些游客到处逛，驻客们很随意地就由驻客身份还原到游客身份；甚至于有的驻客每年还不时返回原来的居所地与家人团聚。驻客们的移动性是东道主无法比拟的一大特征，正因为如此，丽江大研、束河古镇以及大理剑川沙溪的外来驻客们，除了物理空间上能在外边、其他地方与东道主社区之间随意切换，他们在身份上也随情境不断地在准东道主/类东道主与游客之间，以及驻客与原居住地居民之间自由转换。在某种意义上，我们可以认为驻客在东道主社区的长时段居住生活，正是驻客在通过旅游手段自愿离开平常生活然后进入旅游生活这一生活模式的类中介状态，并长时段地处于其中。可以说，游客→驻客（准东道主/类东道主）→游客这样的身份游移模式，恰恰表现了驻客在现代性重压之下的主体能动性对于主体身份选择、建构所具有的特殊意义。

五、理解旅游与现代性：从类中介旅游人群边界出发

尽管试图将当前旅游人类学研究中清晰明确的旅游人群的游客、东道主二元性扩展为游客、驻客、东道主的三元共立，不过鉴于身份的流动性，以及驻客的类中介身份，将不过多强调驻客与游客、驻客与东道主之间的泾渭边界。而且驻客与游客、驻客与东道主之间的类中介模糊状态，恰好可以提供一个再认识旅游与现代性以及其他延伸出来诸多关系的新起点。正如美国著名人类学家维克多·特纳指出的那样：“这一中介状态或过程从根本上而言还意味着对前中介状态社会结构的诸多特性的否定，同时也是对另一种秩序的事物和关系的肯定。”

著名德国社会学家齐美尔认为城市生活的特征在于理性原则对生活各个层面的控制，个性化的生活受到限制，感性的生活受到压抑。他的学生韦伯将这种现代生活称为“铁笼”。驻客正是现代社会中生命个体对无所不在、不堪其扰的现代性“铁笼”的拒绝与反叛。尽管身为现代性的产物，但驻客们并非只是被动接受，主动选择了表面上看似逃避现代性“铁笼”而退让，并实际上以“自我退隐”的姿态，用旅游中的类中介生活方式来作为“保持社会距离和维护个体自我完好无损的手段”。驻客们身处游客与东道主、与旅游地原社区居民之间的类中介状态，恰恰是他们以旅游行动证明，尽管在现代性“铁笼”的阴影笼罩下个体对摆脱其控制似乎无能为力，但作为生命个体的人仍具有自由选择的可能。

第 6 章

旅游与真实性

- 掌握真实性的概念
- 了解旅游真实性研究的发展线索
- 掌握客观主义真实性、建构主义真实性和存在主义真实性的基本观点
- 理解真实性研究与商品化和现代性研究之间的关系
- 通过知识学习，能对旅游真实性研究的价值予以深入思考

6.1 旅游与真实性

旅游研究中的真实性（authenticity）问题是一个涉及旅游资源的开发与保护、旅游者的体验质量以及旅游业发展所带来的社会、文化影响等诸多方面的现实问题，其与文化商品化、新殖民主义、旅游展演、游客凝视等问题的研究紧密联系在一起，它一直都是旅游人类学和旅游社会学研究的重要内容。任何一门学科都有其基本概念，它们一旦被确立就应该被学科领域内的研究者们所认同。

然而，在旅游研究中，由于使用语境和范围的不同，旅游真实性成了一个有着众多解释而难以定论的模糊概念。正如泰勒（Taylor，2001）所强调的：有多少人就真实性著书立论，就有多少种真实性定义。一直以来，我们将更多的时间投入于区分真实（authenticity）与不真实（inauthenticity），问题的关键却是真实性并不是非黑即白，它更像是一条色彩丰富而又模糊的色谱（王宁，1999）。对于旅游真实性的认识也经历了从客观主义真实到建构主义真实再到存在主义真实的转变。从研究的重点来看，客观主义真实把真实性看作旅游客体本身所固有的一种属性，建构主义真实从游客与东道主的主客互动结构来理解真实性。存在主义真实则着眼于旅游者个体本身的体验来理解真实性。总体来看，真实性的研究总是与“商品化”和“现代性”这两个学术命题紧密地联系在一起。

究竟何为真实性？真实性究竟是文化商品化的产物，还是现代性背景下旅游者的朝圣？文化商品化是否会剥夺文化价值的真实性？在现代社会向后现代社会转型的过程中，与旅游者相对应的真实性体验又将发生何种变化？真实性研究的意义和价值何在？这些问题正是本章关注的核心所在。

6.2 真实性的内涵

6.2.1 何谓真实性

authenticity一词源于希腊语的authentes，意为“权威者”或“某人亲手制作”。在《新韦伯学院词典（第9版）》（*Webster's 9th New Collegiate Dictionary*）里，authenticity有original（原初的）、real（真实的）、trustworthy（可信的）三重内涵。在相关的英语表述中，真实性（authenticity）还有verisimilitude（逼真）、genuineness（真正）、authority（权威）、indigenous（本土）、primitive（原始的）等含义。在哲学研究中，authenticity最初由海德格尔（Heidegger）在《存在与时间》（*Time and Being*）一书中提出，认为“人的存在有本真状态与非本真状态”，本真就是本己的，本真的存在是常人的一种存在方式。

而据崔林（Trilling，1972）考证，authenticity一词最早是用于博物馆，用于

"鉴别博物馆所展示的艺术品是否与它们被宣称的一样，使得其价值与出售的价格相符"。英国文化遗产专家洛温塔尔（Lowenthal，1994）则指出，authenticity 表示与虚假（false）相对应的真正（true），与伪造（fake）相对应的真实（real），与复制（copy）相对应的原创（original），与欺骗（corrupt）相对应的诚实（honest），与世俗（profane）相对应的神圣（sacred）。贾法瑞（Jafari，2000）主编的《旅游百科全书》对 authenticity 的解释是：真实性是一种现代的价值观念和理想状态，其产生是由现代社会的非正式经历和疏远的人际关系所致。在汉语表达中，authenticity 一词有真实性、原真性与本真性三种对应的译法。在不同的语境下，三种译法均有可取之处。如，曹娟（2007）认为，在文化遗产领域，authenticity 是指文化遗产本身及其相关信息的原初、真实和可信，如果译成"真实性"，则缺失原初这重要一环；若译为"原真性"，原对应 original，真对应 real 和 trustworthy，即完整地传递了 authenticity 的三层含义。徐嵩龄（2008）指出 authenticity 的译名应体现原初和真实两个要点，"原真性"译法即原初的真实，较为契合。张朝枝（2008）总结认为，社会学界、民俗学界通常用"本真性"；文化遗产保护界常用"原真性"；旅游界常用"真实性"，以强调旅游体验。

6.2.2 旅游真实性的类型

在旅游研究中，历史学家布尔斯廷是真实性问题研究的最早发起者。在 1961 年出版的《镜像：美国伪事件导览》（*The Image: A Guide to Pseudo-Events in America*）一书中，布尔斯廷认为伴随着大众旅游市场的兴起、发展，旅游者追求的往往是一些舞台化的吸引物（staged attractions）、伪事件（pseudo-events）以及商业文化，真实性离旅游者也越来越遥远。在他看来，吸引物在本质上是现代的概念。在追溯了旅游吸引物一词的历史后，他把它们诋毁为毫无内在价值的衰落的文化形式，但又是极其畅销的旅游商品。社会学家麦坎内尔（MacCannell，1973）回应了布尔斯廷的观点，他将旅游者看作"寻求真实的疏离的现代人"，认为现代人的疏离促使他们去别处寻求真实的生活，他们追求真实的程度和深度取决于他们疏离的程度。麦坎内尔将旅游看作现代人应对现代性危机的一种手段，将真实性问题的研究与旅游体验联系到了一起，由此为旅游真实性问题的研究建立了一个宏大的研究框架，引发了学者们对旅游真实性问题的激烈讨论。此后，皮尔斯、特纳、布鲁纳、科恩、布朗、格林伍德、沙普利、王宁、格雷本、泰勒以及 Barthel-Bouchier、Grunewald、Healy、Sills、Stromacole、Reisinger 和 Steiner 等旅游人类学家和社会学家对旅游真实性问题的研究都给予了极大的关注。自 1961 年布尔斯廷揭开旅游中真实性的面纱，到 1999 年王宁（Wang Ning，1999）反思性地提出"存在真实性"的概念，真实性的研究视角从客观主义的真实性、建构主义的真实性、后现代主义的真实性拓展到存在主义的真实性。旅游真实性的概念分类及其观点见表 6－1。

表6-1 旅游真实性的概念分类及其观点

立场	客观主义真实	建构主义真实	存在主义真实
前提预设	旅游者追求的是客体意义上（toured objects）的真实	旅游者追求的是旅游体验（experience）的真实，其与客体本身的真实性密切相关	旅游者关注的是自我的真实（authentic self），客体真实与否并不重要
关注对象	伪事件；舞台化真实；文化商品化	旅游者的预期（perception）及类型；主客体互动关系；“渐成的真实性”（emergent authenticity）	超真实（hyperreality）；真实的再生产（authentic reproduction）；真实的虚假（genuine fakes）
代表人物	Boorstin；MacCannell；Trilling；Buck；Sharpley；Taylor；Wood；Greenwood等	Cohen；Moscardo；Bruner；Adams；Silver；Culler；Pearce等	Eco；Mccrone；Fjellman；Appadurai；Brown；Mcgregor；Grunewald；Wang；Resinger；Cary等
主要观点	真实性是旅游客体的固有属性，可以用绝对的标准衡量。这些标准可以量化	真实性并不是绝对的，是社会建构的，是旅游主客体间互动关系的产物。其与旅游者的类型、预期以及他们对于真实性的定义等有关	旅游者追求的是自我的真实，真实性与旅游客体本身无相关关系，凡是对主体产生意义的体验都可以被认为是真实的

1. 客观主义真实（objective authenticity）

此观点认为，真实性是旅游客体（对象）本身所固有的、客观的一种属性。真实性与传统材料、传统工艺、原始性（传统风格）等外在特征以及制作的时间等因素紧密关联，原住民制作与非商品也往往成为衡量真实性的重要指标。科恩（Cohen，2007）提到法国旅游者抱怨部落村民用塑料杯取代本地竹杯的现代化现象。莱辛格与斯坦纳（Reisinger & Steiner，2006）则以印度尼西亚村庄为例，描述了携带随身听的男孩是如何破坏旅游者对“落后、蛮荒、纯净”的前现代想象的过程。吉尔里（Geary）通过对欧洲中世纪遗物、遗迹的研究，认为当时对其真实性的判定有两个要素：(1) 它称得上是奇迹吗？(2) 它吸引了大量的朝圣者吗？西博德（Theobald，1998）认为，真实性意味着真的，没有掺杂的、实实在在的事物，真实的自然环境是：(1) 原汁原味，没有污染；(2) 碰到其他游客次数、人数低于所认为的“可感知的承载力”。布鲁纳（Bruner，1994）总结了真实性的四重内涵：(1) 对历史逼真地再现；(2) 真的（genuine）、尊重历史的与准确无误的仿真；(3) 与复制品相对的原物；(4) 权威或权威化的力量、认证以及法律认可的真实性。联合国教科文组织在判定某地点或某事物是否有资格被列为世界文化遗产时，也将真实性同外形与设计、材料与实体、用途与功能、传统与技艺、语言、背景、精神与情感等联系在一起。

2. 建构主义真实（constructive authenticity）

建构主义真实论者认为，旅游中的真实性是被建构出来的，其既包括旅游客体（物体、事件、行为等）的客观真实性，也包含旅游者的想象、旅游开发过程中不同利益主体权力博弈等要素。布鲁纳（Bruner，1984）认为传统的旅游体验真实性很难解释现代旅游体验的现象，旅游经营者可根据旅游者的期望、想象、偏好、信仰等设计景区与组织活动，以达到真实性效果。沃尔（Wall）等在研究中国海南黎族的竹竿舞表演时发现，黎族舞蹈演员通过表演，重新设计了传统竹竿舞的表演形式，这种文化商业化行为带来了可观的经济效益，改善了当地的贫困状况。霍吉斯（Hughes，1995）认为旅游真实性是由各种旅游企业、营销代理、导游解说、动画片制作者等生产、制造的。作为建构主义真实论的代表性人物，科恩（Cohen，1988）提出了“渐变真实”（emergent authenticity）的概念。在他看来，某些最初可能只是为了迎合旅游者需求的创造品（事件、工艺品、景观等）随着时间的推移会逐渐融入地方文化中，从而被旅游者接纳为真实的存在。布鲁纳（Bruner，1994）将真实性的内涵区分为四类：逼真性（verisimilitude）、真实性（genuineness）、原创性（originality）和权威性（authority），认为真实性并不是一成不变的，其可以被复制创造和模仿。王宁（1999）在详细梳理了真实性概念的发展史后，将建构主义真实性的基本观点归纳为如下五点：（1）不存在绝对而静态的本源真实或原物真实，因为人们都是社会的过客，文化永远处在过程之中；（2）原创物或传统自身也会应现时之需而被发明或建构；（3）真实或失真取决于人们的偏好、视角与解读，即对于同一客体的真实性，不同旅游者看法不同，即便专家举证出客观的失真，也无法影响旅游者移情式的真实体验；（4）真实性体验是标签，反映客源地社会对其文化的刻板印象和期待；（5）最初被认为失真或虚假的事物，会随时间的流逝而渐变真实。

3. 存在主义真实（existential authenticity）

存在主义真实论者将真实性看作游离于旅游客体本身的一种存在。存在主义真实性的产生与后现代消费的符号特征是紧密联系在一起的。正如坎贝尔（Campell，1987）所说：“幻想和期盼是现代消费主义的一个重要过程，人们并不从产品或他们实际购买和选择的服务中寻求满足，相反，满足源于期盼，源于一种想象愉悦的追求过程，现代消费追求的是一种想象的享乐主义（imaginative hedonism）。在后现代消费中，消费者除了消费产品本身外，更在意这些产品所代表的符号意义与价值。”在此背景下，旅游客体本身的真实性亦被其所象征的意义淡化。在《拟像与拟真》一书中，鲍德里亚（Baudrillard，2001）以迪士尼乐园为例写道：“对于大众而言，迪士尼的世界就是美国的‘真实世界’，乐园不再是美国建造的一个游乐场，美国反而成为了注脚乐园的现实场所。”艾柯（Eco，1986）在游历了美国国家博物馆和迪士尼之后，也迷惑而饶有意味地写道：“在国家想象中，游戏与幻觉的边界已经消失，对真实的狂执催生了对虚假幻觉的支持力量和结构性创造，真的不能再真的结果是：完全真实的自我确认被‘绝对的虚假’代替。”在存在主义真实性中，旅游者早已不再关心和重视旅游景观本身的真实，而转向追求旅游体验的享受和娱乐，这种追求可能是不真实甚至是超真实（hyper-reality）的。旅游者追求的是自我的本真，而非文化的真实。正如汉德勒和萨克斯顿（Handler and Saxton）所强调的："一段真实的经历是旅游者感到自己接触到真实的世界，同时在这一过程中发现真实的自己的一种经历和体验。"

在相关研究中，与存在主义真实相联系的还有虚拟真实（virtual authenticity）、定制化真实（customized authenticity）、后真实（post-authenticity）等概念。塞尔温（Selwyn，1996）进一步区分了冷热真实性的概念，认为：冷真实（cold authenticity）是对真实世界的认识，以知识为基础；热真实（hot authenticity）则是与真实的自我相联系的感觉。王宁将存在真实性分为内省真实性（intra-personal authenticity）和人际真实性（inter-personal authenticity）两个维度。前者针对个人，指身体主观或感官的正面体验，以及自我塑造与自我认同的积极体验；后者针对群体，指一种反结构的"共睦态"（communitas）体验。

6.3 文化商品化与舞台真实

6.3.1 文化商品化与真实性

1. 商品化

按照阿帕杜莱（Appadurai，1986）的说法，商品化（commoditization）是这样一个过程：在贸易网络中，事物（与活动）的价值开始由其交换价值来衡量，并因此变成商品（或服务）。西方学者对文化商品化的警醒始于艺术品的商品化。1936年，瓦尔特·本雅明（Walter Benjamin）在《机械复制时代的艺术作品》一文中从"美"的批量生产切入，准确预见了20世纪后半期以来人类所面临的消费困扰，并指出真实性既是工业进程的伴生现象，亦是极端个人主义的产物。按照人类学的理论，商品化是一种过程，在此过程中，传统社会的文化被用于买卖，进行消费。

商品化，还特指一些本不应该进行商业化的行为。在人类学和社会学早期的研究中，其一度是一个"肮脏"的字眼，意味着文化的贬值。商品化导致了许多原本不应该进行开发的自然和人文资源被大肆开发，被大量生产和出售以迎合大众的文化消费心理。人类学家为此忧心忡忡，担心传统文化因此而失去内涵，不再具有神圣的意义。另外商品化甚至还会导致传统文化的变异和消失。

作为旅游中真实性问题研究的最早发起者，布尔斯廷（Boorstin，1964）认为伴随着大众旅游市场的兴起、发展，旅游者追求的往往是一些舞台化的吸引物（staged attractions）、伪事件（pseudo-events）以及商业文化，真实性离旅游者也越来越遥远。在《文化能用金钱来衡量吗?》一文中，格林伍德（Greenwood，1977）以人类学家特有的悲天悯人的情怀诘问：文化可以被视为一件商品吗？旅游业只不过把一个民族的文化包装后，连同其他资源一起拿去出售。但我们知道，在任何地区如果没有文化，当地人就无法生存，所以旅游业正对人类施加一种前所未有的挑战。为此，格林伍德还以西班牙巴斯克地区的阿拉德仪式为例予以说明。在他看来，商品化使得这一仪式成为了一种为金钱而进行的舞台表演，这一做法完全破坏了该仪式原来的内涵与真实性。“把文化当作商品展示，对政府来说只需花几分钟的时间，而这一做法却把具有 350 年历史的传统仪式毁于一旦。”为了迎合旅游者的消费需求，旅游目的地不得不采用舞台化的方法以扮演出“异域的”“传统的”“古老的”“真实的”角色。这些现象被旅游社会学家和人类学家界定为“无深度文化”、旅游的“迪士尼化”和“麦当劳化”、“假事件”（pseudo-events）、“传统的凝固”（the freezing of traditions）、“后时髦现象”（retrochic）等（杨振之，2006）。旅游业发展中的这种依赖性最终发展成为一种不平等的关系。在《金色部落：国际旅游与休闲边缘》（*The Golden Hordes: International Tourism and the Leisure Periphery*）一书中，特纳（Turner，1975）和阿什（Ash，1975）提出了“中心对边缘的控制理论”，认为旅游反映了核心国与边缘国之间的不平等关系。纳什（Nash，1977）将其称为是“帝国主义形式的旅游”。

2. 商品化与文化变迁

旅游活动不仅是一种文化活动，同时也是一种经济活动，而这些文化活动反过来又更加促进了经济的发展。从这个角度来看，旅游要产业化，就必然要商品化。从文化学的角度来看，一味地讨论文化是传统的，这本身也是不可取的。实际上所有的文化都在不断变化着。任何一种文化都不可能被孤立地传习和冻结式地保护。文化不仅处在一种历时性的传统中，而且处在一种共时性的生境中。对于历时性的传统，我们不应该看作一条单向延续的“线”，而应把它看作与现代和未来的种种发展可能相交叉的“网”；其共时性的生境，也不会是一个封闭的单一的“圈”，而是一种和相关文化、相关生态互相影响或互相作用的动态系统。没有一个文化是可以被原封不动保存的。单纯地谈论文化的传习与保护无疑将面临各种尴尬。在后来的真实性研究中，人们逐渐认识到了这点。在《旅游中的真实性与商品化》一文中，科恩（Cohen，1988）以辩证的立场，探讨了商品化的利弊，并提出了“渐变真实”的概念，将旅游中的文化商品化归为文化变迁的必然过程，曾经被视为“失真”的事物，可能会随着时间的流逝逐渐被认可为“真实”。在他看来，商品化对文化的冲击通常不是发生在文化的繁荣期，而恰是发生在其衰退期。至于衰退，则是由先于旅游的外部力量所导致，在此背景下的文化商品化，反而有助于文化的复兴。沙普利（2016）在谈到“本真性与文化商品化”问题的时候，提出要注意几点。首先，由于经历和期望不同，不同的旅游者对本真性有不同的认识和理解。大部分旅游者会采取一种比人类学家更宽容的态度和宽松的标准看待旅游中的本真性。因此，许多文化生产形式，不管是物质产品还是表演，尽管是为游客需要而被创造的，游客仍将其视为真实的。其次，旅游引起的文化商品化往往保护并改造了当地的传统和本真文化。而且，文化本来就是不断发展、有多种表现方式的。再次，决定将文化商品化的权力一般不在于消费者，而在于生产者。也因此，奥尔森（Olsen）公开呼吁放弃对真实性的讨论，在他看来，讨论“谁有权力决定真实？哪些真实？哪些虚假？”这些问题才有意义。布鲁纳（Bruner，1994）提议，与其接受不经推敲的“孰真孰假”之二元对立，不如去解读社会实践中真实性的不同含义，看看人们怎样视客体为真。而这些问题正是人类学家需要重点关注的。

6.3.2 舞台真实

在旅游人类学的研究中，与真实性研究紧密联系在一起的还有展演（performance）理论和舞台真实（staged authenticity）理论。

“文化展演”（cultural performance）一词最早出现于辛格（Singer）《一个伟大传统的现代化时刻》（*When a Great Tradition Modernizes*）一书。在书中辛格提出文化展演不仅包括人类的语言交流，而且包括非语言性的交流，如歌舞、行为和艺术等具有多种艺术要素的族群文化。在《日常生活中的自我呈现》（*Presentation of Self in Every Life*）一书中，美国社会学家戈夫曼（Goffman）系统深化了展演理论的研究。戈夫曼（2008）在研究社会互动时将社会比作一个大舞台，人们都在其中扮演某个角色，进行角色表演。表演过程中每个人都进行着“印象整饰”（impression management）。戈夫曼进而将人们表演的区域划分为前台和后台。前台是人们正在表演的区域，后台是人们为前台表演做准备而不想让观众看到的区域。

麦坎内尔借鉴了戈夫曼拟剧理论中的前后台观点，并将其引入旅游研究，提出了舞台真实（staged authenticity）理论。麦坎内尔也将旅游景观系统（旅游区域）划分为前台和后台，认为：前台是旅游者与旅游服务人员接触和交往的开放性空间，后台是指为前台表演做准备的封闭性空间。为了保持前台的真实性，就必须塑造后台的封闭性和神秘感。值得一提的是，麦坎内尔并未对舞台真实理论进行过多的阐释，在继承戈夫曼拟剧理论中的前后台观点的基础上，麦坎内尔批驳了历史学家布尔斯廷的观点，在他看来：“布尔斯廷的研究简单地落入了对旅游者和非旅游者（旅行者）的区分，其并不能解释现代条件下旅游阶层的扩大，更不能解释社会结构中的游客与社会变迁间的关系。”相比较而言，麦坎内尔更加关注“人们（旅游者）为什么要追求真实”这一基本问题。在他看来，现代性的进步恰恰取决于它的不稳定性和不真实性。现代社会使虚假性变成了制度化的内容并广泛渗透于价值观和物质文化的各个社会领域。“现代性将工业社会的内部结构，如工作日、真实的生活、真实的细节展示出来，和其他的吸引物一起编织成一个团结的社会结构。现代人要打破自己现存的真实生活，同时又要去追求和迷恋其他地方的真实生活。”因此，现代人沦落到了不得不到别处去确定自己的真实，每个人都加入到了寻找真实性的符号大军中，并且“只有那些力图摆脱日常生活的羁绊，开始懂得‘生活’的现代人才会有本真的经历和体验。一个人在日常生活中陷入越深，他就越会想起存在于他处的现实和本真”（MacCannell，1976）。以舞台真实理论为基础，麦坎内尔对大众旅游现象的缘起进行了深入思考，进而建立起旅游与现代性之间的关联。人类学家纳尔逊·格雷本也吸纳了麦坎内尔的观点，他将旅游看作“神圣的旅程”和现代的仪式。在他看来，现代人外出的目的，主要是为了经历精神上的洗礼。

现代性把人们引入了一个前所未有的压力和意义危机中，旅游的出现正是化解现代的结构性矛盾的一种制度性手段。在现代性的语境下，旅游是一种“现代仪式”，是当代人的“鸦片”（王宁，2008），或为人们对现代性所带来的生存危机、社会危机、经济危机和精神危机等诸多病症的一种回应，是解决现代性所带来的相关问题的一剂良药。旅游使人们在短暂的解脱中释放对现实的不满和怨恨，消除日常生活中的不适，在现代社会中发挥着减压阀的作用，是一种在现代性危机之下游客对精神和本真性的追求。麦坎内尔的舞台真实理论的提出，开辟了一种基于现代性语境之下来研究真实性问题的全新视角。在现代性理论的审视之下，真实性的研究开始与旅游者体验联系到了一起，真实性的研究也得以从客观的真实走向建构乃至存在主义的真实。

6.4　旅游真实性研究的发展

回溯中外旅游真实性研究半个世纪以来的发展历程，从客观主义真实到建构主义真实再到存在主义真实。真实性概念经历了一个从具体的客体意义上的真实到具有更多主观色彩的想象的真实的变化过程。真实性的概念始于物质客体，逐渐转移到社会建构上并与认知和意义联系起来。

今天，当我们重新审视旅游中真实性研究的历史轨迹，对客观主义、建构主义和存在主义的真实，很难说孰优孰劣，它们各自仍有其应用价值。建构主义者的观点为我们开启了一扇思考真实性与话语权力间关系的门，扩展了真实性研究的领域。在解释后现代社会的权力关系结构以及旅游者深层次的旅游动机时，存在主义真实显然比前两者更具说服力。虽然客观主义真实是一种以专家学者的眼光对文化客体的认知判断，但其仍旧承载着概念价值，其对于文化旅游资源的开发与保护仍然具有重要的理论和实践意义。横向比较三种真实性观点，可发现三者均有其合理性的一面。正如莱辛格与斯坦纳（Reisinger & Steiner，2006）所说：后现代论者声称旅游者不怎么关注真实性，假如这是对的，那么关注客体真实性就是浪费时间，因为没人在乎；建构论者说真实性是社会建构的，假如这是对的，那么客体真实性作为一种现象就是可塑的、不稳定的、无法达成共识的，那么它对于未来的研究和知识建构就毫无意义；现代论者（即客观论者）认为真实性是旅游客体一种客观的、可衡量的品性，假如这是对的，那么它应该很好识别，也就不必要考证研究了。一直以来，由于对真实性的本质认识一直游移于主观与客观之间，正如科恩（Cohen，2007）所说，“将真实性解构为旅游客体的真实和旅游体验的真实，这两种真实所关注的问题的焦点是不同的”。客体的真实更多的是从东道主的角度出发，关注旅游所带来的社会文化影响，如文化商品化、文化的多样性保护等问题。旅游体验真实性的研究，则是从游客的视角对旅游者行为进行符号意义上的解读，并将其与全球化、人的异化等更深层次的社会现象联系在一起，具有极强的综合性。

事实上，旅游真实性研究的视角一直摇摆于主位研究与客位研究之间，将旅游真实性的评判主体仅仅局限于旅游者无疑显得过于狭隘。国内外的文献综述早已表明，从学者到市场人员（政府、旅游开发商等）以及旅游者和当地居民都对真实性表现出了浓厚的兴趣。科尔（Cole，2007）通过对印度尼西亚东部的长期调查，建设性地提出应从政府、游客、村民三个视角来考察真实性，那种认为文化商品化导致副效应的想法仅是客位观点，且经常是欧洲中心主义的，因此，学者应超越真实性与商品化，去质询诸如权力与文化的交攘、欠发达国家的边缘人群对旅游的策略性应用及其过程等问题。在区域文化旅游资源的开发实践过程中，社区居民、旅游开发商、旅游者以及专家学者各利益主体对真实性的认知和价值诉求本身就不一致，如表6－2所示。

表6－2　基于不同主体认知视角下的旅游真实性价值诉求

价值诉求	主体立场	衍生问题
保护文化的多样性	专家学者	文化的商品化问题
提升旅游者体验质量	旅游者	文化的传承与变迁问题
发展社区经济	当地居民、政府	社区参与旅游发展问题
创造更具吸引力（真实性）的旅游产品以增加企业收益	旅游开发商、企业	旅游景观的设计及活动的组织；景区的管理问题；旅游产品的宣传、营销及策划问题

当地居民：作为文化的享有者，基于自身特定的文化生境，他们创造了丰富多彩的物质、精神文化。在区域旅游开发过程中这些文化元素通过完成符号化而被搬上舞台向旅游者展示。在这一过程中，当地居民实际获得的经济收益、社会收益以及文化自豪感、自信心将直接决定其对本民族文化符号化的态度。

旅游开发商：旅游开发商关注的是认识论意义上的市场真实。他们对当地居民所创造的诸多文化元素进行裁剪、肢解、删减和包装，完成文化旅游资源的符号化过程。他们总是倾向于选取最容易被市场接受、最吸引旅游者而且能最多地获取效益的那部分文化元素开发。因此，一些观赏性和体验性较强的显性文化，如服饰文化、饮食文化、歌舞文化、节庆文化等通常总是最先被搬上舞台，并被强化和发展。与此同时，隐性的文化的信仰内核却被逐渐淡化。这一过程完全改变了文化生存发展的环境和方式。

旅游者：对于大多数旅游者而言（尤其是大众旅游者），他们所追求的是价值论意义上的真实。大多数旅游者在旅游过程中更多的是追求美感、新鲜感、解脱感和自豪感，他们所追求的是一种象征意义上的想象的真实。由于旅游者具有不同的知识背景、旅游经历、旅游预期，所以他们对真实性的评价标准很难统一。

专家学者：他们对于文化真实性的要求较为严格苛刻，偏重于强调文化本体的真实。他们排斥对民族文化进行变更的行为，对文化商品化通常也持保留的态度。专家学者在文化旅游资源的开发过程中发挥着举足轻重的作用，他们掌握真实性的话语权，承担着真实地诠释和表达一个地区、一个民族文化的任务。这种表达不仅引导着旅游开发商的开发行为，还直接影响到旅游者对文化真实性的态度。他们的学术观点往往还会成为政府决策的依据。

在区域旅游业发展过程中，不同主体从各自的立场出发，彼此联系、相互作用，共同塑造了一个纷繁复杂的旅游真实性体验的现象世界，如图 6－1 所示。

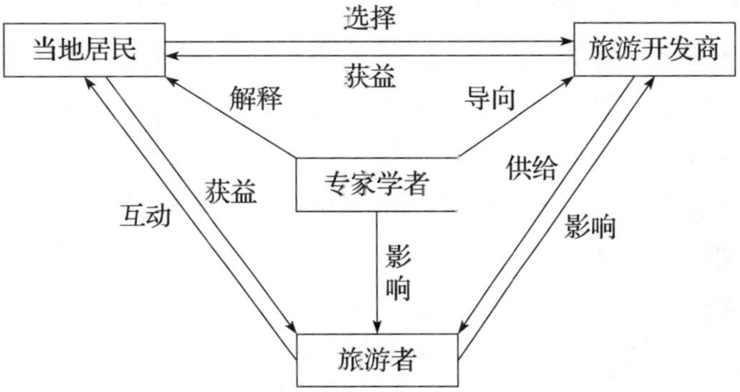

图 6－1　旅游真实性体验的多元主体互动关系

一直以来，旅游真实性研究中的一个最基本的问题为我们所忽略，即：我们为什么要研究真实性？旅游真实性研究的意义何在？难道我们对真实性的研究仅仅是为了定义何为真实性？抑或是为了区分真实与不真实，乃至进一步罗列两者间究竟存在多少种真实？旅游真实性研究的意义显然并不止于此。研究者们要思考的问题是：究竟是哪些因素破坏了旅游客体的真实性？面对同一旅游客体，不同旅游者体验到的真实性却不相同，影响因素是什么？高明的文化商品化与低俗的文化商品化其分野何在？在发展旅游的语境之下，学者们的研究任务并不是千方百计地去定义和控制客体的真实性，而是要通过真实性相关理论的研究，探讨如何将其运用于解决区域旅游业发展过程中的实际问题；思考如何通过场景的设计、活动的组织将旅游者的预期放到另一个世界中去以创造一个迷人的“梦幻的真实”（Taylor，2001）。以此来看，在诸多的旅游真实性研究成果中，关于旅游真实性影响因素的研究无疑就显得极具价值了。在这方面代表性的研究如：盖茨（Getz，1998）研究了影响节庆旅游体验真实性的因素，认为节庆旅游的真实性受到社区的控制、文化本身的内涵以及旅游者的预期的影响。哈伍德（Halewood，2001）以维京人的遗产旅游为研究对象，得出了旅游客体（文化）被消费的场所及其生产的时间影响到旅游体验的真实性的结论。怀特（Waitt，2000）分析了旅游者的社会人口学特征（年龄、居住地、生活状况等）与真实性体验之间的关系。亚当斯（Adams）和布朗（Brown，

1996）以多个案例说明了旅游过程中主客体间的互动关系对于旅游者真实性体验的影响。雷维利亚和多德（Revilla & Dodd，2003）发现游客从外观、文化的内涵、生产地、购买难度和价格五个方面鉴别墨西哥土特产品的真实性。贝勒哈桑等（Belhassen，Caton，Stewart，2008）研究发现朝圣旅游（pilgrim tourism）真实性体验与旅游者的行为、信仰以及体验客体的社会意义有关。这些研究成果无疑是极具实践意义和价值的。

本章小结

旅游真实性的研究自布尔斯廷和麦坎内尔以来，至今已有近50年的发展历程，从研究视角上看，旅游真实性的研究同时涉及旅游人类学和旅游社会学两种学科视角。从研究的重点来看，客观主义真实把真实性看作旅游客体本身所固有的一种属性，建构主义真实从游客与东道主的主客互动结构角度来理解真实性，存在主义真实则着眼于旅游者个体本身的体验来理解真实性。

真实性与文化商品化和现代性研究密切相关。基于商品化的视角，真实性研究往往与自然和文化旅游资源的开发与保护问题联系在一起。从现代性的角度出发，真实性则与旅游者体验联系在一起。在现代性的背景下，人们不得不到别处去寻找真实，这种真实已不再是物的真实，而是自我的真实。

整体来看，真实性的研究始于物质客体，逐渐转移到社会建构上并与认知和意义联系起来。在汗牛充栋的旅游真实性研究成果中，我们更应该关注“旅游真实性研究的意义何在”这一基本问题。要通过真实性相关理论的研究，探讨如何将其运用于解决区域旅游业发展过程中的实际问题。

关键术语

真实性（authenticity）
舞台真实（staged authenticity）
客观主义真实（objective authenticity）
建构主义真实（constructive authenticity）
存在主义真实（existential authenticity）
渐成的真实性（emergent authenticity）
商品化（commoditization）
伪事件（pseudo-events）

复习题

1. 何谓真实性、客观主义真实、建构主义真实和存在主义真实？
2. 真实性与文化商品化及现代性之间是什么关系？
3. 旅游真实性研究的意义是什么？

扩展阅读材料

谁的真实性？
——泸沽湖的旅游凝视与本土认同*

云南丽江市宁蒗彝族自治县永宁乡落水村是泸沽湖最早参与到旅游开发当中的社区，村民参与程度高。旅游开发给落水村带来了巨大的经济变化，使其从云南最贫困的村落跃居成为“丽江十大富裕村”之一。落水村居民以摩梭人和普米族为主，辅以少量汉族家庭。摩梭人的民俗风情是泸沽湖地区的旅游吸引力建构的核心要素之一。2004年成立的丽江市泸沽湖省级旅游区管理委员会负责云南一侧泸沽湖的旅游开发与管理工作，其官方微博将泸沽湖的地方特质定义为“完美的自然生活环境，独特的摩梭风情文化”。

网络上对泸沽湖的推介、营销和游记，也常离不开强调“真实”二字。“畅游泸沽湖女儿国，探秘真实的摩梭人走婚”“绝遇泸沽湖，走近摩梭人的真实生活”“真实的淳朴”等类似字眼随处可见。真实的摩梭人生活、真实的地方特色与景观、真实的民俗习惯成为建构泸沽湖旅游吸引力的符号。权威门户网站关于泸沽湖的攻略中，“远古、原始，淳朴、至诚，独特、信仰，纵情、探秘”这些话语成为泸沽湖真实性的代名词，在现代性的语境中，成为与现代人相对立的他者的真实存在，被转化为最具有独特性和差异性的旅游吸引力。

为了迎合游客对泸沽湖前现代社会和异域他者的想象，媒体、导游与本地人合谋制造出一套供游客消费地方的方法。摩梭人最隐秘、最“害羞”的“走婚”被移植到公共空间，游客消费本地人的走婚故事成为来到泸沽湖的必备节目。摩梭男性在面对游客时刻意夸大自己的走婚经历，使自身文化中的感情生活最大化地区别于汉族人的婚姻制度，一方面“哄游客高兴”，一方面彰显我者身份。此外，在旅游市场语境中发明的新的文化传统，例如跳甲搓舞时的抠手心、爬花楼表演、摩梭家访中对文化的解读等，使母系大家庭制度中的走婚文化可以部分地搬上舞台，让原本位于当地生活后台最私密之处的文化制度能够被短暂停留的游客看到、参与到，增强游客在泸沽湖的旅游体验。

而本地人在向游客讲述夸张的个人经历、奇异的民俗风情和为游客消费而新发明的传统之时，多少也带着点戏弄游客的意思，一位落水村旅游经营者这样描述道：“我家客栈的服务员永珍卓玛，喜欢装傻。某些游人总是问：你家有电视吗？她回答：没有。问：你知道电脑么？答：不知道是什么东西。问：我从北京来，首都北京，你知道么？答：北京是什么地方，没听说过。同样，我发现当地的年轻人莫不如此，似乎这种抵触变成了带着强烈自尊色彩的游戏。永珍卓玛的总结是：把我们

* 魏雷，钱俊希，朱竑．谁的真实——泸沽湖的旅游凝视与本土认同．旅游学刊，2015（8）：66-76.

当傻瓜，还不是一样把你们当傻瓜。摩梭朋友阿客次儿曾问我：难道你们想看我们穿着草裙跳舞、吃生肉才觉得高兴吗?”

在民族文化旅游开发的过程中，虽然经受了现代化的洗礼，但当地的摩梭人普遍认为，这并非意味着他们会失去民族身份。正是在与其他文化的交互之中，族群意识和族群身份才得以觉醒。丽江摩梭文化研究会会长曹建平在接受丽江电视台的采访时说：“做摩梭文化的传承保护工作，我自己作为一个摩梭人，首先是义不容辞的责任，但是，我们过去也没有这种意识，实际上，能够唤起我这种保护文化的自觉行为，也是源于跟各界的朋友接触以后。……每一次出去，外边的人都觉得你是摩梭人啊，大家都认为很稀奇，就对我们的文化非常感兴趣。我自己不觉得，我觉得没什么不一样的。但是在别人那种异样的眼光和别人的误解当中，我就觉得我们自己应该站出来说话，来做好自己文化的保护传承，要做好自己文化的宣传。”

对于摩梭人来说，真实就是日常生活的琐碎实践：旅游接待、柴米油盐、农业生产、礼节仪式、宗教信仰和地方发展。摩梭文化的真实性伴随着依附于摩梭人身份之上的生活方式的变迁而处于流动的状态。而摩梭文化的真实性和泸沽湖的地方性就是依附于摩梭人身份之上的文化实践和地方实践。

本案例中游客所凝视的真实性，是多方利益相关者协商建构的真实性，是社会建构的结果。从游客客位的视角中解读，真实性是原始的、非商品化的文化呈现，是脱离现代社会商品逻辑的社会状态。与游客不同，泸沽湖的摩梭人所理解的真实性是一个动态的概念。本地人希望能够通过借助旅游发展的机会，使族群能够更好地在现代性与传统之间找到一条属于自己的族群发展道路。对于他们来说，真实性就是依附于民族身份的文化实践与地方实践，是一个动态、开放的过程，不应当被游客的“真实性凝视”所束缚。

第 7 章

旅游与凝视

- 理解旅游行为中视觉优先传统形成的历史路径
- 明晰旅游凝视概念的诞生、发展及其相关的争鸣
- 了解游客以及东道主通过照相机以及照片结成的多重关系

7.1 旅游·观光：视觉优先

对于离开日常生活环境，自愿到异地休闲或体验异文化这一类行为和活动，我们通常把它叫作旅游（tourism）或旅行（travel）。在国际学术界与其含义近似的概念，还有旅行（tour）、旅途（journey）、航游（cruise）、观光（sightseeing）、旅（tabi）等。尽管这些词汇和概念的文字来源不同，但它们都从不同角度表述了“离家外出旅行/旅游”这一行为和现象，当然彼此在具体指涉范围上多少也有所差别。在普通人的日常话语中，甚至是在学术界，它们都常常被混用。学术界也公认难以在概念和定义上为其分别下一个准确定义，确定出公认合理的范围。更为重要的是，所有这些词还不约而同地隐含了“旅游/旅行/观光”这一行为现象是以观看、凝视为前提的。

7.1.1 观光词义辨析

直接从汉字字面上体现“离家外出旅行/旅游”行为视觉特征的，尤以“观光”一词为首。“观光”二字源于中国古代《易经》中观卦爻辞“六四，观国之光，利用宾于王”（即仰慕观赏一个国家的文治武功，有利于其成为君王的宾客和辅臣）。在当今中国社会，通常把观光、旅游二词合在一起使用，这里的“观光”几乎与“旅游”表述内容相同，可以理解为瞻仰怡人的景观，从而获得精神上的放松和愉悦。但是国内单独使用“观光”这两个字来指代“离家外出，体验异文化，获得身心愉悦”这一行为现象却远远没有“旅游”二字使用频率多、范围广。大家更偏向于把观光旅游理解为蜻蜓点水似地“到此一游”，或者是跟随旅游团的表浅团队游；而把自由行、背包客、穷游等自由随意，深入了解旅游目的地风土人情，不时还伴有冒险意味行为的旅游方式叫作旅行，甚至在网络上出现了关于“旅游”和“旅行”二者区别的讨论。

在产业化背景下追求休闲娱乐的旅游在日语里叫作“观光”或“旅行”。与中文不同的是，在日本语言中“观光（観光）”才是概括“旅游/旅行/观光”行为和现象的最重要词语。在古代从中国传入日本，并伴随日本社会历史发展而形成的日本汉字中，主要用“旅（tabi）”“旅行（ryokou）”“观光（観光 kankou）”三个词来表述“离家外出旅游/旅行”。其中“旅”在日语中读音为“tabi（たび）”，当代多指像古代人那样，基于某种信仰的离家出游。① 在日本最具权威性的词典《广辞苑》里，旅行的定义是“徒步或依靠交通工具，主要以观光、疗养为目的，离开家

① “旅”，其起源主要有两种普遍公认的解释。其一，离家外出奔赴目的地的行进过程中，需要借助他人的厨房炉灶做饭，即借“他火”（发音相同，tabi）。其二，来自日本民俗学家柳田国男提出的“旅就是寻求给予”，即古代的人们因为不能背负足够的粮食出游，所以一边口念“給べ（tabe）”向沿途路人乞食，一边往目的地前进。当时，人们把这样且行且乞的人，连同他们的行为一同叫作“tabi”（祖父江孝男，1976）。

前往其他地方的行为”。而观光则沿用《易经》中的解释，指“到其他国家或地方，观赏自然风景、历史遗迹或人文景观”。

虽然日文汉字中分别也有“旅”和“游”这两个字，却没有二者合一构成的“旅游”一词。我国学界中常用的旅游学、旅游人类学、旅游地理等学科名称和分析概念里的“旅游”一词，在日语里完全由“观光（観光）”二字替代，即在日语里把以上学科称为观光学、观光人类学、观光地理等。而“游客”一词在日语中则被称作观光客。我国台湾地区和日本一样，一般不说旅游，而多用观光、观光客。

除了以上汉字对“观光”二字的解释之外，英文里 sightseeing 一词也直接体现了旅游的可视特性，sightseeing 分解成 sight＋seeing，可直译为“景观＋观看”。牛津词典中把 sightseeing 定义为“作为游客造访有趣或悦目场所的行为”，即几乎等同于我们常说的旅游/旅行/观光。因此，我们可以知道古今中外言及旅游/旅行/观光这一范畴时，往往蕴含了视觉优先的本质基础。

7.1.2 凝视概念的形成及其概念阐释的多样性

在人体的所有感觉器官中，眼睛提供的视觉自古以来就因其突出的优势而一直拥有至高无上的地位。今天人们常说的“百闻不如一见”“耳听为虚，眼见为实”无疑都在强化视觉优于来自其他感官的身体感觉。在欧美文化历史上，“视觉中心主义”更是留下了重要一笔，其甚至被誉为孕育了哲学。

1. 凝视概念的形成

美国现象学家乔纳斯（Jonas，1954）在题为《高贵的视觉》的论文中详细地说明了视觉是通过三大特征来区别于其他感官的。首先，视觉经验的产生具有同时性。眼前看到的一切都是同时存在并有序展现于此。不同于听觉和触觉，视觉的活动无须依赖时间的连续，它是在一瞬间完成的。其他的感官则要求一个伴随时间行进的、连续经历事件的过程。其次，视觉区分于其他感官的第二个特征是动态的中立，即人们在观看某对象的时候可以不用与之拥有某种关系。被看的对象不必通过直接作用于观看者来让自己被看到。最后，视觉区分于其他感官的第三个特征是，空间距离能使视觉的前两个特征得以实现。视觉是理想的距离性感官，也是唯一的距离性感官，这一优势就在于它不需要观察者与对象之间的接近。在结语中，乔纳斯不仅重复了以上特征，并把视觉抬高为最高贵的感官，而且概述了视觉与诸多哲学论题之间的一致性：视觉的这三个特征，每一个都可以作为哲学的某些基本概念的基础。①

因此，在人类思想史上，视觉常常被看作优于其他的身体感官，并能用于真理性认识的高级器官。长期以来，尤其是在西方社会，视觉隐喻往往运用于那些具有

① 如视觉产生呈现的同时性赋予了持续的存在观念，变与不变、时间与永恒之间的对比观念。动态的中立立场赋予了形式不同于材质、本质不同于存在以及理论不同于实践的观念。空间距离还赋予了无限的观念（Jonas，1954）。

启示意义和真理性的认识，从而形成了一种“视觉无所不在”的形而上学观点，一种被称为“视觉中心主义”（ocularcentric）的传统。视觉中心主义曾在西方哲学中长期占有核心地位，并且为“视觉政体”的形成提供了基本框架（Jay，1993）。马丁·杰（Martin Jay）提出的视觉政体是指在视觉中心主义的认知制度下，视觉对象的在场与清晰呈现。简而言之，即对象的可见性成为唯一可以信赖的参照标准，并以此类推，将视觉中心的二元等级划分延伸到认知活动以外的其他领域，从而在观看与被观看的辩证分析中建构一套有关主体和客体、自我和他者、主动与被动的二分体系，而且将这一体系运用于社会控制和文化实践当中。然而，这一二元结构的弊病不仅在于它主观臆断地让看与被看双方对立，观看主体先天性地优于被观看对象，还时时表现出对归为低级事物的抑制和贬低。因而，这种结构不只是一种分类学，更是一种主体建构与主体生产的技术，是一种社会和文化的“全视机器”（all-seeing apparatus）（吴琼，2006）。

2. 凝视概念阐释的多样性

进入19世纪以来，伴随着工业革命在整个欧洲和北美地区的广泛兴起，现代科学技术加速发展。摄影技术的发明（1839年），现代绘画的发展（20世纪初），电影的出现（19世纪末），以及电视（1926年）等现代传媒的诞生，使得这些借助现代科学技术的影像文化依次渗透到我们日常生活的方方面面。视觉中心主义所彰显的看与被看无处不在并相互交织在一起，同时进一步全面唤醒了哲学对视觉的重新思考。哲学家们质疑视觉由来已久的高贵性，反视觉中心主义的言说倾向成为新的主流。与约翰·厄里（John Urry）之后提出的游客凝视中的凝视（gaze）概念相类似，西方现象学、存在学、精神分析等各领域的学者们针对凝视从不同角度作出解释和阐释。让-保罗·萨特（Jean-Paul Sartre）、拉康（Lacan）和福柯（Foucault）等后现代哲学家无疑是其中的重要人物，他们的观点成为后来研究视觉文化、凝视的重要理论渊源。

法国存在主义哲学家让-保罗·萨特早在1943年就在其名著《存在与虚无》中用“看”（the look）作为关键词来说明主体（观看者）意识到他者（被观看对象）不仅是主体观看的客体，当他者视线转向原来的主体（观看者）的时候，他者（原被观看对象）也成为一个主体。简而言之，“我”借他者对象化来肯定自己，之后他者又将“我”对象化来肯定他自己，如此循环形成相互对象化的人际关系循环。即视阈不可能被某个个体独占，在社会群体共生的环境下个体必须与他者共享，人的身份乃是凝视的产物。

拉康在让-保罗·萨特对“看”的表述基础上重新定义了“凝视”（regard/gaze）。1964年2月19日到3月11日，拉康在有关精神分析的四个基本概念的演讲中，针对“凝视”作为一种对象进行了精彩分析。“在我们与事物的关系中，就这一关系是通过视觉方式构成，而且被组织在一些表征性的形象中而言，总有某种东西在不断地滑走、脱落并被传送，从一个舞台到另一个舞台，并总是在一定程度上逃避躲进了这种关系——这种东西就是我们所说的凝视”（Lacan，1979）。拉康所定义的凝视与眼睛无关，就凝视的结构而言，凝视始终处于一种三元关系中：主体（观看者）、可见对象（被观看者）和来自他者的、不跟可见对象重合的凝视。就其效果而言，凝视的介入使主体在欲望的功能中维持自己的存在。拉康强调凝视的先在性，即“惯于被看”（given to be seen）相对于“被看”（seen）的先在性。“惯于被看”意味着，不管主体是否愿意，是否意识到，他注定要被观看。因为该先在性无所不在，因而被排除出了意识。因此，凝视并不是主体对自身的一种认知和确认，而是主体通过他者对其欲望进行捕捉，是在“惯于被看”的先在性影响下，主体在他者凝视中的一种自我定位。

福柯有关凝视的阐述贯穿《疯癫与文明》（1961）、《临床医学的诞生》（1963）和《规则与惩罚——监狱的诞生》（1975）三部著作。福柯阐述了三种不同的凝视，它们分别是精神诊疗学的凝视、临床医学的凝视和现代社会的全景敞视主义。但是福柯却没有下明确的定义和以独立的章节来具体表述什么是凝视。其实，福柯是在这三部著作中通过对精神病人、医生、监狱、学校等的考察来进一步论证其对当代资本主义社会里微观权力（micropowers）运作的命题，揭示权力依赖专门机构有针对性地生产高度专业化知识，并无处不在、时刻在压制和驯服社会运作，控制（监视）我们的日常生活实践。凝视被福柯认为是有效治理国家的权力技术手段。刘丹萍（2007）借用当年学者对福柯的理论进行抽取的研究结果，初步勾勒出福柯的凝视理论的基本要义：第一，作为一种观看方式，凝视是人的目光投射，是凝视动作的实施主体施加于承受客体的一种作用力。第二，在现代社会，凝视是有形的、具体的和遍在的，凝视象征着一种权力关系，它是一种软暴力。第三，权力不仅意味着压制，更意味着生产。因此，作为权力发挥作用的关键组成部分之一，凝视也具有启发性、促进性和生产性。

凝视理论不仅被上述的后现代哲学家讨论，该理论还逐渐拓展到文学、文化、种族、女性主义等研究领域，多用来解释两个或更多团体之间，抑或主客体之间的权力关系。如 1975 年，劳拉·穆尔维（Laura Mulvey）在英国电影理论杂志《银幕》刊登的著名论文《视觉快乐与叙事电影》。在文章中穆尔维用精神分析法考察叙事电影中摄影镜头如何被操纵以满足男性视线凝视而使观众获得愉悦，女性在镜头下被贬抑为“被男性观看的客体”；文章还讨论了摄影机、观众、男女性别之间的权力博弈关系（Mulvey，1975）。该文被誉为对电影中的视觉性问题以及女权主义研究的杰出著作。萨义德在其名著《东方学》（*Orientalism*）一书中，通过解读西方后殖民主义文学作品来分析东方主义，即西方再现、重构甚至发现东方的过程。这些文学作品有人们熟悉的福楼拜（Flaubert）的游记、康拉德（Conrad）的《黑暗之心》（*Heart of Darkness*）、但丁（Dante）的《神曲》（*Divine Comedy*）等。在作品中，西方人凝视东方人的目光充满了西方的道德价值观，以及对东方的偏见。作品中折射出一个原本不存在的、被扭曲的东方（萨义德，2007）。

如上所述，源于视觉优先的凝视理论，历经几个世纪的嬗变，被广泛运用在哲学、电影、艺术、旅游等领域。纵观诸位哲学家、文艺评论家的理论著作，尽管大部分论述都采用了凝视（gaze）一词，但在不同研究领域和不同语境中，根据使用者的不同，其理论立场、隐喻内涵也各有千秋。不过它们却具有一个共性，即都不仅仅局限于凝视这一源自观看者主体单向投向客体对象的、全神贯注地注视或观看之单一本意。

7.2 旅游与凝视

众所周知，在旅游学、旅游人类学、旅游社会学研究中，厄里提出的旅游凝视（tourist gaze）[①] 是一个非常重要的理论概念。厄里受福柯的医学凝视论（medical gaze）的启示，于1990年出版了《旅游凝视》一书。该著作从旅游目的对象何以形成的视角出发，深入分析了旅游与大众社会的关系，为研究现代社会提供了新的舞台。该著作于2002年、2011年分别又出版了第二版、第三版的修订版本。

7.2.1 旅游凝视概念的诞生及其含义

厄里的凝视理论建立在福柯的凝视理论基础上，即与福柯在《临床医学的诞生》中关于医生凝视的阐述一样，旅游凝视也是被社会性、制度性地建构起来的，只不过旅游凝视的建构过程是以另一种规则进行。同时，厄里明确说明自己讨论的主题与医生凝视不同，其关注的核心在于人们为什么以及如何短时期离开工作地和日常居住地去旅游度假。厄里尤其用严肃（serious）和娱乐性（pleasure）两个词来严格区分医生凝视和旅游凝视所指涉的主题之不同。即旅游凝视给人以愉悦之体验，而医生凝视则代表权力、监视、控制和权威等。

1. 旅游凝视概念的诞生

厄里从历史社会学的角度出发，通过考察英国海滨度假地的盛衰来呈现旅游凝视的变迁轨迹。19世纪后半期，铁路交通的发展而催生的大众团队旅游日渐增加，代表了旅游民主化的发展，旅游者之间的区分渐渐变少，而关注选择什么地方去旅行的重要性愈加显现，并形成了前往不同度假地的多个游客阶层。不同阶层人群的凝视直接作用于场所的选择。其中，海滨之所以能成为凝视的对象，厄里认为是源于：（1）温泉疗养小镇的大量出现；（2）英国拥有广阔的海岸空间；（3）经济上可自由支配收入的增加；（4）劳动时间减少、长期休假、带薪假期等劳动条件的改善；（5）浪漫主义思潮的兴起推动了感性地观赏、感受自然景观的风景旅游的发展；（6）交通条件的大幅改善等。正是这些多方面的要素社会性地建构了投向海

① *The Tourist Gaze* 一书被译为《旅游凝视》、《游客凝视》或《观光客凝视》，而作者 Urry 也被译为“尤里”或“厄里”，在此根据英文原版以及相应的中文、日本翻译版本，分别选用“厄里”和《旅游凝视》的译法。

滨的旅游凝视，才得以让英国工人阶级有组织地大量向海滨度假地聚集，英国普通工人劳动阶层的团体旅游行为成为大众旅游的核心。然而，从 20 世纪 70 年代开始英国海滨度假地却急剧衰退下去。厄里把其原因归为“旅游凝视的一系列结构变化”。他以灯塔码头、塔为例来说明随着人们日常生活的变化，这些以往意味着统治了大海和天空的非日常的景观丧失了其独特性魅力。另外，娱乐中心的设施陈旧，露营地的大量减少，电视机的出现，以及伴随许多城市限制工业化发展而导致的海滨度假地越来越趋同，使得大部分海滨度假地已经不再对游客具有吸引力了（Urry，1990）。

2. 旅游凝视概念的含义

厄里借用英国海滨度假地兴衰的大量事例来考察游客凝视在变迁过程中的时代背景和社会文化状况对凝视形成的社会影响力，并在此基础上讨论了劳动、景观、后现代、社会性别、历史以及真实性等多方面的内容。厄里把旅游凝视的性质主要归纳为以下几点：（1）旅游是一种休闲活动，它与有规律、有组织的工作相对应。在现代社会里，工作与休闲被组织成两个彼此分离又有机结合的社会实践领域。（2）旅游关系包含了空间移动与滞留，即人们到达不同的新目的地（未必仅限一处），并在那里停留一段时间。（3）旅游是前往日常居住和工作地之外的异地，这样的停留往往是短暂的，并最终以回家为心理指向。（4）游客凝视的旅游目的地与有偿劳动无关，通常与工作（包括无偿劳动）场所有明显的差别。（5）现代社会相当多的人会从事旅游，为了应对旅游凝视的大众性特点，新型的社会化力量逐渐发展起来。（6）人们选择期待产生愉悦的地方作为凝视的对象。这种期待往往被各种各样的非旅游物，如电影、电视节目、文学作品、杂志和 DVD 等建构起来并强化。（7）旅游凝视指向与日常经验区分开来的自然风景和城市景观。（8）旅游凝视是通过符号建构起来的，而旅游就包括收集这些符号。（9）众多与旅游相关的人员聚集在一起，不断对供游客凝视的目标进行再生产。旅游凝视取决于两种事物之间的相互作用，即一方面是凝视对象在被提供过程中产生的利益竞争，另一方面则是潜在游客中持续变化的不同代际、社会性别、年龄、喜好等（Urry，Larsen，2011）。

虽然自 1990 年《旅游凝视》第一版出版发行开始，其构建的旅游凝视理论就受到广泛关注，并引起激烈的讨论和多方学者争议，但是对究竟何谓旅游凝视、旅游凝视何以能够成为分析现代大众社会的分析手段却长期没有明确的界定。对其原因，学者们有以下认识：王宁（1999）认为厄里的旅游凝视是同现代性相联系的社会性组织系统化了的观察世界的方式，是现代社会与文化实践培训和建构的产物。安村克己（2004）认为厄里将理论的核心置于社会结构和时代背景是如何投影于游客的视觉关注上，而没有把凝视作为旅游中的一种实际个人行为进行正面分析。刘丹萍（2007）则把厄里的旅游凝视看作一种隐喻的说法，是将旅游欲求、旅游动机和旅游行为融合并抽象化的结果，代表了旅游者对地方的一种作用力。李拉扬（2015）在回顾《旅游凝视》原作和梳理相关理论的基础上，认为厄里阐述的凝视还包括“注意（关注）”这一内涵，即厄里强调的是“凝”而非“视”，并指出旅游凝视的价值在于旅游体验的实现途径而非目的。其实，厄里在实际隐喻表现中并没有强调观看之行为，而一直强调的是“大众旅游是由社会建构”的核心。

7.2.2 有关旅游凝视理论的批判与争议

厄里提出的旅游凝视理论自诞生开始就成为旅游研究的一个重要分析工具，然而其理论一直受到学者们来自不同立场的批评和争议，并进一步发展形成了与该理论相关的诸多新观点。在此，将对厄里旅游凝视的质疑进行梳理，大致可以分为以下几个方面。

1. 当地人凝视的缺失

厄里的旅游凝视只强调游客对旅游目的地的文化和居民的单向凝视，并暗示游客与东道主处于“主动、支配—被动、被支配”的二元对立关系中，尽管厄里从人文关怀的角度认为当地居民总是不得不接受来自游客的负面影响（Urry，1990），但可以说他的第一版《旅游凝视》几乎完全忽视了被凝视对象客观存在的主体性。事实上，旅游目的地居民也会反向凝视游客，他们积极主动地表现自己的态度，并直接采取相应的对策，进而影响游客投向目的地的目光以及游客自身的旅游行为。在国外关于当地居民反向凝视的众多研究中，最为著名的当属下面这两篇论文。社会学家茅斯（Maoz，2006）通过研究到印度旅游的以色列背包客与当地居民的交往，提出印度从业者也在凝视着“一群自以为是、到处乱闯的疯子”，来自东道主社会的当地人凝视与游客投向旅游目的地的视线，二者交错形成双向凝视，进而引发东道主和游客的行为和态度都发生了改变。人类学家吉勒斯皮（Gillespie，2006）以观察游客（摄影者）和当地居民（摄影对象）之间的互动为研究背景，指出印度当地居民如何反向凝视游客并直接作用于游客的行为。这些研究都无疑在证实，当地居民在旅游凝视中并非如厄里所表述的那样仅仅处于“被观看”的被动地位，他们会积极回应并做出相应的举措，甚至左右游客旅游活动的发展。

2. 旅游凝视单向度分析的局限

除了对厄里旅游凝视理论中当地人凝视的缺位提出质疑以外，学者们还注意到旅游凝视应当是旅游业各相关利益主体的凝视，是旅游活动中各个主体之间被社会性建构的目光投射（参见本章“扩展阅读材料”）。概括众多学者提出的旅游凝视分析视角，其不仅是游客凝视，还包括当地人凝视、游客间凝视、专家凝视、隐性凝视、第二种凝视、质疑凝视等。鉴于上文对当地人凝视已有较为详细的介绍，以下就游客间凝视、专家凝视、隐性凝视作一个简单的综述。

游客间凝视是指在任何一个旅游场景中，旅客的视线除了投向旅游目的地的人文/自然景观之外，还会有意无意地凝视其他游客。在关于云南元阳地区梯田景观的摄影旅游研究中，在考察游客之间交流旅游信息、气候状况和摄影知识的背景下，学者提出了先行的摄影爱好者对后期抵达的游客以及潜在游客，在出游动机、景点选择、交通方式等方面都产生了极其重要的影响，并且游客间的互动关系也不断推动着旅游行为的延续发展（Sun Jie，2010）。另外，游客之间的相互凝视和影响不仅可以是直接面对面一一对应的，也可以通过现代传媒达成。屋宜（Yagi，2001）通过分析旅游博客，也阐述了游客之间存在的互相凝视和相互影响。

吴茂英（2012）认为专家凝视是指公共部门"掮客"的凝视，旅游专家和政府相关部门的工作人员通过旅游规划、推广、营销等调控手段，不断选择性地建构着可供游客凝视的文化符号，并指出其与厄里提出的游客凝视的社会性具有一致性。然而，仔细分析来看，考察专家凝视，不能笼统地把学者与政府混为一谈。因为学者的意见未必完全能被政府采纳，同时政府主导的旅游开发，也很难完全以学者建议为指向。尤其是早期的旅游人类学研究，多以关注旅游对东道主目的地产生的负面影响为主要研究内容，学者们往往站在旅游开发的对立面，向政府谏言或向过度的旅游开发发出警告。因此，应当把专家凝视再细分为学者凝视和政府凝视更为妥当。二者既有协同合作的案例，也存在剑拔弩张的对立。

隐性凝视即麦坎内尔阐述的第二种凝视（MacCannell，2001）。麦坎内尔提出游客不仅凝视存在的、可视的对象，而且也直接折射出人们隐性的欲望和诉求。第二种凝视来源于游客自身所处的社会文化背景以及他们过去的生活经验。他们试图通过到异地旅行，凝视他人的生活方式，提醒自己理想与现实的差距，并为满足自己的欲望而展开新一轮的凝视追求。例如，这几年异常火爆的国人出境旅游，人们漫步日本街头，常常在欣赏日本的传统建筑，体验文化习俗的同时，联想起这些都是来源于古代中国，而在当代中国不少已经不见踪影，从而引发"自豪"和"遗憾"的双重矛盾心情。即人们通过对两个国家的比较，视线并非投向旅游目的地，而是回顾自己的日常生活场景。

布鲁纳（Bruner，2005）受麦坎内尔的启发，提出了质疑凝视的观点，即游客并非全盘接受旅游专家、开发商所构建的旅游凝视符号，他们往往会质疑这些符号所传达的信息的真实性，并提出自己独特的见解。遠藤英樹（2001）通过分析世界文化遗产地奈良的案例，指出作为旅游形象消费者的游客，通常都会根据具体的不同旅游场景，在接受旅游形象的同时并与之进行"交涉解读"，进而每个游客眼中的旅游形象与原初相比，多多少少都呈现出些许差别。在任何一种旅游中，游客总是按照自己的认知和理解对旅游形象、凝视符号进行解读，而解读的结果往往会直接影响游客对旅游活动以及旅游体验的满意度。

3. 对福柯医生凝视理论的误用

厄里的旅游凝视源于福柯的医学凝视。在1990年出版的《旅游凝视》中，厄里一再强调旅游凝视是"社会组织化和制度化的"，这是厄里仿效福柯提出该理论的本质基础，也是唯一的参照依据，然而他没有明确提出究竟什么是旅游凝视。其理论本身的暧昧性、不确定性也是导致后期学者们发出种种质疑的原因。安村克己指出，福柯言及的医学凝视是临床医生对病体进行认知式的凝视、诊断与治疗，凝视即是医学知识，其代表了权威性和专业性。因此，旅游凝视若不是特指旅游专家的凝视的话，二者是不能同理而论的。再则，从医学凝视的建构结构上来看，医学凝视是通过福柯前期一贯的思考维度——考古学知识，来阐明现代社会政治、经济和社会动向，对作为一种真理的医学凝视的形成所产生的影响力。然而，厄里的旅游凝视，既没有像构成医学理论诞生基础的知识考古学那样的理论依据，也没有把旅游凝视的定位上升到如医学知识一般的真理高度（安村克己，2004）。尽管厄里为了说明旅游凝视与医学凝视的关系，在《旅游凝视·重访》论文中，介绍了福柯一系列著作中有关视觉特征、视觉可能性等的论述（Urry，1992），但不得不承认，在福柯的著作里，凝视并非核心论点，凝视只是作为一个典型的权力技术手段，用来解释权力与日常实践的关系。因此，简单从福柯各著作中提取筛选出来凝视的特征，并把它们列在同一个凝视层次上来讨论是否恰当，还有待商榷。

4. 视觉优先·唯一性的樊篱

厄里极力强调视觉感官优于其他感官，并竭力试图在视觉与表演、视觉与身体之间建立起一个由视觉延伸到其他器官的逻辑关系。尤其在第三版《旅游凝视》中，厄里特别强调视觉是组织性感觉，视觉能够“组织安排其他感官的定位、角色和功能”（Urry，Larsen，2011）。诚然，如前文所述，长期以来视觉是人类认识外部世界最为重要的感官之一，并且在西方哲学史上形成了视觉中心主义的传统。尤其在当今图像信息泛滥的“读图时代”，应接不暇的图像、视频不断强化着视觉优先、视觉至上的无上权威。不过，对于以倒置日常工作生活，解放全身心为主要目的之一的旅游活动，视觉体验不过是游客旅游体验的一个部分或者是一种手段。简单假设旅游中以视觉感官的愉悦为首的凝视理论受到了越来越多的批评和质疑，学者们开始从单一器官转向整个身体或多感官的研究。学者们从味觉、触觉、嗅觉、听觉等不同方面，说明这些非视觉感官在旅游活动中的作用与意义。例如旅游通常与美食联系在一起，到法国吃大餐、到日本品寿司，前往旅游目的地品尝当地美味，获取味觉愉悦，无疑是旅游体验的重要组成部分。日本江户时代盛行的“汤治之旅”（日语中，“汤”指热水、温泉），就是在身体浸泡温泉疗养身心的同时，顺便游山玩水。治愈身体疾患、放松心情的“汤治”说明的就是以身体触感为首的全身愉悦远远大于视觉快乐。安德鲁斯（Andrews，2005）特别强调嗅觉在旅游体验中的作用，甚至认为即使睡眠，也与其他身体活动一样，能够为重构旅游者行动铺垫基础。因此，通过以上研究可知，旅游体验未必只局限于视觉感官获取的一种快乐。由于旅游内容的多样化，游客所诉诸的感官愉悦就各有千秋，或者可以说旅游体验是多种感官共同作用下的实践活动。

5. 厄里自身的反思

凝视理论在饱受各方学者的批评和争议的同时，厄里也在对其理论进行不断反思，并在《旅游凝视》的第二版、第三版中竭力完善。通过对比厄里三个版本的目录（见表 7－1）得以大体知晓厄里本人从哪些视角对其著作进行了改善和拓展。

表 7－1 《旅游凝视》的三个版本比较

版本	第一版	第二版	第三版
出版时间	1990 年	2002 年	2011 年
作者	John Urry	John Urry	John Urry and Jonas Larsen
第一章	旅游凝视	旅游凝视	旅游理论
第二章	大众旅游与海滨度假胜地的兴衰	大众旅游与海滨度假胜地的兴衰	大众旅游
第三章	变迁的旅游产业经济学	变迁的旅游产业经济学	经济
第四章	在旅游凝视下工作	在旅游行业中工作	在凝视下的工作
第五章	文化变迁与旅游重建	文化变迁与旅游重建	旅游文化变迁
第六章	凝视历史	凝视历史	场所、建筑和设计
第七章	旅游、文化与社会不平等	看与主题化	视觉与摄影
第八章	（无）	全球化凝视	展演
第九章	（无）	（无）	危机与未来

2002 年出版的第二版，只是在 1990 年第一版的基础上修改了第四章和第七章，并新增加了第八章“全球化凝视”。这是由于在时间和空间都高度压缩的全球化社会背景下，厄里深刻意识到不同类型的旅游方式之间的区分界限愈来愈模糊，出现了重复和叠加，更有向同质化整合的趋势。因此，厄里试图介绍这些新兴的旅游模式，并对过去近十年来出现的新变化进行总结和反思，即：各个旅游目的地东道主社会正有意识地、积极主动地开发自身资源来发展旅游业，东道主不再是旅游凝视中的客体。东道主随着旅游目的地的发展逐渐强大起来，敢于反向凝视游客，并且试图在其中重新定位自己的位置。这也是厄里针对其他学者对其旅游凝视概念的过于静态化、视觉单一化、凝视主体简单化等批评的回应。而在 2011 年最新出版的第三版前言部分，厄里再次阐明“旅游理论也必然需要与时俱进”（Urry，Larsen，2011）。第三版除了邀请 Jonas Larsen 作为合作者之外，还增加了对场所、建筑和设计的研究（第六章），对旅游凝视与摄影、数码化的关系的研究（第七章），对旅游理论中有关身体展演的分析（第八章），对全球变暖、石油危机等全球化进程中旅游发展的危机与未来的考察（第九章）等方面内容，大幅度修订了第二版。厄里在该版本中尤为强调旅游的负面影响，试图通过新的章节来讨论在新时代背景下出现的

新旅游现象，进一步深化和发展旅游研究理论。

7.3 旅游与凝视之延伸：旅游·摄影

厄里在《旅游凝视》的第一版和第二版中，把摄影的特征作为一种社会建构的观察和记录方式，并且具体列举了该特征表现出的八个方面（Urry，1990）。尤其是在《旅游凝视》的第三版中，厄里更是把“视觉与摄影”单独列为一章，突出强调旅游中视觉与摄影的密切关联。在当下后现代旅游的时代背景下，“旅游中的日常生活场景再现”跟“日常生活中的旅游场景创造”二者时常交织在一起，难分彼此。摄影行为及其作为结果的照片也不仅与人们的旅游体验密切相连，同时已经渗透到人们日常生活的方方面面。旅游与摄影二者的关系，不仅是视觉优先理论在旅游活动上的透射，也是借助照相机这一载体构建而成的“游客—相机”“图像（照片）—旅游目的物”“东道主—相机—游客”等不同主客体之间的多重互动关系。

7.3.1 游客与照相机

1839年8月19日，达盖尔法摄影术发明的郑重宣布，被公认为标志着摄影术的诞生。摄影技术自发明以来，大大丰富了人类认识社会的途径，它不但是一种新生的艺术表现形式，而且被大量运用在人类的科学研究和生产生活中。众所周知，近代旅游的奠基人托马斯·库克（Thomas Cook）在1841年7月5日组织了一个500多人的旅游团参加禁酒大会，每人收取1先令的费用。这是世界上第一次包价旅游，该举标志着大众旅游在西方社会的兴起。摄影术和大众旅游几乎不约而同地在同一时期诞生的巧合，也意味着二者从此并肩发展。奥斯本（Osborne，2000）把旅游与摄影看作一个整体，认为摄影贯穿在旅游业的发展中，与旅游发展的整个文化和经济，以及现代文化的各个方面紧密相连。

在早期的旅游活动中，携带照相机是某人成为游客的重要外在表征。桑塔格（Sontag）早在1979年出版的《论摄影》一书中就提出，“不携带照相机的观光旅游被认为是不可思议的。照片成为旅游按计划如期顺利进行，并证明这次旅游是令人愉悦的最佳证据”，“日本游客一般都配备两部相机，挂在臀部两边”。因此，旅游与拍摄工具存在必然关系，旅游中的摄影行为自然而然地成为塑造旅游的重要因素，甚至成为一种义务，人们似乎不拍摄就不能体现其旅游经历。也就是说，照相机和胶片技术构成了旅游的真正本质，它们决定什么值得人们观赏，以及哪些图像应该带回家。与“在什么地方旅游”“旅游什么”等决定旅游目的的因素相比，搜寻拍摄什么景物成为旅游的大部分内容。

摄影反映了一种权力/知识关系。在《旅游凝视》的第一版和第二版里，厄里在列举的八个摄影特征的首项特征中就指出“拥有某一物体的视觉知识，在某种意义上就是对权力施加控制”。“摄影术驯服了观看对象，其中最显著的例子就是有关异域文化的图片”（Urry，1990）。这种权力关系进而延伸到摄影的其他几个特性，如美化景观，制造理想化的图像；根据自己的需求，把眼前宏大的景观微缩在镜头里，通过摄影器材等媒介制造出特定“真实”的场景和画面。游客选择拍摄什么、怎样拍摄，跟选择什么样的旅游目的地、住宿哪种标准的酒店、携带什么型号的照相机等一样，都是游客权力的表现，代表着其独一无二的视角和选择动机。同时每一个游客所作出的选择都离不开其背后蕴藏的社会文化知识背景。事实上，旅游者的摄影行为以及他们对凝视对象（旅游地居民及其文化）的视觉表征尽管包括了摄影者跟被拍摄对象的权力/知识关系，然而这与摄影人是否为游客的身份实际上并没有什么关系，因为选择的动机和视角取决于掌握照相机的每一个主体，而不是根据其是否处于旅游活动当中决定，即拍摄的对象决定了什么值得人们驻足观赏，哪些画面能构成记忆而被保留。旅游中的摄影行为与一般的摄影行为的最大区别在于，旅游活动中个人的驻足、拍摄、继续前行构成的动态循环不断推动旅游活动向前发展。

伴随摄影技术日新月异的发展和摄影器材的普及，尤其是近几年摄影功能已经武装到手机这样的日常生活必备品中，我们可以说摄影行为已经深深嵌入人们日常生活中，甚至可以认为摄影行为存在于任何一种旅游方式当中。在旅游过程中是否携带照相机已经不再是桑塔格笔下描述的“游客独有的标志”。人们力图装备性能更卓越的照相机（如单反相机、像素更高的相机）去旅游，以此来证明自己是深谙旅游愉悦之道的资深游客。这一旅游新现象说明，在当代旅游行为中，照相机的优劣、摄影技术的高低已经替代了照相机的有无，成为新时代划分不同阶层游客的标准之一。

7.3.2　镜头下的游客与东道主

旅游场景下，镜头作为中介建构的游客与东道主的关系，实际上正是上述摄影反映权力/知识关系之特性的延伸，尤其是体现在来自西方世界的游客前往第三世界国家旅游，或经济、文化等处于优势的人群到相对处于劣势的东道主社会游览这一类旅游中二者之间的关系上。科恩（Cohen，1992）把通过相机而结成的游客与东道主，分别命名为“摄影者”（photographer）和“被摄影者”（phctographee），照相机同时作用于游客和东道主。因此，旅游实质上也可以用“游客—照相机—东道主”这一模式来概括。有关这方面的研究，西方学者自 20 世纪 90 年代开始涉及，特别是对镜头压力下的东道主的态度和行为进行了深刻剖析，指出他们面对游客具有“恐惧反感、谈判交涉以及将游客模式化”的三大特征。即西方游客通常抱着强烈的好奇心和窥视欲来观看东道主，并选择那些他们认为值得拍摄的场景按下快门，而当地人面对外来游客的镜头压力，其态度和行为往往随着旅游业的变化而改变。他们通常由陌生、恐惧，到私人生活被侵扰而产生反感，然后再上升到有条件的抵抗、交涉，进而配合。同时，东道主为了在保护自己的前提下获取经济利益，也有将游客模式化、套语化的倾向（刘丹萍，保继刚，2006）。

对于今天我们研究民族旅游来说，1987年拍摄的电影《食人族观光》是一部极其有益的教材。游客支付费用，让当地人摆造型拍照的场景贯穿整部影片。山下晋司（2007）通过对这部影片的分析指出，在东道主和游客彼此都明知“原始”已经不复存在的背景下，游客仍然在照相机的取景框里不断地创造着原始、落后的场景，而当地人同样趋于经济利益，努力扮演着“原始人”并再现所谓的“原始生活”。山下晋司认为这是当今世界强弱力量博弈背景下，双方模式化表述中隐含的另一种政治结构。不过，20世纪90年代以后，昔日被拍摄的对象发展壮大成为拍摄行为的主体。如卡雅布族人利用英国电视台拍摄的电视节目《卡雅布人》等，来表达他们反对在当地修建水库的诉求。尽管他们仍然强调他们所谓“野蛮、落后”的原始性特点，但该特点已不再是文化客体化的对象，而是作为自身独有的文化特征积极主动地融入现代世界文化体系的武器。

7.3.3 照片构建的旅游目的地形象

橋本和也（1999）将旅游定义为“在异乡将那些所熟知事物的一部分作为短暂的快乐而进行消费的行为。现代的大众旅游就是去目睹、确认、体验那些在出发之前早已熟知的事物”。而那些“早已熟知的事物”，大多是通过视觉呈现来获得的，如电影、电视节目、照片、导游书、游记、旅游宣传册等。尤其是照片具有的直观和浓缩再现旅游目的地的基本功能，最大化地满足了人们长期以来感知外部世界的视觉优先传统。同时，照片与其他媒体（旅游指南、摄影集、报刊等）进一步结合在一起，从而在构建、传播、固化旅游目的地形象上形成了强大的控制力。这些照片往往成为建构模式化旅游形象的摹本。例如，在被誉为“太平洋天堂乐园”的夏威夷被世界认识的过程中，照片就扮演了极其重要的角色。山中速人（1992）在《印象“夏威夷”——夏威夷旅游的文化史》一书中指出，伴随图像（照片/电影）的扩大再生产而诞生出来的旅游形象，向那些尚未造访的游客提供了何为夏威夷文化之旅游形象。丹（Dann，1996）从公开发行的11种旅游手册中，收集了5 172张照片进行分析，认为旅游手册向游客展示了一个弥补现实生活缺陷的幻想世界。LE Anh Tuan（2006）介绍了世界各国旅游局在招揽日本游客时，是如何选择相关的照片来塑造该国旅游地形象的。其中有一个非常重要的数据表明，70%以上没有到过旅游目的地的人都依靠旅游宣传册上的照片来决定是否前往该地旅游。

从20世纪90年代开始，学者们就趋向于将旅游空间中隐藏在美丽照片后的表征进行解构，欲揭示其对东道主社会和游客产生的影响，同时，往往认为旅游业为了吸引游客而肆意表征当地文化这种行为本身就呈现出强者对弱者、外来文化凌驾于地方文化的权力性和政治性。照片成为学者们讨论旅游目的地形象的政治、文化表象内涵的重要研究对象之一。以有关原住民旅游形象的研究为例，所呈现的原住民形象往往脱离了宏大的社会文化背景，无视时间空间的倒错，当地人也乐于向游客表演自我的“原始形象”。其结果是形成了脱离现实语境的、孤立的原住民，同时也进一步强化了游客对所谓“原始”所抱有的刻板印象，最终旅游空间成为布尔斯廷、麦坎内尔等人提出的“伪事件”“舞台前台”。因此，学者们多对与媒体结合在一起的旅游业持批评态度，认为二者趋附于商业利益，常常歪曲、伪造当地的社会现实，并通过媒体多以图像（照片）的方式广泛散布这种虚假的目的地形象。

本章小结

综上所述，无论是“观光”还是“sightseeing”，表述“离家外出旅行/旅游”这一行为和现象的词汇不约而同都蕴含了观看、凝视旅游对象物之义。其源于视觉自古以来优于其他身体感官的突出优势而形成的视觉优先、视觉中心的传统观念。而厄里提出的旅游凝视理论，强调的并不是观看之行为，而是从旅游目的对象何以形成的视角出发，深入分析了旅游与现代大众社会的关系，强调的是观看的社会性质。虽然旅游凝视理论饱受以上列举的多方批评和争议，然而这 20 多年来，无论是众多学者，还是厄里本人，都对该理论从广度和深度上进行了缜密讨论与反思，从而极大丰富了旅游凝视理论的内涵，使其成为旅游研究的一个极为重要的理论工具。

对于在新时代背景下的旅游与凝视的研究，除了以上各方学者的真知灼见以外，还有以下三个重要的观点不可忽视。

(1) 旅游体验的可视化。正如游客热衷于四处拍照留念一样，人们总是有意无意地试图把获得旅游体验的方式趋向于可视化发展。尤其在旅游产业化尚未发达的地区，旅游开发过程中文化商品的视觉化现象极为常见。梶尾岳（2010）在对贵州山歌对歌的研究中就指出，伴随旅游开发的进程，以往以听觉享受为主的路边山歌在形式上逐渐转型为可视的舞台表演，以供大众欣赏娱乐。而其听觉感官体验，即山歌歌词内容并没有改变。

(2) 凝视手段的多样化。虽然旅游在当代仍然是一个人们把旅游向往付诸实践的“百闻不如一见”的身体化活动，然而人们更多的不是通过自己的眼睛去观看，而是借助照相机、照片资料、网络图像等外在媒介来凝视对象物（人）。以旅游中的摄影行为为例，游客所拥有的摄影器材从一次性成像机器、傻瓜照相机、数码照相机到高级单反相机；从在景点请专人拍摄，到用手机随时随地自已拍摄，甚至利用自拍杆随时随地自拍，100 多年来伴随摄影技术设备的迅猛发展，凝视手段更为多元、便利、自由。尤其重要的是，无论凝视手段发展得多么丰富，都无疑再三地验证：在旅游行为中视觉优先仍然极其强势地存在着。

(3) 凝视主客体的互换。尽管通过照片与旅游目的地的先行研究，我们可以明晰摄影行为成为西方游客（曾经的殖民者）与处于劣势的原住民（曾经的被殖民者）之间一系列政治、文化、经济、种族等相互博弈关系的外在表征，然而，在西方社会语境下产生的学术话语和分析模式并不完全可以套用于所有社会。在中国，爱好摄影游客的大幅增加，摄影旅游的兴起，摄影节的泛滥，都是中国特有的社会、文化、时代背景下的产物。同时，伴随着大量的国人走出国门，出境游越发盛行，曾经在"东方主义"影响下被西方固化的拍摄客体，一跃成为积极主动、肆意按动快门的拍摄主体。他们又如何去反视，以及与中国境外的东道主们相互凝视呢？这将是一个非常有意思的课题。

关键术语

视觉中心主义（ocularcentric）
凝视（gaze）
旅游凝视（tourist gaze）
互视（the mutual gaze）
摄影（photography）
摄影者（photographer）
被摄影者（photographee）

复习题

1. 试说明凝视概念是在怎样的社会历史背景下生成的。
2. 试阐述视觉优先是如何形成的。
3. 针对厄里的旅游凝视理论，学者们提出了什么不同意见？
4. 试分析旅游与摄影的相互关系。
5. 请选择一个旅游景点，试说明照片、图像等视觉媒介是如何建构旅游目的地形象的。

扩展阅读材料

旅游空间・身体感知・大众传媒
——拓展新的社会理论*

前言——旅游与传媒

旅游作为一种综合性的社会产物，在其构建过程中传媒如何表征旅游地形象是一个十分值得研究的问题。因为我们在外出旅游的时候，所面对的旅游目的地形象往往是借助大众传媒的力量建构而成的。

布尔斯廷特意把这种现象定义为"伪事件"。他的观点确实在研究旅游与传媒二者关系时产生了重要的意义，但是布尔斯廷的认识还仅仅停留于"身体感知"的感

---

* 遠藤英樹，堀野正人．"観光のまなざし"の転回——越境する観光学．东京：春風社，2004. 第五章"観光空間・知覚・メディアをめぐる新たな社会理論への転回"．作者：遠藤英樹，日本立命馆大学文学部教授。由于篇幅关系，略去文中图片、插图。

觉之真实存在，即传媒所表现、传达出来的形象反而比现实本身更具有真实感（Boorstin，1962）。不过，当代社会如果还幻想存在着完全与传媒毫不相关的、纯粹的“真实”，诚然已是几乎不可能且毫无意义的。既然如此，仍然止步于遗憾“身体感知”的感觉（传媒建构的旅游形象真实于现实本身）就更为不完整了①。

在电影、杂志等传媒的表征力影响下，旅游空间跟游客的身体感知密切相连，甚至可以断言：游客们的身体所感就构成了旅游空间。那么旅游空间是不是虚拟的呢？它是否具有真实性呢？关于区别旅游空间真实抑或虚拟显然已经不能成为有效的理论分析工具（Boorstin，1962；MacCanell，1973）。这同时也意味着，旅游社会学的研究目前已经超越了布尔斯廷的研究局限，拓展新的社会研究理论已然成为一种可能。

传媒究竟怎样来表征旅游空间呢？借助传媒力量构建的旅游目的地之内涵又如何被游客解读（或者说“强迫解读”）呢？还有考察、理清交错于旅游目的地的各种博弈力量，都应当是今后需要认真对待的课题。作为前期准备工作之一，本文以韩国电视连续剧《冬季恋歌》和它的外景拍摄地为例，分析旅游与传媒之间的相互关系。首先，文章将梳理旅游空间、身体感知和大众传媒之间的彼此关联；其次，简单介绍《冬季恋歌》剧情和外景地；最后，文章会讨论以传媒为媒介构筑的旅游风景是如何被建构的问题。

一、旅游空间·身体感知·大众传媒

地理学家Y. 都昂在《空间的体验》一书中，从现象学的视野阐明了空间和身体感知的关系。都昂指出，例如“在旧金山那样的城市里，其独特的环境、地形、天际线、气味等都是混杂在一起而被人们所认识的”（Tuan，1977：39）。沿用他的观点，任何一个地域空间都是通过视觉、听觉、嗅觉、触觉和味觉等五种感觉来不断被身体所感知的。

尤其是旅游，借五种感觉之力量感知地域空间极具重要性，观赏名胜、品尝美味、呼吸海潮气息、倾听城市杂音等，那么“旅游空间是通过游客的身体感知感觉而形成的”这个观点自然就符合学理了②。

延续这样的思路，旅游空间和身体感知的关系正好契合了“地与图之可逆性”关系（鹫田，1997：324-325）。简而言之，就是我们为主观，旅游空间为客观存在。二者并不是“主观的我们去感知客观的旅游空间”之二元关系，旅游空间通常作为

---

① 布尔斯廷认为旅游空间是由传媒建构的复制品，即是虚假的空间，麦坎内尔却把旅游空间看作游客从根本上竭力要追求的真实空间。然而，以上这两种论调都是在区分虚假性/真实性、复制品/原本为前提下提出的。因此，从文化不断被持续创造下去的结构主义视角出发，布鲁纳提出应当超越虚拟性/真实性、复制品/原本的二元对立关系，关注游客如何解读旅游空间脉络这一身体感知与行为实践，强调旅游空间的内涵是由旅游目的地的工作人员、游客群体之间的相互作用下构建的。通过布鲁纳的研究可知，关于旅游目的地的虚拟性/真实性、复制品/原本的讨论已经丧失了意义。

② 过去的旅游体验将最大的比重置于视觉感官。实际上，其也包含了深入研究近代社会特性的重要观点。该论点的讨论对于旅游研究是不可或缺的课题。关于这个议题还有待其他的机会再作讨论。

被感知物从属于身体感觉。同时在这样的结构框架下，身体感知的感觉也才能通过旅游空间得以实现。

从这个角度来看，我们的身体感知和旅游空间是相互交融的关系。莫里斯·梅洛-庞蒂主张“主体在身体感知的接触行为中，并不会成为远离于对象之外的、单独存在的个别。主体在身体感知过程中必然会被感知对象所改变，感知对象也同样。主体跟对象是相互交融/包含（implication）之关系”（土田·青柳，2001：206）。

过去的都市社会学和地域社会学研究中，“被身体感知的空间”“五种感官感受的空间”这一研究视角似乎一直都没有得到充分的关注，诚然，在都市社会学传统上，例如列菲伏尔，用“表征的空间”概念提出了“被身体感知的空间”的重要性。列菲伏尔认为，“表征的空间”就是和“空间的实践”“空间的表征”共同认识空间的概念（Lefebvre，1974：75-83）。

首先，“空间的实践”意为“高速公路、住家房屋等各种具有特征性的社会构成体，分布在不同特定场所或空间的物质功能空间”（神田，2001：49）。而“空间的表征”则是科学家、城市设计师、技术官员等人运用知识/技术所构想设计出来的空间。那么“表征的空间”就是人们生活实际感受的空间，相当于本文的“被身体感知的空间”。列菲伏尔辩证地把三个不同层次的空间维度相互联系在一起，指出它们时而互相排斥却共同生成社会空间的理论观点（Lefebvre 1974：75-83）。

尽管在都市社会学中这个观点常常被提及，但是对空间和身体感知的社会学研究却始终没有上升到应有的重视高度。可以预见，将来在研究考察都市问题时，这个问题必然会愈加重要。在旅游研究领域中，这也给我们提供了一个有战略意义的、颇具深刻含义的分析视角。

不过在旅游空间与身体感知的相互交融关系中，还有一个不能忽视的关键问题。视觉、听觉等看起来似乎都是人与生俱来的，而实际上它们都是社会性创造的产物，同时很大程度上还被电影、电视、杂志这些大众传媒所左右。因此有必要深入分析传媒如何引导人们的感知行为。下文将以《冬季恋歌》及其外景地为实例来进行分析和讨论。

二、韩国电视连续剧《冬季恋歌》及其外景拍摄地

《冬季恋歌》是2002年1—3月由韩国KBS电视台播放、平均收视率达到23.1%的电视连续剧。单单从收视率来看，这也许并不是一个特别高的数值，但这个收视率是在与同时段播放、通常高达40%收视率的韩国SBS电视台《女人天下》当庭抗争下获得的。《冬季恋歌》主线是一个爱情故事，主人公的出生秘密、失忆情节等交织其中。剧情概要如下：

故事从转学到韩国一个小城市春川的一所高中的少年姜俊相开始。他为了寻找亲生父亲，以母亲高中时代的照片为线索来到了这里，认识了自幼与母亲、妹妹相依为命的同班同学郑惟珍。姜俊相与郑惟珍展开了一段纯纯的爱恋。然而，一天惟珍却接到俊相遇车祸不幸身亡的消息。

10 年后，惟珍在建筑设计所工作，而且已经跟供职于广播电台的青梅竹马同伴金尚赫订婚。郑惟珍在工作中，偶然跟一名长相酷似姜俊相，却名叫李民亨的建筑师认识。惟珍难忘旧情，不久她发现民亨就是因车祸失去记忆的姜俊相。后来，民亨终于知道了自己出生的秘密，却因此从惟珍身边离去。3 年后，惟珍知道自己曾经设计的梦想家园建造成了实物。“知道这个设计的只有俊相!”于是惟珍向那个家园走去……

《冬季恋歌》以“曾经沧海难为水的初恋”为主题，展开了一幕幕纯粹的爱情故事。包括它的主题歌和插曲，还有扮演主人公的演员人气超高，在韩国大受欢迎。尤其是这部电视剧受到众多年轻人的追捧，主人公的发型、围巾的缠绕方法被广大少男少女们仿效。在 20～40 岁年龄段的女性观众中，更是诞生了大量的裴勇俊（饰姜俊相）的忠实影迷。在电视剧最后一集播出之前，写有“如果让他再次遭受不幸，今后我们绝不再看 KBS”的邮件纷纷涌向电视台（田代，2003：9-10）。日本也在 2003 年 4—9 月期间由 NHK 卫星电视频道播放了这部电视剧，还专门播放了相关的特别节目专辑，并且首次播映结束后立即决定重播。可见，尽管不及韩国，但这部电视剧在日本也相当受欢迎。

还有一个关键的重要人物，就是电视剧的导演是拍摄《秋天童话》的尹锡湖。他一直倾向于在外景地进行拍摄，是一名擅长利用风景效果渲染电视剧情节的导演。因此，不少该电视剧中的外景拍摄地成为韩国著名的约会场所，进而吸引了很多人前来造访。例如，春川的南怡岛迎来了众多情侣。因为俊相和惟珍两人单独散步、一起骑自行车、第一次接吻等触动心弦的场景都是在这里拍摄的。还有，惟珍和俊相在工作中重逢的龙平度假村滑雪场也变成了情侣约会的场所。俊相失去记忆之前两人相约的场景是在春川市中心商业街春川明洞拍摄的，这里也成为人们聚会碰头的新地点。

三、以传媒为载体构建的风景

通过上文的介绍可知，《冬季恋歌》不仅其故事情节，而且包括摄入镜头的外景拍摄地都给观众留下了深刻印象。因此，不少旅行社借势开发了游览《冬季恋歌》外景地的旅游线路。日本农协观光旅行社组织的旅游线路计划游览春川的外景地中岛、明洞、南怡岛之后，再前往首尔旅游。宫崎交通旅行社也选择了《冬季恋歌》的舞台作为旅游目的地，并安排游览龙平滑雪场、明洞、南怡岛的林荫道、中岛和首尔。读卖新闻旅行社也组织了相似的旅游路线。其他如 JTB、近几日本旅行社等多家旅行社也推出了类似的旅游线路。

由此可见，电视连续剧《冬季恋歌》成为生产春川（明洞、南怡岛、中岛）、龙平度假村滑雪场、首尔这一系列旅游路线，为游客指明行为方向的重要因素。然而，在明确提示旅游路线的同时，也意味着该地域没有被提及的部分自然而然就被忽略，没有被身体感知了。约翰·费斯克提出，符号学理论中的专业术语“聚合”（paradigm）是指“选择”（choice），“组合”（syntagm）是指“排列组成”（combination）（Taylo & Willes，1999：21）。运用这些术语来解释本文涉及的案例，就是从该地域空间中选择特定的内容构成作为聚合的旅游路线，并且按照一定的排列顺序，在构建成为风景的目标前提条件下促使人们正确解读旅游空间的实践。

毋庸置疑，不仅如此，游客们按照旅游路径游览并观看旅游对象物的时候，传媒对游客视线的结构化也产生了强大的作用力。漫步在南怡岛林荫道上，视线投射的不正是电视剧中同样的风景吗？而农协观光旅行社的旅游宣传手册上刊登的林荫道照片，恰恰就是在电视剧中的地点、以同样的视角拍摄的场景，而实际造访此地的游客们也竭力找到同一个地点拍摄纪念照。

如上所述，传媒通过旅游路线模式化和旅游视线结构化所构建的风景，迫使游客依照这样的旅游目的地内容进行定向解读。这也正好符合了厄里提出的旅游凝视观点。厄里对于旅游凝视的特性有如下说明（Urry，1990：4-6；Urry，1995：216-218）。

（1）旅游视线是由电影、电视、杂志等传媒建构起来、支持并强化的。

（2）旅游凝视是通过电影、电视、照片等形成凝视的视觉对象。凝视就是用外在表征来确认实物，或者用实物肯定外在表征，再反复进行再生产、再确认得以把握。

（3）旅游凝视是通过电影、电视、杂志等传媒中包含的大量符号群（signs）建构起来的。

如上所述，游客感知的风景就这样由大众传媒建构起来。但是仅借传媒之力就足以建构景观吗？即使一部电视连续剧在各种媒体上广为传播、深入人心，那也只是使拍摄的外景地成为旅游风景产生了可能，并不能直接成为旅游凝视消费的对象。以《冬季恋歌》的事例而言，春川（明洞、南怡岛、中岛）、龙平度假村滑雪场、首尔等外景地之所以被选择组合成为旅游路线，是多家旅行社把这些地点作为旅游景点进行商品化运作，并有组织地推出旅游路线，同时还与政府行政机构、当地东道主居民等多个处于不同场域的主体力量相互合力作用的结果。

旅游视线结构化的过程也是如此。前往南怡岛林荫道的游客寻找剧中的拍摄场景，以同样的角度拍摄纪念写真，也并不单纯是因为电视剧中突出了这些地点和场景。“如何凝视，凝视什么？”的旅游凝视视线的强化与再生产，仍然是包括旅游从业人员、节目制作人、政府行政机关、东道主还有游客自身等处于不同场域，各自诉求不同利益的多个主体结成多重错综复杂关系，并反复不断地向游客展现来自特定凝视视线的风景的结果。

从这个意义上来说，只有大众传媒一个因素是不足以拥有建构景观的力量的。唯有在旅游从业人员、节目制作人、政府行政机关、东道主、游客合力作用而形成的社会关系下，传媒才能发挥作用。即旅游风景不是传媒独自创造的，而是以传媒为载体的诸多相关主体，在以传媒为中心形成的社会关系下构建的。漫步都市观看风景的视线，或者是游客的身体感知感觉，都产生于与传媒合力形成的社会关系中。

因此，以上观点可以在詹姆森（Jameson，1992）提出的“政治无意识”概念中再次认识，即人们在感知空间之际所形成的社会性、制度性、历史性问题会自然浮现出来。关于它们的分析笔者认为其完全拥有了开拓新的社会理论的可能性。

结 语

本文以韩国电视剧《冬季恋歌》和它的外景拍摄地为例，分析了旅游与传媒的关系。通过以上研究分析可知，风景是通过以传媒为载体构建的旅游路线模式化和凝视视线结构化建构形成的。游客们按照这样的路径观赏、解读风景，形成了旅游凝视①。

但是我们进一步深入分析，就发现传媒一家独秀是远远不足以拥有建构景观之力量的。只有在旅游从业人员、节目制作人、政府行政机关、东道主、游客合力而形成的社会关系下，传媒才能获得构建目的地形象的力量。旅游风景不是传媒独自创造的，而是以传媒为媒介的诸多相关主体，围绕传媒为中心形成的社会关系来构建的。因此，从社会性、制度性、历史性角度分析传媒为载体建构的风景，今后尤为重要。如欲拓展有关旅游凝视这一议题的新的社会理论，就有必要讨论身体感知旅游的相关社会性、制度性及历史性②。

我们通过上述考察，从旅游社会学的视角也发现了以往都市社会学、地域社会学研究中的不足之处。那么，原本应该如何来认识都市和地域呢？这似乎与“漫步凝视”空间场所有关。在都市社会学领域中，以批判性继承芝加哥学派著称的韦伯也竭力主张“漫步街道四处徘徊……人们互相碰面，驻足对话”之重要性（Harvey，1985：XV；加藤，1999：52-53）。芝加哥学派过去从事的民族志类型研究，正是采用了这种在某空间地点漫步，扮演“漫步者”（flaneur）的研究方式，来认识理解该空间。战前的芝加哥，面临大量移民移住、贫民窟泛滥、都市犯罪率急剧增加等深刻的城市社会问题。当时，芝加哥学派的学者们时而与露宿街头者、城市问题少年交谈，时而深入贫民窟调查，大大推动发展了有特色的都市理论。对于芝加哥学派的众多学者而言，要真正了解该空间场所，只有徘徊漫步于街头才有可能。

但是，以芝加哥学派为代表的都市社会学，还没有充分意识到通过视觉、味觉、听觉等感官而形成的“身体感知空间”“五种感官感受的空间”之存在。因此，当时

---

① 尽管如此也不能断言游客仅凭传媒对旅游目的物的外在表征就原封不动地解读可谓旅游目的地。通过传媒的外在表征与人们的身体感知之间，必然存在着微妙的差别。遠藤（2001）在著名旅游地奈良的案例分析中，就阐明了旅游杂志、旅游手册上的宣传口号构成的旅游目的地形象怎样被游客所接受并解读。所以，可以得知游客在接受旅游目的地形象时，是他们进行了再次加工处理后重新建构的。因此，本文并不认为人们会照单全收传媒发布的旅游地外在表征形象，也没有因此而感到遗憾。而是在充分认识到人们的身体知觉已经与传媒宣传的外在表征密切相关的基础上，试图发散式地把握旅游空间、身体感知、大众传媒之间相互作用的力学关系。

② 过去以厄里为首的有关旅游凝视的讨论，并非忽视了社会性、制度性、历史性的问题。反而是厄里等人，一直都从社会阶层、性别角色等社会性要素来积极考察旅游框架。不过，厄里认为凝视早已彰显了社会性、制度性、历史性，即他明显赞同福柯的方法论观点，于是就没有进一步展开。本文反思性地将福柯的观点主动吸收进来，力求进一步深化厄里的分析。

还没有漫步徘徊于某空间场所的行为是带有社会性、制度性、历史性的认识意识。如果假定研究分析城市、地域的学者们也跟游客一样，不能游离在空间力学作用的影响范围以外，那么有关空间研究中，脱离了反思性分析的都市认识理论就不得不说是非常有缺陷的。

本文尽笔者所能，从以上视角进行了分析和考察，但还有诸多问题尚待今后解决。旅游与传媒之相关性的分析，也同样存在很大的讨论余地，而关于传媒本身也还有诸多应当考量的问题。例如，除了电影、电视、杂志等传统传媒之外，互联网、游戏等也成为鲜明突出描绘旅游空间的新传媒。对这些新传媒进行研究考察也是当务之急①。

另外，多个传媒必然相互影响、彼此作用的问题也不容小视。例如，某部电影选用了令人印象深刻的音乐，当我们再次听到该音乐的时候，脑海里自然浮现伴随该音乐的电影场景。从而，我们认识到电影与音乐是彼此互动的。还有例如A电影的某一场景，被其他电影或者完全不同的传媒所引用。这种间接中介性的问题也值得关注。

因此，当我们解决了以上诸多问题之际，围绕旅游空间、身体感觉、大众传媒之关联而探索发展新的社会理论也得到了充分拓展的空间。

① 小说、随笔等文学文本也是重要的一种传媒。有关对文学文本这样的传媒进行空间力学表征的研究，可参照前田1992年的著作。

第 8 章

旅游与艺术

- 了解人类学视野中的艺术研究
- 把握民族艺术及其与相关概念的区别
- 掌握民族艺术的内涵与特征
- 掌握旅游场域中民族艺术的变迁及表现

游客在进行旅游活动时最为关心和感兴趣的就是异文化，而最大的障碍就是语言的对接，旅游的短暂性以及游客自身所处的文化决定了他们不可能和异文化进行很好的交流与沟通。艺术的超语言性特点却能很好地解决这一问题。一方面，艺术可以超越自然语言的障碍，通过跨国界跨语言的音乐、歌舞、绘画等形式最直接地呈现在游客的面前，使游客在了解艺术的时候了解到他者的文化。另一方面，游客不需要用某种特定的语言发生跨文化的交流与沟通，而是先对艺术感兴趣，通过对最具表象的艺术形式感兴趣，如音乐、歌舞、绘画等，并逐渐地了解到其他的相关文化信息。所以，艺术与旅游有着很强的关联性，艺术在旅游中占有重要的地位和作用。

8.1 艺术的内涵

8.1.1 艺术与美

艺术是什么？从词源上来说，艺术的德语是 kunst，英语和法语均为 art。art，有艺术、工艺、技艺等的意思，artificial，有人工的意思（徐建融，1994）；在原始文化中，“工人”和“艺术家”也是没有太大区别的。“艺”在中国古籍中写作“藝”，意为种植之技。中国古籍中的“艺”又等于“术”，引申为技术、技艺，这和西方“art”源于拉丁语的“ars”，泛指做学问和专司具有文化含义的手艺工作很相近，此“艺术”表示一种可学的而非本能的技巧和特殊才能。

就像“斯芬克斯之谜”一样，对于艺术至今很难有一个统一的定义。举两个例子。20世纪80年代《文化学辞典》中这样定义：“艺术是用语言、动作、线条、色彩、音响不同的手段构成形象以反映社会生活，并表达作家、艺术家的思想感情的一种社会意识形态。”又或为：“艺术也就是人的知识、情感、理想、意念等综合心理活动的有机产物，是人们现实生活和精神世界的形象表现”（施旭升，2009）。或从艺术的内部来定义或从其外部来解读它，无论如何对于艺术“迄今还没有公认的定义”（施旭升，2009）。

艺术的概念是以美的概念为基础的。文艺复兴时期，艺术逐渐与美等同起来；到18世纪中期，基于美的艺术概念体系方才正式建立起来，艺术成了审美的主要对象。德国哲学家、美学家鲍姆加登（Alexander Gottlieb Baumgarten，又译鲍姆嘉通），在美学史上第一次赋予审美以范畴的地位。1735年，他首次提出建立美学的建议，1750年正式用“美学”（aesthetic）一词来命名他研究感性认识的一部专著《美学》，由此获得“美学之父”的称号，而美学也从此作为独立学科诞生。表面上看，鲍姆加登的贡献只是为美学命名，但更重要的是他提出了哲学是由逻辑学、伦理学和美学三大组成部分构成的，并由另一伟大哲学家康德完成了这一理论格局（徐建融，1994）。但是，仅这个词语本身而言，看似简单却很难将其说清楚，就是黑格尔的《美学》也只是对其进行了范围的界定。“（美学的）的对象就是广大的美的领域，说得更精确一点，它的范围就是艺术，或者毋宁说，就是美的艺术”（周宪，2002）。甚至，黑格尔认为这门学科的正当名称应是“艺术哲学”。

1746年，法国美学家巴托第一次提出了一个由五种艺术基本门类构成的近代“美的艺术”体系。这五种艺术是：诗、音乐、舞蹈、绘画和雕塑。这一体系成为现代艺术分类体系研究的一个雏形和最基本的参照模式（毛艳，2009）。之后，一些著名的美学家基于他们的美学观念也都对艺术的门类进行过分类。如德国著名的哲学家、美学家黑格尔把艺术按历史发展阶段划分为三种：一是象征型艺术，以东方艺术为代表；二是古典型艺术，以希腊艺术为代表；三是浪漫型艺术，以中世纪的基督教艺术为代表。每个类型之下又分若干种类，如建筑、雕刻、绘画、音乐和诗五门艺术。以至于一般的人、艺术爱好者甚至艺术家本人都会认为“艺术就是建筑、雕塑、绘画、音乐和各种体裁的诗歌”，但这一切只不过是在生活中用于交际的那种艺术的一小部分（托尔斯泰，2005）。而且，这种门类式的研究至今仍然具有强大的影响力。通过这种艺术门类的划分可以发现，这种看法和后来的一些研究反映了关于艺术的产生、艺术的社会类型、艺术的广义和狭义定义等内容。

19世纪60年代以后，由于受到希腊“再发现”的激发，以及旅游者、学者和艺术家所进行的不断增多的游历中世纪文化、中国和埃及活动的影响，对艺术的研究发生了变化。对艺术的认识首先是欧洲的一些学院派人士也是上流人士中的一种知识系统及分类，是西方化的概念。而艺术作为一种人类活动首先涉及“人”的范围，所以出现了贵族艺术、大众艺术与原始艺术的分类。艺术还涉及其他的内容，有优美的艺术（the fine arts）和实用艺术（applied arts）的区别。特别是这种“关于规律的精神”被一种感受力所打碎和破坏，即人们认识到了真实的历史差异，认识到每一个时代都具有自身种种特性，认识到多样化的本质，更认识到本质的多样化（贝尔廷等，1999），对艺术的看法也随之产生了多样化的形态。

到20世纪60年代，美国著名的艺术评论人阿瑟·丹托提出艺术已经终结。艺术的终结的观念源于19世纪，黑格尔1817年在海德堡的演讲中首先明确提出了艺术终结的观念。但丹托不是从他的理论体系中推导出艺术终结，而是借用黑格尔的理论来解释业已发生的艺术终结（彭锋，2009）。20世纪80年代，在当代西方学术背景的影响下，对艺术研究的对象不再局限于传统的高雅艺术而扩展到低俗艺术；研究的范围不再局限于西方艺术而扩展到非西方艺术；研究的方法也不再局限于“美”的学科的理论和方法，而扩展到其他的人文学科（贝尔廷等，1999）。其中，较为突出的一个领域就是人类学中对艺术的研究，这些以后又在旅游人类学领域中得到了充分的体现。

人类学家一直以来很重视研究无文字社会或群体里的艺术，也重视研究文明社会里民间文化或少数民族的艺术传统（黄平，罗红光，许宝强，2003）。早在

1871年，英国人类学之父泰勒在《原始文化》里对文化所作的界定中就已明确了艺术与文化的天然联系："所谓文化或文明，就其广义人类学意义上看，是由知识、信念、艺术、伦理、法律、习俗以及作为社会成员的人所需要的其他能力和习惯所构成的综合体。"这说明艺术与文化一样是人类学研究的重要内容，而且是整体文化中的重要组成部分；甚至可以说，艺术是文化的集中体现，艺术是文化的重要表征。

8.1.2 艺术与文化

艺术并不只是美学的范畴。自19世纪末，人类学与许多人文学科和社会科学一样开始了从理性向实证的转向。艺术是生活的，也是和社会文化紧密联系在一起的。

法国史学家兼评论家丹纳在《艺术哲学》中提出了种族、环境和时代三要素说，其目的是揭示艺术与社会之间的关系。格罗塞对艺术的起源的研究也是将艺术同社会经济结构和精神生活密切联系起来，探讨原始艺术的产生、形成和发展。艺术与社会的密切关系，同时还表现在具体的艺术现象之中。如列维-斯特劳斯的结构主义学派理论就认为原始艺术的特点就是裂分的或是对称与不对称的，对称的是艺术的手法，不对称的是艺术与社会的关联。裂分法的观点说到底有两层含义：艺术之所以为艺术的审美意义以及艺术背后的社会文化环境内容。此外，格尔茨还通过艺术与国家政治象征、仪式的相关性来对艺术进行文化意义的阐释。张光直先生也认为古代中国的艺术与神话同政治有着不解之缘，艺术是一种攫取权力的手段。

学者们在人类学的研究领域里其实也并没有给出一个确切的定义，而是将艺术与文化相联系，认为艺术的本质就是一种文化现象，并着重研究和探讨艺术在文化中的重要性。丹纳在《艺术哲学》中就指出，"艺术是文化的最早而最优秀的成果，艺术的任务在于发现和表达事物的主要特征，艺术的寿命必然和文化一样长久"（丹纳，1997）。美国人类学者恩伯指出，"艺术活动在某种程度上是文化活动，因为它们包含着共同享有和习得的行为、信念和感情模式"。而这种文化活动属于文化中的精神文化领域，并具有较强的文化表达功能，从而"因为艺术具有强烈的感情和意念的内涵，人类学家通常称之为表意文化"（恩伯C，恩伯M，1988）。

艺术人类学将民族艺术作为一种社会文化现象来看待，尽管不弱化它所具有的基本艺术特征如审美的功能、重视心理的体验等，但是更强调民族艺术在不同的时代背景下的独特含义、功能与意义。所以，日本的人类学者石田英一郎等在《人类学》中对艺术的看法比较能概要式地说明艺术的原真性特点："在未开化的社会中，艺术是'实行'的东西。然而现代社会中的艺术则是'让人看''给人听'的东西，在其功能方面是不相同的"（石田英一郎等，2008）。

在现代艺术人类学研究中，还关注"民族—国家"中"民族艺术"的研究，关注其民族特色。每一种艺术表达形式都包含着民族个性，艺术是用民族语言表现自己的（豪泽尔，1987）。学者们的研究还将视野转向当下的社会生活之中，特别关注艺术意义的当代表现以及艺术生产等内容，具体涉及艺术与当代审美、艺术的产业化、艺术与旅游、艺术与族群认同、艺术与性别、艺术与非物质文化遗产、艺术与政治；另外，学者们也对民族艺术的当下意义与产业化进行大力研究，这都体现了对变迁中的艺术进行的动态研究视野。

8.2　人类学视野中的旅游与艺术

艺术的主旨就是使人有美的感受和体验，而对于旅游而言它本身也是一种美，所以，在此从人类学的研究视野来探讨艺术与旅游的互动关系应是有益的思考。少数民族艺术在旅游开发中被广泛地利用，旅游业的发展也是传统少数民族艺术保护的重要途径之一，这已成为现代社会发展的客观事实。而对少数民族艺术和旅游的人类学视野的研究，已远远超越了传统的概念和意义范畴，“第四世界”的艺术和旅游艺术不仅跨越了人类学传统中的原始和小型社会的边界限定，同时极大地丰富了旅游人类学的研究内容，从而具有较强的理论意义和现实价值。

8.2.1　从艺术的角度看旅游：旅游是一种表演性的艺术

对旅游的研究，一直以来就显现在经济学、地理学、管理学、社会学等领域。人类学早期对旅游的研究也侧重于跨文化的视野，或认为旅游是一种神圣的现代朝圣。随着西方人类学的发展和现代旅游的兴盛，旅游活动的美学问题逐渐受到了关注。

旅游人类学家纳尔逊·格雷本就曾建议，对美学进行的跨文化研究将有利于旅游研究。将美学的话题深入到旅游的领域，无疑是对艺术研究和旅游研究的进一步深化。旅游活动是在什么时候成为一种艺术并发挥艺术的功能呢？当人们用特有的风格穿越地理空间而他们基本上关注的是意义的发现、创造和传播之时，这种旅游就与那种仅仅为了实现另一种目标而在地理上移动的旅游截然不同了。旅游作为一种自觉行动的方式，还表现了一种特殊的风格，反映了旅游者对现实的看法。旅游风格范畴的界定过程也是复杂的。一种旅游活动团体可以与一种绘画流派或一种艺术运动相比拟。18 世纪后期，许多旅游者曾给自己及他们的旅行公开加上“浪漫主义的”“美景如画的”“哲学的”“寻幽探奇的”“多愁善感的”等称号。但是，中西方的传统文化存在着很大的差异，旅游者的旅游风格也不同。

中国古代大量的旅游文学、山水文学作品等也都反映了旅游所具有的一种审美意味，把旅游作为一种艺术来论述的历史也已经很久了。特别是到了明代，旅游理论家王思任着意钻研旅游之道，在《游唤》中认为旅游乃天赋人性，“游道似海”，并将旅游分为 20 多种类型。明代的周忱也在《小西天游记》中指出旅游鉴赏需要三个基本功：能至、能言、能文，能文是旅游的最高境界。这说明旅游不仅促进了

“文以载道”的中国古代治学之道，同时也反映了旅游的美学意义。但是，旅游活动的美学问题到了现代才逐渐浮出水面。在现代旅游过程中，旅游者除了大量的经济消费外还有精神上的审美需求，反映在行为上也就是旅游的审美活动。

中西方关于旅行的艺术（the art of travel）的谈论都是与审美有关的话题，所以说，“旅游是艺术的现代替代物，因此旅游也是个美学问题”。那旅游究竟是一种什么样的艺术？旅游是一种表演性艺术。美国著名的旅游人类学者麦坎内尔（MacCannell，1976）提出了“舞台真实”理论，认为在旅游场景中向游客展示的，不只是社会学家戈夫曼认为的后台，而是一个“舞台化了的”（展示的）后台，一个活的博物馆，旅游具有强烈的表演性特征。特别是旅游节事活动或旅游景观中的文化表演，在旅游的大舞台中表演性更加突出，并形成了所谓的“旅游展演艺术”。这种特殊的艺术形式成了各种地方性文化旅游中文化变迁的重要表征。

8.2.2 从旅游的角度看艺术：少数民族艺术是“第四世界”的艺术

对艺术的研究及其发展变化，最重要的一个原因是它与旅游活动的开展是密不可分的，而且这一变化的产生时间也不算很晚。17 世纪 60 年代，由于受到希腊“再发现”的激发，并由旅游者、学者和艺术家所进行的不断增多的游历中世纪文化、中国和埃及活动的影响，这种“关于规律的精神”被一种感受力所打碎和破坏，即人们认识到了真实的历史差异，认识到每一个时代都具有自身种种特性，认识到多样化的本质，更认识到本质的多样化，因此对艺术的看法也随之产生了多样化的形态。最早的人类学者，从旅行者、传教士、商人所带回的旅行日记等民族志资料中获取了对他者文化的印象和了解，对原始艺术、小型社会的艺术作了大量的研究。可以说，古代旅行在一定程度上促成了人类学的研究。对原始文化的记录也奠定了人类学的重要研究基础；更重要的是，旅游为人类学者走出书斋、走入田野开拓了空间并完善了研究方法体系。

旅游活动对于人类学研究的贡献是毋庸置疑的，在旅游的语境中观察艺术形态也是有价值的。人类学介入旅游活动的研究始于 20 世纪 60 年代，公认的是 1963 年人类学者努涅斯发表的论文《一个墨西哥山村开展周末旅游带来的影响》。至此，旅游人类学的研究开始大踏步前进，研究民族旅游以及研究旅游对少数民族文化和少数民族艺术的影响等。其中，对旅游中少数民族艺术的研究尤其以格雷本的研究成果最多、最有影响，他提出：旅游中的艺术都属于一种“第四世界”的艺术。格雷本在《民族艺术与旅游艺术——来自第四世界的文化表达》一文中对该词进行了阐释，指出：“第四世界”是一个集合名词，在其政治意义上它统称那些土著或原住民部落。它们有一个共同的特征，那就是：在这些人生活的土地或居住的地方并没有民族国家所具有的明确的边界范畴、科层制度等。也就是说，并没有属于他们自己认同的国家（当然这不妨碍他们生活在某一个民族国家的领土范围内）。他们通常是少数族群，而且他们的集体生活不受现代权力的直接作用。格雷本借用“第四世界”

的概念并不是为讨论政治边界问题，而是通过它来凸显那些处于原生形态艺术的现代存在形式，以及这些艺术存在所具有的独特价值体系。可以说，“第四世界的艺术”不受统治社会的审美传统影响，是自由的。

8.2.3 少数民族艺术与旅游的紧密关联：一种耦合的关系

在全球现代化的进程中，少数民族艺术和旅游二者的关系已是越来越紧密，旅游的大众化使得旅游的形象被直接暴露出来，并上升为一种颇受公众关注的社会行为而与艺术产生一种所谓的耦合关系。这里的“耦合”是一个借用词语，指涉的是社会中的两种现象或行为的紧密关系及其相互影响，两者之间存在着很强的依赖性。少数民族艺术与旅游的这种耦合关系，具体地说就是：一方面，艺术在旅游业中的地位和重要性得到彰显和放大，尤其因为少数民族艺术是最容易被开发和成为旅游开发的一个重要内容。少数民族艺术作为重要的旅游资源极大地丰富了旅游业的发展。另一方面，旅游开发已成为很多少数民族艺术乃至民族文化保护和发展的重要途径——尽管会带来艺术的商品化问题。少数民族艺术与旅游的紧耦合，还造就了许多新形式的文艺节目，如大量的旅游演艺产品。这些旅游演艺产品不同于传统的原生态的或乡土性的少数民族艺术，也与纯粹的现代性艺术相去甚远，只在特定的旅游场域中才具有最大的艺术审美价值，才能获得最大化的经济效益和社会效益。当旅游成为现代社会中的一种发展模式时，旅游对少数民族艺术已产生了很大的影响，特别是为了迎合与满足旅游者对少数民族艺术和旅游纪念品（也被称为“机场艺术”，airport arts）的需求，少数民族艺术的真实性已经受到了影响。从一定程度上来说，旅游的舞台化导致了旅游艺术（tourist art）的出现。少数民族艺术具有传统性和真实性；而旅游艺术，作为一种特殊的艺术形式，它的审美功能则是由旅游开发商和旅游者市场共同生产而形成的，具有浓郁的旅游化特色。

8.3 民族艺术的内涵、特征与类型

8.3.1 民族艺术的内涵

民族艺术（ethnic art）的内涵应包含两个层面：一般的抽象的艺术理解，以及民族艺术的思考。第一层内涵是指民族艺术具有的美的特质，属于广义角度。艺术是对物质材料的制作和运用的技术；艺术是一种符号，能表达能指和所指的意义，引起观者审美的愉悦。第二层内涵强调的是民族艺术的特殊性，与主体文化相联系的内容。民族群体的艺术如材料、工艺和表达形式等，是某一民族群体特有的；表达的是民族社会的意义，是民族社会结构意义的网络的一部分；体现民族社会中通行的审美感知。

需要说明，民族艺术通常用于国家性的概念，多指构成国家的那个单一民族或

多个民族的艺术。当然，民族艺术的出现也是和外国艺术相对应而言的。而少数民族艺术，则是指存在于少数民族居住地域内，为少数民族所创造、保存、运用或发展的各种艺术门类与形式，包括传统的与现代的两个方面（杨德鋈，2000）。在我国，民族艺术和少数民族艺术关系的形成和发展是基于民族和少数民族及其关系的形成和发展，而这种民族关系是20世纪五六十年代中国进行民族大识别工作以后形成的，体现了民族—国家在现代化发展过程中所出现的新现象和新事物。在这样的意义上，民族艺术还有两层含义：一种是在相对于西方艺术的意义上使用，意指中国的艺术；另一种是在相对于汉族艺术的意义上使用该名词，用以指称非汉族的或少数民族的艺术。而且，在使用“民族艺术”一词时，在其背后俨然存在着无须加上民族这一修饰语的艺术或超越了特定民族的纯粹艺术、普遍艺术。而民族具有较强的时代政治色彩，一切艺术都是特定民族或特定复数的民族所产生的文化遗产，亦即一切艺术都是一定民族的产物，都是特定民族的体现。

8.3.2 民族艺术的特征

在丹纳看来，民族艺术的特征应是“四个同一”，即：创作者和欣赏者的同一；对无职业艺术家而言，个体性和群体性的同一；审美和实用的同一；象征世界和现实世界的同一（丹纳，1997）。可以看到，其中包括艺术的一般特征，也包括民族艺术的特殊性，而在本书中还是将民族艺术的文化特征予以特别呈现。

1. 民族性或族群性

民族艺术所承载的文化传统都有或隐或显的表现。如东巴艺术作为东巴文化的主要内容被展览时，东巴艺术便具有了民族的符号，“东巴”逐渐成为一种纳西文化中知识的象征。再如人们惯常地将纳西族的象形文称作“东巴文”，但有学者提出将其称为“纳西象形文”① 要更准确，虽然东巴祭司是文字的主要使用和传播者，但东巴教并不是脱离纳西社会生活而独立存在的“出世”的宗教，其教徒是活跃于民间的掌握文字的知识分子（和继全，李锡，2005）。

2. 生活性与实用性

民族艺术往往与特定族群的日常生活需求直接密切相关，或与心灵企盼相关，是生活习俗的一部分。过去，纳西族生活中“凡事必请巫”；而东巴的身份与博学也因东巴文、东巴舞蹈、东巴绘画而被认可。特别是在东巴仪式中有大量的延寿仪式，且其是开销最大的仪式之一，反映了人类最简单也是最直接的生活需求。那些画有鬼怪的木牌画在仪式结束后是要被砍掉的，象征着除去妖魔、驱赶污秽。再如东巴舞蹈，它的功能是治病驱邪、求神镇魔，所以它的道具（法器）、仪式、场合、舞步都有严格的规定，不能有差池。跳错了，它的功能就丧失了，它具有直接的功利目的（贾安林，2008）。

---

① 本文在写作时仍沿用人们惯习称之的“东巴文”。

3. 民间性与乡村性

民族艺术一般与特定族群的文化联系在一起，而少数民族文化的社会结构在很大程度上反映了艺术特征，反映了民族艺术的创作者的生活性与社会分层特点。如东巴艺术的创作者都是东巴，而东巴平时也就是劳动大众中的一员而并不是全职的东巴。“东巴”一词，在纳西语中应为“山乡诵经者”，即后来人们常理解的“智者”，东巴文化也一直处于民间。因此，就东巴艺术存在的环境而言，东巴艺术具有浓厚的民间性或乡村性特色。

4. 区域性或集体性

各民族区域地理不一，文化交流接触不一，所以同一个民族有不同的发展历史，处于不同文化地理空间的民族及其民族艺术也相应不同，从而形成了同一民族内部族群艺术的差异性和不同审美风格。如，与宁蒗的摩梭人以及其他地区的族群相比，纳西象形文是相对于丽江坝区的纳西族群而言的，大家对东巴文的认同意识也有差异。而且，东巴文的写作风格不同，有些东巴一眼便知东巴经书是四川的、云南香格里拉的，还是云南丽江的。调查发现，东巴舞谱呈现和存在于云南丽江和三坝、四川俄亚等地，至今都没有发现过全套的舞谱，东巴舞蹈的地区差异性非常明显。

5. 混融性与功利性

任何一种艺术，在发展过程中都会受到其他文化、宗教、艺术、社会的影响，也能主动地吸收或创造，使艺术自身得到丰富和发展，并使整个艺术系统得以发展。这是艺术发展的一条客观规律。可以说，艺术的发展中不仅包括了内部自身的变化，同时还体现了与周围各种社会现象或要素的联系。如印度尼西亚巴厘岛的面具艺术就是与宗教有关；再如东巴绘画源自于羌人的绘画习惯，而后吸收了藏传佛教、汉族绘画等元素，到了现代又发展出现代东巴书画等。而且，由于语言、传统习俗，以及文化心理和自然文化环境制约，民族艺术中的传统文化与外来文化融合，从而呈现出多种形态，如文人艺术和民间艺术二元并存并进的壮族、白族艺术；还有一些民族由于历史和文化原因，宗教文化渗透至这些民族生活各方面，成为对其生活有支配力量、持续产生影响的因素，并成为重要的文化传统，如傣族、藏族和回族的艺术等。

6. 模式化与创作性

民族艺术在表现集体的体验和情感上有技艺模式化的特点，以父子相传、师徒相传的方式传于下一代并代代传承沿袭而来。但是，由于艺术本身的创作性特点与很多民族艺术的口耳相传方式等，民族艺术在传承传播过程中也会有一些变化和差异。如丽江的东巴舞谱《磋模》就是按规范跳，不能随意创作其舞蹈。这与它的功能有关，一旦跳错了，就功能尽失（贾安林，2008）。东巴音乐、东巴舞蹈和东巴绘画的魅力是存活于仪式之中的，而非固守在舞谱、画谱之内。

8.3.3 民族艺术的类型

历史上比较流行的艺术分类法主要有以下几种：（1）以艺术形象的感知方式作为分类标准，把艺术分为视觉艺术、听觉艺术和想象艺术三类。视觉艺术有绘画、雕塑等；听觉艺术有音乐；想象艺术有文学。（2）以艺术形象的存在方式作为分类标准，把艺术分为空间艺术、时间艺术和时空艺术三类。空间艺术有绘画、雕塑等；时间艺术有音乐、文学等；时空艺术有舞蹈、戏剧、电影等。（3）以艺术形象的展示方式作为分类标准，把艺术分为静态艺术和动态艺术两类。静态艺术有绘画、雕刻等；动态艺术有音乐、舞蹈、戏剧、文学等。（4）依据创造艺术形象所使用的物质材料或媒介不同，把艺术分为造型艺术（绘画、雕刻等）、音响艺术（音乐）和语言艺术（诗和一般文学）等。（5）按照艺术反映生活的表现手段不同，分为音乐、舞蹈、美术、戏剧、电影、文学、曲艺、摄影和杂技等艺术门类。

艺术也是一个开放的概念和系统，其类型另有其他分类：从时间上看，有史前艺术、古代艺术、现代艺术；从空间上看，有东方艺术、西方艺术；从审美特征上看，有功利性的（巫术的、娱乐的、商业的、政治的）和超功利性的，或两者兼而有之；从表现思考和情感程度上看，有深、浅、强烈、淡薄等；就作者和欣赏者的成分而言，有精英，也有平民；从民族来看，包括各个民族；从表现方式来看，可以是独创的、抽象的，也有可被制造的、工艺性比较强的等。因此，民族艺术只是其中的一种类型。但具体到民族艺术的类型，又有具体的分类。

从民族艺术本身来看，可以根据民族的类别来进行分类，如汉族、傣族、纳西族、白族、藏族……也可根据民族艺术的载体来进行分类，如音乐、绘画、舞蹈、神话、工艺……另外，一些现代艺术形式与民族旅游结合也产生了巨大的旅游经济效益和旅游社会效益，如摄影艺术、影视艺术和旅游的结合而形成的摄影旅游、（民族）影视旅游等，在旅游市场中也占有相当大的比例，有着很大的发展空间。据有关报道，国际电影委员会协会2015年底在巴塞罗那主办了关于影视旅游的年度会议并在会议中首次专注于一个主题，即影视旅游，该协会从宏观数据层面展现了影视旅游的发展速度以及重要性，宣称全球电影产业收益大概是每年880亿美元。影视产业对旅游业产生着重要影响，每年全世界有超过10亿人次会去休闲旅游，他们每五个人中有一个是受了电影或电视节目的影响。[①]

8.3.4 民族艺术与相关艺术概念的关联和区别

此处重点探讨民族艺术与原始艺术、宗教艺术、民间艺术的关联和区别。与民族艺术不同的是，原始艺术、宗教艺术和民间艺术的出现和形成要更早，在人类的艺术形成之初基本上是混融在一起的。从历时的角度来说，原始艺术早于民间艺术，

① 数据看影视旅游的重要性．http：//107cine.com/stream/74681/.

或者说民间艺术形成于原始艺术的层积；也可以说民间艺术包含了原始艺术和宗教艺术的内容。其中，民间艺术主要是呈现于现代社会中，具有一定的阶级性或社会分层的社会意义。三者的关系是，既有历时性的背景关联性，也有共时性的融合共存关系。在原始艺术的领域里宗教（信仰）艺术是主要的形式，而现代的民间艺术中同样含有宗教艺术的成分。

1. 原始艺术

原始艺术，并不是说艺术是原始的（布洛克，1991）。在《文化学辞典》中，原始艺术被定义为“远古原始时代人类所创造的艺术”，狭义地指原始的绘画艺术，比较注重实用性，多数作品具有社会、宗教、装饰或其他实用功能（覃光广，冯利，陈朴，1988）。但是，对原始艺术的看法其实还有很多。美国学者博厄斯（1989）研究的原始艺术主要指原始民族生活中的艺术，更多的是研究其形式、风格和特点。美国学者简·布洛克（1991）则认为，原始艺术是一个跨文化对象，不但是跨民族、国别的，而且是跨人类文化发展阶段的。中国学者刘锡诚（1998）认为，原始艺术是指原始社会中发生和发展起来的原始人的艺术。在文化史上，原始艺术也指与文明人的艺术相对而言的那些初级的和幼稚的艺术。邓福星（1987）则提出了“艺术前的艺术——史前艺术”这一概念，认为“史前或远古艺术，从编年史的意义上，限指人类社会成文史以前的‘艺术’。原始艺术，则泛指与文明人艺术相对的那些初创的、幼稚的原始人的艺术。原始艺术的内涵比史前艺术宽泛。一方面，它包括史前艺术，可作史前艺术的代称，我国学术界习惯于此；另一方面，由于人类进入文明社会以来，世界上个别角落至今还残存着不开化的部族，他们的‘艺术’，也属于原始艺术，但不是史前艺术了，所以原始艺术不能以史前艺术代称”。张文勋等人（1998）则认为，史前仅指人类有文字记载以前，是一绝对的时间概念，而原始仅指其文化性质而言，并无绝对年代之分。因此，原始艺术本身就是一个含义丰富、变动不居的概念，本书对原始艺术的理解也倾向于文化的视角，认为原始艺术无绝对年代之分，但它具备原始艺术的艺术性以及实用性的特点。从另一种角度而言，在先民社会里原始艺术并没有与民间艺术的区分，因为它是唯一的艺术，那时是集体无意识或集体性的社会，因此，原始艺术和民间艺术是同一的，没有任何区别；在已发展社会里，民间艺术可能就是在原始艺术的基础上发展变化来的。

此外，还有原始艺术与史前艺术的讨论。“史前”一词起源于19世纪，广义地说是指古代文明之前的时期。史前艺术指的是经考古发掘整理出来史前原始社会的艺术；原始艺术指的是近现代原始部落的艺术。同时，在我国原始艺术也用来指史前原始社会的艺术；而史前艺术则一般不用来指近现代的原始部落的艺术。

2. 宗教艺术

民族艺术中不仅包含有原始艺术的内容，更多的还与宗教艺术相渗透和交融。涉及宗教艺术的话题，首先涉及艺术的分类。大多数宗教家和艺术家都会认为，艺术可分为宗教艺术与世俗艺术两大类或者宗教题材艺术与非宗教题材艺术两大类。

但大多数倾向于后者的分类，因为前者没有实际意义且主体不确定，而后者的标准更明确（韦斯，沃格特，1999）。

关于宗教艺术的定义，蒋述卓（2005）认为宗教艺术是以表现宗教观念，宣扬宗教教理，跟宗教仪式结合在一起或者以宗教崇拜为目的的艺术。它是宗教观念、宗教情感、宗教精神、宗教仪式与艺术形式的结合。事实上，对宗教艺术的讨论一直都围绕在起源并重点从宗教与艺术的关系角度而展开。艺术与宗教，在起源时就紧密地联系在一起。艺术与宗教都起源于原始人的社会实践和混沌意识。原始宗教对原始艺术的起源的产生和发展，起了巨大的催化和推动作用。而在起源之时，原始艺术与宗教艺术是混融的。弗雷泽（1998）在其著名的《金枝》中就对原始崇拜仪式中的音乐、歌唱、诗歌、舞蹈与宗教的混融性作过详尽的阐述。英国的神话—仪典学派则认为艺术都是脱胎于仪式的，说明原始部族的艺术活动与宗教崇拜仪式活动乃至生产活动关系密切，而且人类历史早期艺术大都是为宗教或仪式服务。美国的韦斯（1999）在研究宗教与艺术的关系时，就直接进行了阐明，“从历史上看，宗教始终是艺术的泉源，而崇拜艺术则是一切艺术之母”，而且艺术与宗教由于它们在起源、主要题材和内在体验方面的深刻同一性而归于统一。

艺术与宗教尽管由于宗教的派系发展以及科技等诸多原因会分裂，但也从来都是相互需要而不能彼此离开。两者的关系表现之一就是宗教艺术，即是由宗教修饰的艺术（韦斯，沃格特，1999）。我国的原始文化研究专家朱狄叶指出，原始艺术常常作为一种宗教的符号在发生作用。待宗教发展到一定阶段特别是有人为宗教后，宗教艺术就成为特定宗教思想的艺术表现，是宗教教义的外化形式。

任何一个民族的文化都离不开信仰和宗教，所以在研究民族艺术的时候都会涉及该民族的信仰或宗教，也只有把握这些民众所信仰的宗教及其特点，才能更好地了解旅游开发后艺术的变迁及诸多问题。例如，藏族的面具艺术离不开藏传佛教、纳西族的东巴艺术离不开东巴教……甚至很多少数民族的艺术内容里都包括宗教艺术和民间艺术等。

3. 民间艺术

20世纪30年代，钟敬文较早地提出了民间艺术的概念，它“不仅指民间美术，其中还包含了民间文化、音乐、神话等，但其中的诸如‘春纸’之类是民间艺术研究的重要内容”。“从30年代的这些学者的观点来看，民间艺术指的是广义的艺术概念，而不是仅指造型艺术。民间艺术的研究是建立在民俗研究的基础之上的，民间艺术与民俗艺术的概念似乎也可以互换”（潘鲁生，唐家路，2002）。“民间艺术是各种民俗活动的形象载体，其本身便是复杂纷纭的民俗事项”。钟敬文在《民俗学概论》中就给出了明确的定义：“民间艺术是指在社会中下层民众中广泛流行的音乐、舞蹈、美术、戏曲等艺术创造活动。……在社会发生阶级分化之前，原始的艺术是全民性的艺术。在进入阶级社会以后，艺术逐渐脱离了物质生产和巫术、宗教等活动，成为社会生活中的一个独立部门，同时有了社会上层艺术与民间艺术的区别”（钟敬文，2000）。显然，民间艺术是从社会分层的角度进行分类的。

民间艺术的内涵实际上是很丰富的，它既可能是由原始艺术而发展起来的，也包含着宗教艺术题材。而且，民间艺术在一个特定的社会环境和时代场景中是最贴近民众生活基础的，不仅具有物质生活的实用性，也具有一定的审美效果和意义。在宗教和艺术相对分化以后，民间艺术开始有了独立的形态，像东巴教在发展到一定程度的时候就逐渐有了“东巴教”和“东巴艺术”的区别。

需要指出，民间艺术的概念并不是来自民间自身，而是他者的观察和建构。它的提出是一种外来注视、外来兴趣和外来观念的结果，是民间艺术本身的客观存在与那些有着不同于民间视界或者说已经超脱了民间视界的人的兴趣和重视两者碰撞的结果（王毅，2000）。甚至，民间艺术“不过是一种心理学的构想，我们可以赋予它一种精确界定的意义，但它决不是一种自发和自律的精神活动”（豪泽尔，1987）。民间的含义，更多的是外界赋予它的意义，当然民间这个概念的内涵还会随时代的变化而变化，呈现多义的表达和理解。

8.4 旅游中的民族艺术及其变迁

8.4.1 旅游中的民族艺术

“文化能用金钱来衡量吗?”“艺术也能用金钱来衡量吗?”虽说文化艺术不能用金钱来衡量，但在旅游市场中艺术也要遵循市场规律。在旅游经济的影响下艺术所处的空间发生转换，艺术的内涵也在发生各种变化。

1. 艺人与旅游者：审美与消费

与艺术家不同，民族艺术中的创作者大多不是个体作者，而是集体性的非职业化的艺人。在旅游开发和游客需求等多种因素影响下，艺人为游客进行旅游展演并在短时间内满足大众游客的各种需求，因此，艺术的创作不再单纯地为了“美”而出发，需要考虑旅游消费者的经济需求以及自身的经济利益；也不再单纯地为了艺人自己的生活之需，而需要考虑旅游者的旅游便携等特殊需求。艺人与旅游者之间所建立起的短暂的社会关系改变了艺术的创作初衷，艺人可能会成为一个制造者、展演者而非创作者。

2. 艺术品与“机场艺术品”：美的与感官的

无名的民族民间艺人创作出的艺术品在“机械复制化时代”加快了艺术品在旅游市场中的商品化速度，刺激了游客的感官性消费、快餐式享受，看的、听的、用的都是那么平面化，很少有能与人的心灵相沟通、相互动的作品。在美感与感官之间，后者占据了相当的分量。如大量的“机场艺术品”的便携、小巧、易于包装等；像巴厘岛的面具艺术品有很多已直接抛开宗教的内涵，造型浮夸，以满足游客的短暂视觉消费需求；再如舞台演艺产品也追求各种感官的享受，鲜艳的色彩、灯光的刺激会大大地有益于产品的销售。

3. 工艺品与纪念品：制造与展演

相比于音乐、舞蹈、绘画等民族艺术类型，在旅游活动中，民族工艺品在转换为旅游纪念品时会更有优势，如云南的织布、秧萝、葫芦笙等；而且，纪念品的价值和价格在很大程度上取决于游客的喜好和消费，像纪念品的尺寸、吸引力、价格等。游客在消费工艺品而不是鉴赏工艺品，工艺品的符号成为商品的价值并进行市场交易，游客与东道主在对工艺品进行“形式上的交换”，而不是“美学上的交流”。

8.4.2 从民族艺术到旅游艺术

1. 民族艺术的涵化

以传统手工艺为例，它原是一种属于民间的文化遗产，是一种地方性知识。由于传统手工艺往往与一个社会群体的生活文化有密切关系，所以传统工艺文化也具有一定的象征意义。当手工艺品经过开发成为旅游工艺品时也就体现出一种涵化的过程：从“功能性的艺术品”到“商业性的艺术品”，到“纪念性的艺术品”，甚至到“被同化了的艺术品”（张晓萍，2005）。传统的民间手工艺已经不再被人看成是普通的手艺，便捷的物资交流再加上一些现代化的技术和手段，使旅游艺术品更加商业化并成为“被同化了的艺术品”，成为旅游商品批发市场中的现代大众旅游商品。

2. 民族艺术的符号化

在传统社会中，所有的民族艺术象征符号背后都必然存在着一个强大的意义世界，民族艺术在旅游开发中也扮演着极其重要的角色。艺术是一种特殊的交流语言，也是一种重要的表意文化，是文化的象征形式与符号的表现，所有对于现实的模拟都离不开艺术的表现。“艺术可以为一系列的社会功能服务，包括社会控制、娱乐（旅游）和教育。艺术成长于特殊的经济、政治和社会环境，在一定程度上，艺术的内容和形式有可能成为体现这些因素的产品。艺术可以为加强社会生活方式服务，但是它可能成为反对和抵制的媒介”（Miller，1999）。民族艺术成为显性因子，是民族文化变迁的重要媒介和符号。民族艺术的遗产化也是符号化的一种表现，是政治资本的直接作用，不像旅游中的艺术符号化体现了复杂的经济资本和文化资本等更多的社会行动者的权力博弈。

3. 旅游场域的具化

“第四世界”的艺术背后意味着艺术与权力的话题。在旅游场域中已经不再强调其音乐、舞蹈或绘画的各自的特点和审美效果，而是将其作为文化来观赏或作为旅游纪念品来购买，使其具有“为旅游而艺术”的特殊性。由民族艺术转变为旅游艺术都是旅游场域中多元社会力量的权力博弈的结果，像佤族的神话甚至也被旅游化，成为旅游神话。在民族旅游语境中，云南佤族司岗里神话经历了一系列旅游文本化制作流程。对于东道主，它是社区生活中神话传统的一种新的生存形态；对于中介者，它是制造民族特色的一种强有力的话语形式；对于游客，它是寻求文化震撼与怀旧感的途径之一。神话赋予民族旅游以神圣性，使游客产生非凡的体验与文化震撼。同时，旅游将神话文本化，增添了其呈现的可能性（高健，2015）。

在从民族艺术到旅游艺术的过程中，旅游业的发展起到了直接的作用，但还要看到，外在的现代化、全球化、大众化等因素也在影响和干预着。当艺术走向公众场合成为旅游商品被旅游者消费时，旅游者的需求和旅游企业的制造直接影响着艺术品的本来面貌，而大众传媒则是一种旅游行为价值趋向的“导游”。大众媒体以大量信息不仅对公众造成一定的视听“暴力”，还导致了这些民族旅游表演的雷同；大众媒介的宣传和炒作又使旅游表演节目在大众旅游者中产生了片面的印象，使旅游者对民族艺术的了解停留在表层。由此，民间传统艺术形式在大众生活中产生了形形色色的支离破碎的解读甚至误读，甚至民族艺术在旅游场域中作为象征符号被主流文化彻底同化与置换，出现平面化与符号化，泛化与异化。

8.4.3　旅游、艺术与现代性

作为民族文化变迁的重要媒介和显性要素，民族民间艺术的变迁和变异在很大程度上也体现了民族文化的现代化发展与实际问题。

1. 表层的旅游艺术表演

民间艺术越来越趋向于大众化，大众艺术与民间艺术已很难分开层次。大众文化使艺术的形式产生了嬗变，最直接的表现是艺术与生活的边界和距离被消解，艺术的生活化和生活的艺术化、日常经验与审美经验的混杂。特别在后现代旅游中，休闲、娱乐与文化已交织在一起，文化活动与娱乐活动已不再被完全分离开，旅游活动的特色也不再如从前般突出。传统的艺术语言地位下降，真人秀和文化表演具有了现代解说的功能，担负起教育和娱乐的职能（蒂莫西，博伊德，2007）。但需要指出，对于大众来说，充满“艺术”特色的旅游纪念品和旅游表演可能无所谓民间性或高雅性之分，但旅游艺术表演中的民间艺术在大众媒介的作用下进行了市场化包装并得到个性的张扬，其特殊功能和意义得到了充分展现。而这类旅游艺术形式又被看作一种新的艺术形式，可以被称作“旅游艺术品”。狭义的旅游艺术品是为了满足旅游者的物质和精神需要而生产的少数民族工艺品和手工制品（张晓萍，2005）；而广义的旅游艺术品总是通过如旅游工艺品、歌舞表演、晚间秀或博物馆等一定的形式表现出来。这种旅游艺术形式是为旅游大众服务的，具有休闲、娱乐、愉悦等功能，也有特定的艺术价值和旅游审美价值。可以说，这类舞台展演化的民间艺术含有特定的旅游象征意义，因而是一种特殊的艺术形式；而且这类旅游艺术形式也具有特定的仪式功能，为旅游活动中的旅游者提供具有旅游象征性的服务，因而成为（旅游）仪式中的仪式，是现代旅游生活中的一种新仪式。在现代大众的旅游过程中，民间艺术也被仪式化、符号化了。通过旅游纪念品、文化表演或节日等庆典集会活动可以展示民族文化，旅游者也相应地获得了自我表达与旅游记忆的象征符号。

特别要提出，那些民族博物馆或艺术博物馆就是一个文化表征的特殊空间。狭义的静态的博物馆是向公众开放的，是创造一种集体性体验的“圣地”，也是仪式的缔造者。广义的民族文化生态村式的动态的博物馆更是如此。一段时间的村落式生活使旅游者在旅游过程中获得了对民族文化的最大体验，实现了对仪式的最佳过渡感受。而不同的民间文化在村落的民间艺术表演或晚间秀活动的仪式化氛围中有了一种富有意味的象征性意义并获得了重生。静态的博物馆记录了民族的历史文化，动态的博物馆则展现着当下的民族文化。不论静态的或是动态的博物馆，一个最重要的功能都是传承文化，而活态文化的现时表现则更能体现人类文化多样性的存在及其生命力。所以，那些博物馆也会像旅游地那样将音乐、舞蹈或仪式呈现在旅游者面前，以吸引更多的大众，使人类文化的保护获得最大范围的普及和影响力。然而，也正是因为这种大众文化的普及性和娱乐性特点，旅游开发后的旅游产品都是表演性、欣赏性的节目。这种一味追求感性的享受导致媚俗的形象，从而消解了文化的深层的含义，以经验的直接性取代了价值的超越性，以瞬间的体验取代了永久的回味和思考。所以，活态的传统仪式或艺术表演经旅游开发后的仪式化价值、“舞台真实性”才显得如此重要，以至于旅游开发商纷纷效仿以获得最大化的利益。

2. 旅游场域中的利益表达

众多的旅游艺术表演吸引着旅游者移动的脚步，游客的跨文化空间移动产生了一种新的文化现象，即旅游文化。作为大众文化当中的一种独特亚文化形态，旅游文化是一个巨大的叙事系统，它既包含着人类历史的历时性，同时又具有明确的共时性特征。它就像一个十字结构，现代旅游所遇到的、所涉及的话题都可以在旅游文化这个十字结构中找到相应的位置（彭兆荣，2004）。需要强调，现代旅游活动本身就是一个历史的范畴，是前工业社会向现代社会转型的一种重要现象和因素。因此，现代旅游也可以看作一种时空结构中的“社会超级结构”，即一种政治、经济的结构。基于这样的时空研究维度，民族文化的现代化发展变迁可以归因于旅游场域的作用。旅游场域的成型，离不开现代旅游活动。现代旅游是一定的政治、经济、文化因子在特定的时间、空间之中相互结合而产生的。一般而言，只要有旅游活动及相关的社会现象，就会有旅游场域。狭义而言，真正的旅游场域是在现代旅游活动产生后形成的。进入现代工业社会以后，随着社会生产力的提高，人不仅要满足自身的基本需求，还产生了更高层次的需要。现代旅游活动应运而生，而且已成为现代人的生活方式之一。特别在旅游区（地）建立后，游客、东道主以及他们所代表的机构和社会之间会建立起各种各样的社会互动关系，在这个互动的体系中有一个权力中心来指导着它的发展。其中，由这种旅游活动所形成的各种社会关系互动，即旅游场域。

旅游场域是指存在于旅游空间中的一个客观关系网络，或是卷入旅游活动中的各种社会角色所形成的一种关系构型（光映炯，2012）。简单地说，旅游场域就是以旅游现象为中心而形成的非实体性客观关系网络。在这个场域中，在文化资本、经济资本、社会资本以旅游场域为平台发生转换的过程中，旅游活动促使文化资本发生变化，因而最终推动民族（族群）文化发生变迁。如果用布迪厄的术语来解释，旅游场域中发生的民族（族群）文化变迁其实就是一种由元场域（权力中心）激发、推动的文化再生产：通过这种再生产，元场域的文化资本在边缘族群中获得了前所未有的合理性和合法性，以此维持本身的动态平衡，并促使后者的文化资本以前者为参照，进行置换、创新或重组。在旅游场域的平台上通过大众文化的媒介，民间艺术发生着各种各样的变化并在旅游者面前产生了多义性的表现，同时旅游者又对其进行着多义性的解读。也可以说，旅游场域中民间艺术的变迁是多方面社会力量共同作用的结果。

如果说古代的儒家学说从民间走向官方成为一种正统思想，那么，现代的大众旅游活动则在很大程度上映射了国家的经济发展思想。旅游场域中反映出的是各种社会、经济、文化资本间存在着的复杂关系，国家的权力实现也体现于其中。

3. 深层的国家意识形态体现

在大众文化的社会背景下特别是最前沿的旅游市场中，艺术语言表达的能指与所指都已被最大限度地强化。虽然国家的话语与语言性权威隐藏在大众媒体的身后，但其声音的传达在大众媒介中是被无限放大的。而且，连现代化所隐含的现代性意识形态也早已通过各种各样的政治话语及传播话语被普及化了（吉登斯，1998）。这正是大众文化后现代性转向的一大特点：大众文化不仅向日常生活的审美化方向转向，大众文化的多元化还导致文化标准的失序及后现代大众文化向社会政治的渗透。

再说，旅游本身并非单一的实体，它不仅具有系统特性，而且与一个更大的系统构成一种语境，而这种“旅游系统可以被置于较为广大的社会背景之中”。作为一种表达文化，大众艺术往往也是与一定的语境联系在一起，这个语境使之与更广泛的社会体制和话语系统紧密联系在一起。“如同语言一样，艺术在国家形象中也是一种政治力量或种族稳定立场的催化剂”（Miller，1999）。在这样的作用下，民间艺术的现代变异在旅游场景中也就越来越合理化。另一方面，在后现代经济的需求与消费方面，其文化模式也已改变。业余时间被视为文化、消费与娱乐合一的时间，休闲、娱乐与文化已交织在一起，文化活动与娱乐活动已不再被完全分离开（刘晖，2006）。现代旅游加强了旅游的民俗化，也促进了文化现代性的发展，甚至民间艺术的变异也扩充了生存空间和社会条件。

现代性所产生的最为显著的社会形式是“民族—国家”（吉登斯，1998）。在现代化的民族—国家中，通过旅游开发的途径，艺术的表达功能更是得到了最大化的提升，并体现着一定的国家意识。正如吉登斯所说，除了商品化外，传播媒体、交通、邮电等资源的开发，使国家更容易渗透到社会中，强化其监视力。而在旅游人类学的视野中，现代性的一个非常重要特征就是：民族成了一种最具表现力的符号和资源（彭兆荣，2004）；民族旅游也越来越成为一种具有特别价值的项目和形式。也因此，在民族旅游资源的流行性开发中，民间艺术的张扬不仅体现了大众化的现代艺术审美价值，还反映了国家对民族文化的态度，即将“第四世界”的少数族群文化纳入“大一统”的政治范围以表达国家意识。仍以遗产旅游为例，遗产及其命名从本质上讲就具有政治意义。确切地说，一些遗产被统治者用来为其倡导的意识形态以及权力体系服务（蒂莫西，博伊德，2007）。特别是那些世界文化遗产旅游地，它本身就负载了某一独特的民族文化而象征着一定的民族自豪感、民族团结，并成为强化该民族—国家的世界性特征。另外，现代性造成的另一个后果是族群关系的复杂化。在当代民族—国家的现代化语境中，旅游主要是一种由政治策略支配的经济、文化行为，通过旅游群体向边缘地带和边缘族群的扩散来传播主流社会的价值观念和行为准则，促使非主流社会主动向主流社会靠拢与趋同，最终达到强化国家符号体系之权威性与合法性的目的。但问题是，在旅游人类学研究当中，不仅东道主社会的地方并不是单一的存在，游客同样也不会对东道主地方抱以一视同仁的态度。也就是说，在旅游人类学的地方和相关研究中，现代性的问题是复杂而多义的。

需要指出，在中国这个以政府主导旅游业发展的国度中，政府的社会身份与作用均站在了最高处，国家的意识形态被直接暴露于公众之中。如世界遗产不仅关乎着民族—国家，也关乎着其中的利益相关者，还关乎着社会中的每一个人。到世界遗产地去旅游，可以增长公民的旅游知识，可以提高文化修养、陶冶情操，还可以通过文明旅游来提高大众的综合素质，促进全社会文明素质的提升；加强申报世界遗产的工作，更可以增强民族的自豪感与中国在世界上的地位和威望。对世界遗产的了解，就是对人自身的了解；越是增强对世界遗产重要性的认识与尊重，就越有助于确立个人、社区和国家认同感以及文化自觉意识。所以，各级政府纷纷把申报世界遗产视作赢得地位和声望的一种方式，而且把它看作促进旅游业和地方经济发展的一种有效工具。目前“申遗热”现象在大众中的普及已使中国成为世界遗产的强大保卫者与捍卫者。但同时，在申报世界遗产与世界遗产地旅游管理的问题上，也凸显了我国在世界遗产研究中的滞后和管理上的不足，使民族文化和国家的现代化发展面临更大的机遇和挑战。对世界遗产资源这一项特殊的公共资源，当中涉及的利益相关者就有在旅游开发过程中的各种利益群体或个人，它们包括当地社区、政府、企业及旅游者和其他一些相关人员，但特别要求政府进行强权治理，这是可能避免“公地悲剧”的唯一办法（张朝枝，2006）。

世界遗产，是人类共同的遗产。不同社会、文化团体以及不同政府共同对历史作出主观的诠释，以便实现其自身在意识形态方面的种种目标。一方面，国家政府以各种不同的方式利用遗产制造舆论导向，激发爱国主义，塑造和反映其理想的政治形象；另一方面，社会各界都应该参与到世界遗产的规划与开发当中。就在 2007 年第二个“中国文化遗产日”之际，国家文化部、国家文物局、故宫博物院、中央电视台以及部分省市共同推出了“中国记忆——文化遗产博览月”的大型活动。以 5 月 18 日“世界博物馆日”和 6 月 9 日“中国文化遗产日”这两个与文化交流、遗产保护相关的重要纪念日为起止点，除了在这两个纪念日当天各推出长达四小时的直播节目外，央视《探索·发现》《讲述》《人物》《百家讲坛》四个名牌栏目还在这一个月期间以“保护文化遗产，建设和谐文化”为主题，打通资源，形成互动，共同推出了丰富多样的电视专题节目，营造出了关注古代文明、关注遗产保护的文化氛围。大型的电视媒体行动促使人们去经历了一次时空之旅，把人们带回过去，停下匆忙的脚步，回头看看人类的过去，了解中华民族共同的历史，再一次确认自己的身份，再一次明确自己的历史责任！大众传媒再次在旅游宣传中起到了强有力的作用。通过大众媒体，国家政府宣传了要“建设和谐文化”的文化现代化发展思路；通过大众媒体，旅游的跨文化特性得到了体现；通过大众媒体，“后现代游客”也已经越来越没有必要离开家庭，借助电视、媒体或者光盘、互联网等就可以实现“秀才不出门，全知天下事”，就能完成一次“虚拟”旅游，实现个体素质的提升。通过大众传媒中的活态的旅游艺术展演，国家的意识表达与个体素质的发展达到了完美的集合；而就在这样的一次喧嚣的大众文化和模拟旅游过程中，也同时可以促进民族—国家的文化现代性发展。

此外，在当代民族—国家的现代化进程中，除了要维护民族文化与国家的权益，除了在保护民族文化的同时彰显民族—国家在国际上的地位和影响，个人在旅游普遍化的进程中也可通过对民间艺术的认识和了解来体现其在社会关系中的社会价值。现代旅游是现代性的一种表象，而现代社会特别是在后现代背景下，作为个体性游客，也很难不受到现代社会中的分离因素的影响，即很难在完整意义上成为一个“完全的个人”（彭兆荣，2004）。特别是对于旅游活动本身而言，旅游的根本功能在于通过对“生产—生活”时空的调节和转换，来释放或稀释因社会的急剧转型而给其个体成员所造成的心理压力和精神焦虑，大众文化的氛围正好满足人们的这一精神需求。在大众媒介的作用或大众的参与下，人们在享受着富裕的物质生活的同时仿佛都享受了一次次的“文化大餐”，以旅游为代表的大众文化成为大众的精神食粮。大众艺术越来越深入地渗透到日常生活领域，大众文化与日常生活实践整合在一起，或者说艺术与日常生活的界限消失。一方面，人们追求对真实与他者的旅游，另一方面，人们也不再沉溺于对真实性的追求，审美与娱乐的界限被模糊化。同样遭受大众批评的，还有“旅游使得现代化越来越普及”。尽管如此，国家的统一与民族的和谐是全球现代化中的不变主题。

概而言之，在大众文化时代由于旅游触发的民间艺术变异及其所带来的文化现代性发展从表层到深层的机制可以用图8－1表示：

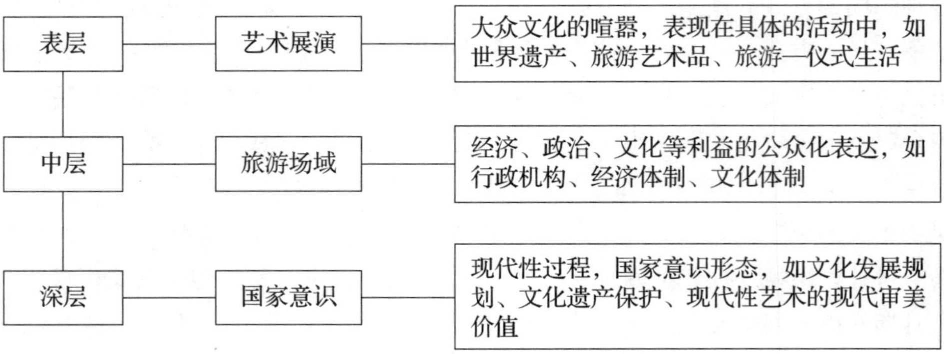

图8－1　民族艺术现代化的深层机理

可以看到，当今的人们生活在大众媒体的喧嚣中，这样的日常生活表达着不同社会角色的意识与追求，又反映着社会的现代性秩序。而民间艺术又在其中占有举足轻重的地位。处在大众文化背景之下，民间艺术的语境与内涵已发生了变化，旅游场域的存在引起民间艺术发生了深层的变异，还促使族群和个体产生自我认同与自我反思，并影响着民族—国家的文化现代化发展之路。

本章小结

在旅游场景中，艺术尤其是少数民族艺术不仅容易被旅游开发，也是最受游客欢迎的一种旅游产品。从旅游经营者的角度而言，它可以提供很多东道主与游客的可参与活动；从游客的角度来讲，它可以满足他们的审美需求、猎奇心理，带来非凡的文化体验。

当艺术走向公众场合成为旅游商品被旅游者消费时，旅游者的需求和旅游企业的制造直接影响着艺术品的本来面貌。在旅游经济的影响下，艺术的内涵也在发生变化，艺术的目的从审美演变为满足旅游者的需要，艺术品则演变为“机场艺术品”。对于游客来说，其消费也由对美的享受演变为感官的刺激。工艺品与纪念品的功能也体现了出来，一种是制造，一种为展演。甚至，工艺品的符号成为商品的价值而进行市场交易，民族艺术出现了涵化和符号化。民间传统艺术形式在大众生活中产生了支离破碎的解读甚至误读，甚至民族艺术在旅游场域中作为象征符号被主流文化彻底同化与置换。

在旅游场域的平台上通过大众文化的媒介，民间艺术的语境与内涵已发生了变化，旅游场域的存在使得民间艺术发生了深层的变异，也促使族群和个体产生自我认同和自我反思。旅游场域中民族艺术变迁的深层机理可以体现在三个方面：表层的旅游艺术表演，中层旅游场域中的利益表达，以及深层的国家意识形态体现。

关键术语

艺术（art）
民族艺术（ethnic arts）
宗教艺术（religious art）
原始艺术（primitive art）
“第四世界”的艺术（the art of “the fourth world”）
机场艺术品（airport art）
涵化（acculturation）

复习题

1. 如何理解旅游场域中民族艺术的变迁？
2. 简述“第四世界”的艺术在中国的理解及运用。
3. 简述各种艺术形式在旅游开发中的具体变迁及特征。

扩展阅读材料

文旅融合背景下“坐妹”旅游演艺舞台真实性解析*

“文化为魂，旅游为体”。在文化与旅游融合的众多形式中，旅游演艺以一种游客喜闻乐见的形式，将文化融入旅游消费之中，在促成旅游创收的同时彰显地方文化魅力。2018年，《国务院办公厅关于促进全域旅游发展的指导意见》提到要推动演艺等产业与旅游业融合开展文化体验旅游。2019年，国家文化和旅游部出台《关于促进旅游演艺发展的指导意见》，这也是首次出台促进旅游演艺发展的政策性文件。尽管国家政策和行业势态发展较好，但旅游演艺终究难逃行业“二八定律”。旅游演艺市场前景是否光明，现有的旅游演艺如何在现今大环境中谋求生存空间仍是值得深思的问题。

一、理论回顾

“真实性”一词，源于希腊语，意为“为自己做的”“最初的”。最初“真实性”被用于描述博物馆的艺术展品是否真实，1964年布尔斯廷将“真实性”的概念引入到旅游业中从而引发了热烈讨论。“舞台真实”最早起源于社会学家戈尔曼的“社会戏剧”理论，他将“表演”定义为：“特定的参与者在特定的场合，以任何形式影响其他任何参与者的所有行动。”而整个社会就像一个由“前台”和“后台”构成的大剧院。美国社会学家麦坎内尔在民族旅游的背景下引入了“舞台真实”的概念。他也同样阐述了“前台”和“后台”的概念，他认为“前台”是游客和旅游服务人员

---

* 侯玉霞，赵映雪，吴忠军．文旅融合背景下“坐妹”旅游演艺舞台真实性解析．贵州民族研究，2020，41（1）：89－95.

接触的场所，是展现给游客看的当地人的生活方式和特色文化。“后台”是旅游服务人员休息和准备的场所，是当地居民的日常生产生活空间。

二、旅游演艺：“坐妹”——传统民族文化的活态演变

（一）起源：侗族传统择偶方式

侗族流行一句谚语“饭养身，歌养心”，最具代表性的便是侗族男女青年的择偶方式，他们以歌传情、以歌会友，不依靠中介人，直接进行婚姻选择，即行歌坐夜，也称“坐妹”。

《中国少数民族婚俗》也记载道：“侗族爱恋，年轻人喜欢走寨，一寨的青年弹着侗族琵琶，吹着侗族笛子，走到另一寨。凡是家中有女青年者，灯就会亮，这时男青年就会以各种理由进到某家坐片刻。如果女方相中，就会留下来闲谈，父母也会找借口回避。这时男女双方坐在火塘边，借以初步了解。俩人约好下次约会的时间、地点。经过几次见面，认为情投意合，女方送男方项圈、手镯，男方给女方不同颜色的线，女方再用这些线绣出漂亮的衣服。”

（二）变异：从“民间习俗”到“旅游展演”

三江侗族自治县的青年男女也不例外地采用这种择偶方式寻找人生配偶。三江侗族自治县位于广西壮族自治区柳州市，全县 36 万人，侗族人口占 57%。其历史悠久，传承和沿袭了侗族传统民间习俗，但随着社会的进步和经济的发展以及人们生活思想观念的变化，许多民间传统习俗逐渐变异甚至消亡。“坐妹”这种“依歌择配”的婚俗也随着青年男女的外出学习、务工以及通信手段的日新月异等原因逐渐被影响甚至面临消亡。少数民族地区要想自身文化得以保存，只有从文化转型上求生路，而如何转型却也成为一道难题。

将民间传说、民间故事搬上舞台，以艺术化形式展现，不失为一种文化传续的有效形式。2010 年，三江侗乡鸟巢文化开发有限公司（2015 年与广西旅游发展集团合股，现已更名为广西旅游发展集团三江县志达旅游发展有限公司，以下简称“志达公司”）总经理 YBR 受到《印象・刘三姐》的启发，开始尝试将三江侗族地区独特的婚恋习俗以舞台演绎的形式呈现出来。《坐妹》大型实景演出于 2011 年 10 月 1 日正式推出。从民间习俗到旅游演艺的成功转型，促使本地习俗更多地被外界熟知。

（三）兴盛：侗族文化象征

旅游演艺的兴盛得益于文化和旅游的天然互补性，同时也离不开国家政策支持。近几年，国家对旅游演艺市场的重视程度逐渐提高，特别是随着“文化＋旅游”融合进程的加快，民间旅游演艺这种集文化展示与旅游休闲于一体的旅游产品愈发受到大众欢迎。

最初的《坐妹》是由侗族大歌、喊姑娘、闹姑娘、坐姑娘、赶坡节、多耶节团圆等六个篇章组成，将侗族建筑文化、饮食文化、服饰文化、歌谣文化、器乐文化等通过舞台展现出来。

自开演以来，《坐妹》演艺收入逐年提升。2012 年年底，《坐妹》门票收入达到 240 万元；2013 年达到 340 万元；2014 年达到 420 万元，这一时期，主要依靠口碑扩散和旅行社支持获得客源。由于当时三江自治县县城交通不便，客源量较少，《坐妹》一直采用“天天演”的模式，通常是入不敷出。侗乡鸟巢公司几乎每年都要对演出细节提升改进，使剧情一直“保鲜”。

旅游演艺产品的编创必须能触动时代脉搏、雅俗共赏，符合大众口味的同时达到娱乐性和休闲性，而不是单单展现文化性与艺术性。2014 年，公司邀请广西歌舞团对整个节目做了较大提升，改进后的节目更加生活化，分为四个篇章（见表 8－1）。提升后的节目增添了“狗叫”“青蛙叫”等更显生活真实性的配乐，更加细致刻画人物的感情，使得整个节目更加动情。2015 年《坐妹》门票收入达到 460 万元；2016 年达到 600 多万元；2017 年门票总收入高达 900 多万元；2018 年门票收入约为 645 万元，有所下滑。这一时期，贵广高铁的开通以及《坐妹》的品质提升改造促使其发展速度增快，逐渐成为侗乡旅游的形象大使和文化代言人。

表 8－1 《坐妹》节目主要篇章及简介

顺序	名称	主要内容
一更	走姑娘	《走姑娘》：在侗族地区源远流长，是形成婚姻的开端。旧时的侗族小伙子在交通不便的情况下，划着竹排，提着油灯，到姑娘家里寻情求爱
二更	闹姑娘	《闹姑娘》：既是一种娱乐又是求爱方式。小伙子到某个姑娘家里“行歌坐夜”、聊天或玩游戏，男女双方都有朋友陪伴，场面很热闹
三更	坐妹	《坐妹》：是“闹姑娘”的升华。青年男女通过“闹姑娘”有了相爱之情后便“离群”到屋外互诉爱意
四更	破晓之喜	《破晓之喜》：戴着银饰、穿着盛装，新娘依依不舍地向父母和伙伴告别，牵着新郎的手去新郎家。伴随他们的，还有热闹非凡的送亲活动

坐妹的活态演变无疑是民族文化从私密走向公众的过程，侗族地区传统的婚恋习俗本就是较为隐私的择偶方式，演艺产品将其舞台化以接受游客的“凝视”，而游客的旅游体验被其“视觉”支配，游客的凝视加速了民族要素符号化的进程，但一些所谓的民族文化元素被过度加工和包装以向游客展示，这种不真实的符号化过程让游客停留在某个文化碎片的表面上，而碎片背后的文化全貌与深层的文化内涵他们却无法理解。如何在传承文化的同时兼顾文化符号化过程中的真实性，既满足游客“视觉”上的体验，又保留原真性，《坐妹》仍需在实践中不断探索。

三、“坐妹”表演场所——“鸟巢”的崛地而起

《坐妹》舞台搭建初期便以还原侗族传统生活的原真性为原则，力求场景的原生态。整体布局上，采取顶部镂空结构，抬头即可见天空，场馆内建有侗族标志性建筑——吊脚楼和鼓楼，水池环绕整个舞台，营造出传统侗族的生活空间。整个表演厅还原了侗乡依山傍水的建造格局，呈现出“楼中楼”“景中景”的艺术格局。此

外，“鸟巢”三楼建有66个侗族民风民俗展厅，悬挂有一幅全长250多米、高2.7米的侗族农民画，展现侗族传统民间歌舞和生活习俗。

四、《坐妹》的真实性元素特征解析

《坐妹》是将三江当地传统的侗族婚恋文化提炼出来，融入艺术家独特的创意，以歌舞表演的形式表达出来，上演的是“真民俗”，可寻根溯源，具真实情感。这种“真民俗”实则就是对文化基因提炼的结果。文化基因是决定文化系统传承与变化的基本因子、基本要素，每一种能够成为独立文化类型的文化都深深根植于自己的文化基因特征之中，并且是可以被遗传和复制的。对于民族文化基因的探索和提炼其实就是舞台真实性构建的过程，民族文化舞台化事实上也是民族文化基因的传承与表现形式的创新。

（一）东道主与游客眼中的“真实性”

旅游的发展和异文化入侵唤醒了少数民族的文化自觉，当地居民开始迫切地想要将这些濒临消亡的民族文化以一种能被大众认可和接受的方式保护和传承下去。将民族传统习俗以一种展演的形式搬上舞台毫无疑问是文化传承的一种有效方式。但传统文化习俗演化为民族演艺时，文化内涵的体现形式以及各主体对于文化展演“真实性”的感知不尽相同，而东道主和游客对于文化真实性的关注和感知往往会影响旅游演艺的原真性和体验性。

YL，35岁，三江人，志达公司副总

我认为《坐妹》是源于生活而高于生活的，它是三江侗族的传统婚恋习俗，我们通过表演的形式将其舞台化、剧场化，目的是将真实的侗族生活展现出来让游客了解三江，了解侗族。婚恋文化是侗族文化的一部分，在整台表演中，侗族传统文化是通过舞台设计、演员服饰、音乐等多种要素展露出来的。不可否认，《坐妹》是我们创造出来的能代表原真性侗族生活方式的舞台表演，但不得不承认它经过了艺术加工，这使其更加感性和柔美。

JHH，24岁，石家庄人，学生

我不知道什么是真正的侗族文化，进入“鸟巢”时我也对这栋建筑物表示惊叹，不论是《坐妹》舞台的设计还是演员服饰，我认为都很好地展现了侗族元素，演员本身深情的表演也增加了故事的可信度，达到一种“明明知道你是在演戏，但我依旧信任你”的演艺高度。总而言之，整台表演是“虚与实”的结合吧，我有所触动，我更乐意相信它都是真实的。

WQL，55岁，三江人，企业职工

我有过坐妹的经历，还依稀记得当时的场景。这场表演虽然抓住了一些侗族元素，比较真实地呈现了坐妹的场景，但有些内容却被夸大和改变了。其实坐妹本是男女青年间行歌坐夜的私密行为，将其舞台化的确也能起到宣传和传承文化的作用，但可能为了吸引观众吧，竟然多次重复“有凳坐凳，有岩坐岩，无凳无岩，坐到妹的‘霸’腿来”“哥，借你的肩膀靠一靠；妹，借你的‘霸’腿坐一坐”这些歌词，我们坐妹不可能去坐女孩的腿！我认为这些台词不太符合实际。

从YL、JHH、WQL三者对于《坐妹》真实性感受的案例来看，不同主体看待同一事物有着不同的感受，他们对于民族旅游演艺所呈现出的“真实性”的感知也不同。很多时候东道主眼里的“真实性”更偏重于旅游活动本身所具有的文化内涵和历史渊源等，意在传承文化。当地旅游经营者与本地游客虽同为东道主，但由于利益诉求不同，对于文化真实性的感知也不同。当地旅游经营者在展现文化真实性的时候为求经济效益则侧重于提升表现形式的艺术性，而当地居民作为文化传承的主体更偏重于文化舞台化过程中的特色和内涵，他们会更多关注演出内容是否被过分夸大和扭曲。文化的差异性越大，越能激发游客窥视真实的欲望。正如麦坎内尔所指出的那样，游客对他人的“真实生活”显示出某种特殊的迷恋，因为这种“真实生活”具有某种在他们自己的经验中难以揭示出来的真实。游客眼中的“真实性”往往是他们对旅游目的地的一种“想象”，是他们所认为的旅游目的地不同于自己生存环境的差异性和独特性，是游客自认为的代表旅游目的地的“符号化”现象，逐渐成为旅游者共同认可的“真实性”。简单来说，对于《坐妹》这场民族歌舞表演，旅游者认为只要通过民族服饰、民族音乐、民族建筑等肉眼可见的所谓的民族符号体现出了与现代社会不同的民族韵味便是具有“真实性”，他们更多关注民族歌舞表演的同质化或创新性，追求耳目一新。游客的“想象”一旦得到了满足，便能获得更好的旅游体验。

（二）“坐妹”舞台真实性与表演创新性

《坐妹》表演的四个篇章走姑娘、闹姑娘、坐妹、破晓之喜组成了侗族婚恋的全过程，而这些表演创作内容来源于东道主的自身经历和记忆。尽管原汁原味的婚恋过程不可能直接搬上舞台，但东道主是真实本貌的“见证者”，他们将其记忆元素进行叠置、补充、修正和整合，并对有效元素进行符号化处理，提炼出侗族文化基因以彰显民族元素表现力和吸引力，配合现代舞台技巧和必要的内容创新，最终形成了一台呈现侗族民族元素的舞台表演。文化基因的提取与东道主记忆和经历的符号化处理共同建构了整台民族表演的民族符号元素，但这些元素在保留真实的同时也有所创新，主要表现在七个方面。

第一，建筑。将侗族吊脚楼、鼓楼、水车等建筑搬上舞台，还原侗族生活场景。而建筑的外立面灯光亮化则是舞台效果的提升和创新，舞台内的鼓楼、吊脚楼和水车也经过一定比例的缩小。

第二，服饰。《坐妹》舞台表演服饰主要分为服装和配饰。整体来说，《坐妹》表演服饰在遵循传统侗族服饰文化的同时，为提升舞台效果做了一些美化。

第三，语言。大部分歌曲改为普通话，保留一些情节完全使用侗语。为了方便观众理解，舞台前方配备了字幕。

第四，乐器。传统的坐妹主要是弹着琵琶、吹着笛子，但整台《坐妹》表演还增添了牛腿琴、木叶、芦笙等乐器，以及音响、话筒等现代音频设备，并配有蝉鸣、蛙叫、狗吠等声乐以丰富感官体验；此外，还弹奏《蝉虫歌》《牛腿琴琵琶歌》《侗夜密语》等经典侗族大歌，以展现侗族赶坡节、多耶节等节日文化。

第五，场景。以往的坐妹主要是侗族男女青年通过走寨、对歌等形式认识，描述了其行歌坐夜、谈情说爱的场景。而《坐妹》表演则是通过走姑娘、闹姑娘、坐妹、破晓之喜四个篇章展现其认识、追求、恋爱、结婚的完整婚恋过程，增添了原本没有的情节，并通过一些必要的艺术手法增添剧情的吸引力。

第六，场地。传统的火塘变成了如今的舞台，月光也被LED和特效灯光代替，但仍然在表演中保留了在屋角、檐廊等地方嬉打的情景。

第七，人物。《坐妹》选用的演员均是来自侗族艺术团或是侗族歌舞专业毕业生，110名演员中，本地演员占90%，演员都能很好地理解和演绎这场婚恋爱情故事。

五、文旅融合：侗族传统民族文化的传承与创新

（一）加速人才融合，提升文化自信

人是文化传承的重要载体。就目前而言，《坐妹》演员离职率高，管理层对于侗族文化也是知之甚少，人才储备远远不够，加强人才队伍建设迫在眉睫。首先，应加强文化人才与旅游人才的融合。应邀请当地侗族文化研究的专家对公司管理层、演员进行培训，使这些旅游从业者都能深知侗族文化的内涵和精髓。其次，本地培养与向外引进相结合，加大本地人才与外来人才的融合度。人才的融合实则是学者专家集聚起来，将传统文化以一种符合当代发展需求的方式传承下去，当传统文化得以重视和创新性传承，方能提升当地人的文化自觉和文化自信。

（二）提炼文化基因，融合传承创新

“我个人认为《坐妹》即将危险，”志达公司副总YL表示担忧，“我们目前虽然以舞台演艺的形式来传承侗族婚恋文化，但是公司管理层基本不是本地侗族人，对侗族文化的精髓还把握不够，文化的创新更是难题，就怕一味求创新而偏离文化本真性。”当传统文化难以满足现代游客审美需求时，有选择性地提炼传统文化元素加以开发，并融合现代科技手段和文化要素进行创新，方能提升传统文化的吸引力和生命力。旅游者总是容易被那些不同于自己生活环境的事物和现象所吸引，他们本身对于不同民族的文化区分度不高。因此，民族旅游演艺要具有鲜明的文化特征才容易被观众记住，民族旅游演艺既要重视核心价值和文化精神的提炼，也要注重艺术创新和艺术品质的提升。总之，文化的传承与创新都要基于真实性，传承与创新之间也需做到交互融合，在文化传承中追求创新以满足游客旅游体验，在创新中传承真实文化基因以延续生命力。

（三）推动文旅产业融合，加速实现产业振兴

文化+旅游，融合才有生命力。如今的志达公司仅靠《坐妹》门票营收，产业发展十分受限，而《坐妹》本就是文化+旅游的产物，应围绕《坐妹》推进文旅产业深度融合，培育新业态、拓展产业链以实现产业化经营。第一，以文化创意为依

托，推动旅游资源转化为旅游产品。如打造《坐妹》主题文创产品，将侗族文化元素细致刻画，制作成精致创意而又实用的小物件等。第二，深度挖掘侗族文化元素与文化特色，打造侗族文化产业链，后期可深度挖掘侗族文化元素和特色，将“鸟巢”打造成集吃、住、行、游、购、娱为一体的娱乐综合体。如开发侗族主题民宿酒店，打造侗族美食街区和百家宴特色广场，开发夜间游玩项目、农民画观赏长廊等，提升旅游体验性的同时创造经济效益。第三，促进业态融合，实现“文化＋旅游”产业化。以《坐妹》演艺为着眼点，深入践行“旅游＋”“文化＋”战略，促进文化、旅游与相关产业的融合发展，不断推进“文化＋旅游”产业化经营，加速实现产业振兴。

第 9 章

旅游与遗产

» 了解遗产的相关知识与理论
» 理解旅游与遗产的关系
» 掌握新兴遗产类型与旅游人类学发展
» 把握遗产旅游发展中的当代问题与压力

9.1 遗产概说

作为从人类学视角解读旅游与遗产的篇章，本章节将厘清遗产概念中个人、家庭、国家与世界的不同理解层面，同时，指明人类学与遗产间的根本联系，并且秉持人类学以微观视角注重地方主体人群的传统，特别讲述遗产的归属与认同问题。

9.1.1 何谓遗产

第二次世界大战以来，伴随着科技发展与物质充裕，人们却越来越意识到现代的繁华是以毁掉过去田园诗般的美好生活为代价的，于是，人们开始缅怀过往、追忆传统。由此，遗产成了社会上的热门词汇与研究热点。不过，由于时代背景、国家传统、族群文化等差异，人们对于遗产的理解不尽相同。以下，我们将从不同主体层面、人类学特点与时代背景对遗产定义进行大致归类。

1. 遗产概念的层次

从个体与家族层面而言，遗产总是归属于特定的家庭与家族，它们是前辈留给后代的遗留物，类似于民间所言之“传家宝”。从字面上解释，英文的“遗产”（heritage）与继嗣、继续（inheritance）同源，强调在长时段历史中所形成的代际关系与继承关系；法语中的 hêritage，继承范围局限于家庭家族内部，仅指遗产继承中的父系原则（彭兆荣，2012）；而中国的遗产一词，最早出现于《后汉书》中，原句为“（郭）丹出典州郡，入为三公，而家无遗产，子孙困匮”，意指祖先留下的物质财产，它由特定家族与团体所创造，进而强调遗产认同的差异性与传续的限定性。总之，从遗产的原初含义而言，中西方认知基本一致，均指遗产与个人、家族与继嗣群之间的私有性（private）内涵。

从群体与国家层面而言，共同的遗产凝聚了民族情感，所以遗产总能成为国家与民族认同的动员符号。由此，国家层面的遗产定义强调民族文化认同、社会凝聚力与社会稳定等作用。如长城、国歌等便是全体中国人认同的国家遗产；新加坡自1965年起便开始基于遗产为其自身构建作为独立国家的认同，这些遗产，如狮身鱼尾像等，如今将新加坡人前所未有地凝聚在一起；第二次世界大战后，英国为获取民族信任开始最大限度卷入对景观、房屋的遗产保护过程中，遗产逐渐连接了人、地、博物馆、艺术、建筑等而成为一种凝聚国民的公众想象（public imagination）。

从国际组织与世界层面而言，自20世纪70年代世界遗产进入联合国教科文组织的议事日程后，便成为全世界关注的热点。联合国教科文组织的《世界遗产公约行动指南》（2008）明确指出：“文化遗产和自然遗产不仅对每一个国家，而且对整个人类来说都是无价之宝，无可取代。这些无价之宝的毁坏和消失使世界人民的遗产受到损失。”对此，联合国教科文组织及其世界遗产中心、国际古迹遗址理事会、国际文化财产保护与修复研究中心等纷纷展开对遗产理解、解释与保护等议题的国际交流与合作，并在各种公约、宣言等文件上强调缔约国、政府组织、非政府组织、各机构与专家之间的合作，以期通过立法、政策制定、规划与管理等促进遗产保护目标的实现；同时，在当今全球化时代背景下，强调遗产保护的文化多样性原则，如 2005 年联合国教科文组织通过的《保护与促进文化表现形式多样性公约》，强调了文化多样性对于人类社会可持续发展的重要意义。

2. 遗产分类：物质/非物质文化

受美国“物质遗产”（physical heritage）概念影响，1982 年，联合国教科文组织内部特设了一个“非物质遗产”（non-physical heritage）部门，专门处理相关遗产事务，从而出现了“物质/非物质遗产”的分类。后来，受日本遗产保护法的一些概念和分类——“有形遗产/无形遗产”（tangible heritage/intangible heritage）的影响，联合国教科文组织于 1992 年正式将原来的“物质/非物质”分类名称改为“有形/无形”遗产（我国在翻译上出于译名和使用上的延续和习惯，今天仍沿用“物质/非物质”的概念）。

事实上，对于非物质文化遗产的概念和范围联合国教科文组织并不是一开始就实行现在的分类原则，而是沿袭以往学术界所习惯的分类表述方法，在传统民间文化的基础上进行分类。比如 1989 年联合国教科文组织通过的《保护民间创作建议案》中有过这样一种概说与分类：

民间创作（或传统的民间文化）是指来自某一文化社区的全部创作，这些创作以传统为依据、由某一群体或一些个体所表达并被认为是符合社区期望的作为其文化和社会特性的表达形式；其准则和价值通过模仿或其他方式口头相传。它的形式包括：语言、文学、音乐、舞蹈、游戏、神话、礼仪、习惯、手工艺、建筑及其他艺术（王文章，2006）。

1997 年 11 月，联合国教科文组织在第 29 届会议上通过了《宣布人类口头与非物质遗产代表作申报书编写指南》。直到 20 世纪 90 年代末，上述表述和分类才被“人类口头与非物质遗产”所取代。后来，联合国教科文组织考虑到“人类口头”原属于非物质文化遗产中的内容、形态和形式，便删去了“人类口头”的表述。

2003 年 10 月 17 日，联合国教科文组织通过了《保护非物质文化遗产公约》，从此，“非物质文化遗产”成为正式的官方用语和操作概念。与此同时，人们也开始认识、接受并有意识地保护各种非物质文化遗产。这些非物质文化遗产包括以下几个基本方面：（1）口头传说与表述；（2）表演艺术；（3）社会风俗；（4）有关自然界和宇宙的知识和实践；（5）传统的手工艺技能等（彭兆荣，2012）。

3. 人类学与遗产定义

其实，人类学从来都不曾离开过我们今天所谓的遗产。英国人类学奠基者、人类学最早创始人之一的泰勒早在 1871 年在其所著的《原始文化》中就对文化作出了定义。文化就是人类所创造、展演，并且传递给后代的一切事物，它虽然排除了自然现象，但是并没有排除凭附于自然之上的权利、信念与故事。从这一角度而言，人类学对于文化的理解蕴含着遗产的意味。在书中，泰勒进一步将文化划分为物质文化（material culture），即具体的事物，与精神文化（mental culture），即观念、想法、语言、方法、故事、艺术等。而在当今，物质文化与遗产的博物馆展示、技术与手工等联系在一起，精神文化则指代了遗产中的无形性与非物质性。

今天，遗产概念已经突破了其原本作为祖产（patrimony）的历史意涵。祖产是其所有者所共同分享与认同的文化，包括物质的与非物质的，如权利、传统、主张、传家宝等。如今，遗产或是祖产的概念均已发生转换，从其原初与家庭继承的不可分割性（如祖辈农场、手工艺者的工具等）转化成了现今族群、地域或国家文化事项的符号，成为一种群体性“继承”。

需要注意的是，遗产概念并不能等同于文化，它只是文化范畴中的一部分，是有意识的选择、明确的价值，以及被公众分享的部分。这恰恰与布迪厄所提出的惯习（habitus）概念意涵相反，惯习是文化中无意识的习得、默默的分享，以及个体表达的部分。在布迪厄看来，惯习是人们早期生活中所习得的事物，而人们常常又会忘记曾经学习过又或是如何接触它们的，比如学习语言的能力，其中所包含的诸如品位、特定喜好与倾向性特质，使人们通常感觉它似乎是自然而然的。惯习在人们的生活中发挥着极为重要的作用，它决定了人们选择事物的态度，不过，遗产并非如惯习般“自然而然”，它是今天人们根据当代价值与意图，而被刻意选择出用于支持和展示的部分。比如，我们需要思考：为什么是狮身鱼尾像而不是其他东西被选择为新加坡的遗产符号？

4. 遗产内涵的当代延展

虽然从遗产的原生意义而言，遗产源于祖先、过去与传统，不过，在今天新的时代背景中，遗产被赋予了新的更为多元的内容。坦布里奇和阿什沃兹（Tunbridge & Ashworth，1996）在其合著《遗产不谐音：过去作为一种资源》中，将遗产内涵的扩展归纳为以下五种类型：（1）成为任何遗物和遗迹的同义词。例如，法国文化部就对遗产的概念进行扩充，可以包括乡村的洗衣房、小教堂、民间歌曲、话语方式、手工艺。（2）任何建筑、区位和地方都能通过“个人记忆”“集体记忆”“国家记忆”在今天被附着上关于过去的文化概念成为遗产。（3）它已不单单指涉过去的物和工艺，而扩展到无论过去还是当前生产的、积淀了传统文化和技艺的产品。（4）过去的，或是特别的、典型的遗产景观或遗产动植物，能够作为国家、地方的标签或是象征。比如，英国、哥伦比亚的“遗产树”或美国纽约的“遗产鱼”，它们都被认为比起其他的物种更为原生和历史更长，可作为一种标志性的遗产代代相传。（5）成为基于货品和服务买卖的商业运动，被称作“遗产工业”。

今天，除了遗产内涵的扩充外，遗产价值也并不如同人们所认为的那样：同对过去与历史的理解相联系，而是基于其现实意义与利益实践。罗文索（Lowenthal，1997）在其著作《过去宛如异乡》中首先提出这一观点：保护遗产并不是保护过去与研究历史，而更多是受到经济和政治利益的驱使，关注和保护遗产，都是从“现在”利益出发，反映的是一种“为现在”的意识形态。坦布里奇和阿什沃兹在论述过去、历史与遗产之间的关系时，也指出过去是已经发生的事情，历史是为了描述过去而进行的一些选择性尝试，而遗产则应该理解为从历史中塑造出来的一个当代品。作者的结论是，历史与遗产都是为了满足目前需要而选择性地使用和诠释过去，历史是历史学家认为值得记录的过去，而遗产是当下社会选择继承和传承下去的过去。区别在于，对于遗产而言，满足当前和将来需要是最高指示，因此，对过去资源的选择更多变、更丰富，有些甚至根本不符合历史事实。如“赤壁”，历史上赤壁之战并没有在当地留下什么历史遗迹，但是为了搞旅游开发，当地可以大肆渲染赤壁战场所在地的历史性，并添加大乔、小乔的故事吸引游客（葛荣玲，2012）。

9.1.2 遗产归属与认同

正是因为遗产在今天附着了政治、经济等功利性目的，所以，当谈及遗产时，“谁才是遗产真正的主人”成为我们接下来需要认真思索的问题。这里涉及遗产归属与认同的问题，这也是遗产研究中最受争议也最为关键的问题。

1. 遗产归属

郑向春（2012）在《归属、认同与转换：对遗产与族群关系的研究》一文中探讨了这一问题。她在文中指出：沃伦（Warren）从哲学的高度将遗产的归属问题概括为“3权”（3R），即所属权（Rights of Ownership）、接近权（Rights of Access）和继承权（Rights of Inheritance）。沃伦强调，人类遗产最受争议的问题就是归属问题，而归属问题概括起来就是解决这三大权问题（彭兆荣，2008）。由此，围绕遗产归属的问题，应该大致遵循以下两方面原则：一方面，特定群体的文化遗产可以为全国人民，甚至全世界人民所共享。因为其中精神性、观念性、宗教性、礼仪性、传统性的文化形式与内容对于人类的教育、研究与欣赏均具有宝贵价值。如我国非物质文化遗产彝族支系撒尼人的叙事长诗《阿诗玛》中表现的撒尼姑娘阿诗玛的美丽、智慧、勇敢、善良、勤劳、对爱情的坚贞不渝等性格特质均代表了全人类都应该具备的优秀道德品质，而且长诗中所要表达的光明终将代替黑暗、善美终将代替丑恶、自由终将代替压迫与禁锢，也是全人类所追求的理想与境界。由此，人们从不同的文化遗产中获得教益、获得精神力量、获得美的体验。从这一层面上来说，文化遗产为全国、全人类所共享是恰当的。不过，另一方面，当文化遗产传承自特定的人群，它伴随了该群体的历史进程，沉淀在时间里、融化进血液中，那么该文化遗产就理应属于该群体。它是该人群的遗留物，该人群与这一文化遗产之间存在着直接的继承关系，而且也享有和承担着对此文化遗产的权利义务关系。正是血脉相连的世袭才赋予了文化遗产真正的生命力，也只有作为遗产真正主人的具体人群，也才深谙这些蕴含着族群情感、道德价值、实践法则的文化遗产对于本群体的本质意义与重要作用。换句话说，作为群体外的“他者”，就算是来到一处被列为国家或世界的遗产地，他们也顶多是作为一个过客，在内心深处他们并不会就认为该遗产是属于他们的，他们也并不享有和承担对于该遗产传承的权利与义务，而只有创造与维系该文化遗产的具体群体，才是遗产的主人，也才会打心底里地去呵护与重视定义和标示了自己族群身份的这些文化遗产。由此，对于某一遗产而言，哪怕是被归为了国家和世界的遗产范畴，也不能随便以"我们的"去替代"他们的"，尤其不能以"国家的"或"人类的"来替换其具体的群体归属。

由此，遗产的归属应该是有条件的、受制约的。那么进一步的问题在于，这种遗产的制约性应该如何在遗产的保护公约或规则中得到明确的表现，在实际的操作中得到实现？世界原住民工作组（the Working Group on Indigenous Population）主席艾瑞克（Erica-Inrene Daes）强调了原住民遗产（indigenous heritage）概念，将遗产与创造和传承它们的具体人群直接联系在一起，凸显了当地群体的知识与传统资源。此概念的核心在于强调该群体世代相传的、精神层面的知识、传统、艺术、信仰与价值。它开宗明义指出：遗产是当地人群最直接的认同依据，它是当地群体思想与技能的创作，包括歌曲、故事、科学知识和手工艺，它也是来自过去和自然的继嗣，包括遗迹、地景中的人文与自然特质，以及与人们长期密切关联的各种动植物。

1990年第二届世界考古学大会在委内瑞拉举办，虽然这是一届以探讨考古学问题为核心的大会，却就人们应该如何对待和规范遗产与其所属主人之间的关系问题达成了重要共识，并且进一步制定了相应的操作规范。在此次大会中，经过与会原住民代表与考古学家的讨论，提出了族群编码（ethics code）。该编码由两部分组成："需坚持的原则"和"需拥护的规范"。

"需坚持的原则"包括：

A. 承认原住民文化遗产的重要性，这些文化遗产包括遗址、地方、实物、手工艺品和骨骸。

B. 承认为了现在原住民而保存他们的文化遗产的重要性。

C. 承认保存原住民祖先遗骸、祖先遗址及其相关事物的特殊价值。

D. 承认原住民与他们的文化遗产之间存在的重要关系。

E. 承认原住民的文化遗产属于该遗产的原住民后代。

F. 承认和识别原住民对于解释、管理、保存他们文化遗产的方法。

G. 在议员和被研究调查的遗产所属的原住民之间建立起平等的协作关系。

H. 在基金资助或是权威研究中，将原住民的表述和想法纳入研究标准、问题、目标制定这样的重要内容中。

"需拥护的规范"包括：

A. 参与者要努力寻求最能代表和定义原住民的文化遗产主题。

B. 参与者要与原住民协商，并获得被原住民授权认可的文化遗产的相关信息。

C. 参与者要确保这些原住民文化遗产在整个调查阶段是被公开通告的。

D. 参与者要确保他们的工作成果是被尊重的，同时也是尊重原住民认同的。

E. 参与者在没有获得原住民允许的情况下，不得干扰或移动原住民的遗产。

F. 参与者在项目进程中适当雇佣或是训练原住民时，需要认清自身责任。[①]

该族群编码极大地承认与尊重了遗产与其主人之间发生学意义上的关系，强调了遗产对于族群的重要意义与特殊价值，以及族群对于遗产传承与继嗣的直接作用。更为重要的是，族群编码限制了外来参与者对于遗产的解释与操作行为，指明一切遗产实践都要建立在尊重该群体意愿的基础之上，由此，遗产的限定性得到了相关文案的落实与规范。

2. 遗产认同

遗产对于其所属人群而言，绝非仅仅是人们在日常生活中日积月累下来的遗留物，更为重要的是，这些遗产承载了内部成员的情感依赖。韦伯（Weber，1997）指出，群体内部成员之间会产生一种天然的亲近感，他称其为族群亲密（ethnic affinity）。这种亲密的感觉正是源自于群体内部成员能通过各种可见可感的遗产而获得。这些遗产包括族群共有的服饰、房屋、实物、饮食习惯、劳动分工、坟墓、庙宇、宫殿、诗歌、手工艺等。比如，一个居住于外地多年的人若是能偶然吃到本民族食物或是听到本民族歌曲，总会产生一种久违之感，进而倍感亲切与思念。

更为重要的是，遗产蕴含着该群体的认知系统与信仰价值，如宗教信仰、仪式庆典、英雄史诗、口述传统等。因此，该群体对于遗产而言，有着发生学上的意义：一方面，遗产诞生于某一特定人群内部，人们的历史、感情、价值、理念等决定着遗产的形貌；另一方面，遗产与该群体的起始形态缠绕在一起，使其成为该群体的血缘纽带，并且具有原发性的凝聚作用。比如，作为壮族文化遗产的刘三姐歌谣，融入了壮族人的生命情感，蕴含了壮族人对于宇宙、社会、人生的体验与认识，经过世代传承与积淀，终成为壮族深层的族群文化心理与基本纽带。

因此，意识到拥有着共同祖先、历史与文化特征的群体，不仅其内部成员中会产生一种自发的亲密感，更为重要的是，会产生群体成员对于本群体的认同，进而对自己的族群身份产生出自豪感与荣誉感，由此产生族群认同感，他们将自身和同一群体成员界定为"我们"，而将其他人界定为"他们"。族群的这种认同感，能够激发出一种强大的情感，使得群体在遭遇外来威胁与攻击时，可以通过一个集体的名字、一种对共同体的想象、对过去伟大功绩的吟诵、对英雄祖先精神的挖掘、仪式展演，来勇敢面对自然灾害和人类暴力，同时埋葬掉孤单与不安全感。

由此，特定群体所拥有的这种亲密感与认同感才是其文化遗产得以保护与传承的关键。反过来，也正因为这一遗产融入了该群体的观念、知识、性格与精神，其才得以在具体人群中自然而然地世代延续与传承。换句话说，对于遗产的保护与传承单单靠来自遗产主体之外的力量来维持是无法持久的；更为重要的是，需要遗产背后真正的主人自觉自愿地积极传承与维持自己的文化遗产与精神。文化认同是

① Smith L. Culture Heritage. New York：Routledge，2006：143-146.

确立和保护非物质文化遗产的一个关键。个体、群体或团体之所以把某种文化视作自己的遗产加以传承与保护，最根本的出发点就是它能满足身份确认的需求。

9.2 遗产旅游

世界旅游组织认为，将近40%的国际旅游涉及遗产与文化。联合国教科文组织公布的数据显示，1998年全球有近5亿人游览了552个世界遗产地，而2000年仅美国的自然与文化遗产就有4.3亿人次的游览量。这一全球性遗产旅游的热潮，同当今去全球化时代背景下遗产工业发展、旅游者的怀旧情绪、遗产地的景点制作等因素联系密切。

9.2.1 遗产工业与遗产旅游

1. 遗产工业

遗产的当代经济价值与人们对其的功利实践，促使遗产成为一种文化资本。换言之，如今资本主义工业生产的技术、手段与方法被运用于遗产的开发与制造，人们选取历史资源进行包装与开发，生产出能够满足现代旅游者需求的遗产产品（heritage product），由此形成一整套遗产工业体系。具体而言，此遗产工业体系包含以下四个门类：其一，作为经济活动本体的遗产，包括文化产业中的遗产要素与旅游产业中的遗产旅游模式，如遗产主题公园、旅游古镇等；其二，作为经济活动载体的遗产，此遗产空间为各产业所用，一方面会增加遗产维护的成本，另一方面能赋予这些产业以隐性好处，如传统、恒久与可信赖的地位；其三，遗产可作为地方塑造的符号，遗产符号如同一支看不见的指挥棒，指引着旅游者前往某遗产地旅游；其四，作为社区复兴力量的遗产（赵红梅，李庆雷，2012）。

坦布里奇和阿什沃兹（Tunbridge & Ashworth，1996）将遗产工业的生产与销售拆分为以下三个步骤：

（1）选取资源。由于遗产传统性形态的扩充，可作为遗产的资源多种多样：各种人文、自然景观，历史遗物、遗迹，仪式庆典，建筑样式和风格，音乐、舞蹈，民间饮食、服饰等。值得注意的是，这些资源并不是在其历史脉络中被偶然选作遗产，而是被蓄意选择的。保留什么、替换什么、强调什么，背后都是由各种权力关系依据不同目的进行操控的。

（2）解释传统。被选择的遗产资源是否能进一步转化为产品，关键在于对遗产的解释。解释赋予遗产以经济资本的价值。沃尔什和史蒂文斯（Walsh & Stevens）将解释定义为“讲故事的技巧”（Tunbridge & Ashworth，1996）。当解释用于为遗产出售讲故事时，它不仅仅作为传递信息的方式，更为重要的是成为一种销售技巧。“谁在讲故事?”“为什么讲故事?”“讲故事给谁听?”等问题的答案作为一种以销售为最终目的的策略变得至关重要。在遗产工业中，“解释成为被市场所制约的一部分”（Hewsion，1989）。因此故事的讲述者变成了权威、商业组织机构；讲故事的目的在于经济利益；听者成为大众消费群。故事本身也随之演变成一种权力话语。在市场导向下，通过遗产解释，资源被进一步整合形成遗产产品。

（3）出售遗产产品。这些遗产产品并不只是遗产的物质形式，还包括附着其中的各种传统文化因素，在经过遗产的解释与建构之后，一同用于出售。

2. 遗产旅游

遗产工业与遗产产品的大规模出现，促使旅游与遗产成功联姻，进而形成旅游市场上一种特别的类型——遗产旅游。世界旅游组织将遗产旅游定义为“深度接触其他国家或地区自然景观、人类遗产、艺术、哲学以及习俗等方面的旅游”。

对于遗产旅游的定义，目前还处于持续的争议过程中。一些学者基于旅游景点特质来定义遗产旅游，如扎普尔和霍尔（Zeppel，Hall，1992）把遗产旅游归入特色旅游范畴内，并将其定义为参观历史遗迹、自然景观与体验本地文化传统等。另一些学者，如波里亚等人（Poria，etc，2001）则是基于旅游者动机而非旅游景区景点特质将遗产旅游定义为：一种旅游类型，旅游者游览景点的主要动机源于该景点的遗产特色与他们对于遗产认知的联系。不过这一观点受到了其他学者的严厉批评，他们指出其由于过于依赖旅游者认知，而忽视了实际提供遗产旅游体验的供应商们的观点。此外，居于不同环境与地区的人群，会根据其自身地域特色而就遗产旅游提出不同的观点，如北欧人认定，除非旅游内容包含古老城市，否则不能算是遗产旅游；而对于北美人而言，遗产旅游者偏重于自然景观。

其实，遗产旅游的形式自古便存在，人类很早就将古代和近代的遗留物作为城市和乡村的娱乐资源；古书记载了古代商人、水手和冒险家前往古埃及观赏大金字塔和尼罗河的故事；古代的探险家很早便穿梭于古代文化名城之间旅行，欣赏各种宏伟的建筑、大教堂以及艺术品（蒂莫西，博伊德，2007）。不过，古代的遗产旅游形式仅局限于特殊人群和皇室、贵族等小范围人群。

近年来，大众旅游带动了遗产旅游的迅猛发展，这一迅猛发展的原因由众多因素构成——人们受教育程度的提高，收入的增加，全球化程度的加深，技术、媒体以及新型遗产景点的发展等。相关研究表明，在美国，“文化和历史景点变得越来越受欢迎……而且美国6 500多万成年人于1996年游览了艺术与历史景点或参加了与艺术及历史有关的活动，总计8 600万人次”（World Economic Forum，1997）；在英国，每年游览英国景区的游客中有20%是参观历史遗产景点的，约6 700万人次，在过去10年间，遗产旅游已经成为英国迅速发展的产业之一。目前，在世界上许多国家与地区，遗产旅游正在成为一种主要的旅游形式。

9.2.2　遗产旅游的形成过程

1. 现代社会的消费体验

今天，当人类步入以现代性和全球化为特质的“地球村”社会时，体验（experience）逐渐成为人们消费行为所追逐的核心。换句话说，人们从过去单纯对物品使用价值的消费转化为对物品中所蕴含的文化的消费。鲍德里亚（Baudrillard，2000）将其称为对商品符号性质的消费。在鲍德里亚看来，今天用于消费的商品，在现代资本主义交换价值支配下，原有的使用价值消失了，而成为了索绪尔意义上的符号，因此，消费决不能理解为对使用价值、实际用途的消费，而应看作一种具有符号性质的消费。这种符号性质的商品消费，与奇异、美、浪漫、奢侈、时尚等各种社会文化意义联系在一起，将消费的性质从实用转向体验，以满足不同群体或个人的不同精神需求。

体验促使人们越来越通过追逐放松、浪漫、怀旧的休闲方式来缓解现代社会中的种种冲突。由此人们越来越清晰地认识到，目前一切现代性的节目、旅程、报道、文章、表演、事件、景观等的价值都并非由生产它们的劳动所决定，而是取决于人们对其的体验，取决于它们所能带给人们的精神上、情感上的感受与知觉。具体到旅游而言，游客在旅游中所追求的亦是一种情感体验，正如谢德瑞克（Sheldrake）在罗德（Lodge）的讽刺小说《天堂消息》（*Paradise News*）中这样评价旅游："观光旅游是宗教仪式的替代品，好比朝圣，纪念品是圣物，而导游书籍则是经书。"人们能在宗教意味的旅游中，遵从着经书般的指导，获得一种平等、自由、释放的情感体验。在旅游中，客人希望获得在现实世界无从寻觅的快乐与自由，获得对现代性反叛的复苏感与慰藉感。

麦坎内尔（MacCannell，1976）总结了体验的两个基本组成部分：原型（model）与投射（influence）。前者是指在日常生活中、电影中或是舞台上对某一事物或某个场景的一种具体的意识和认知；后者则是基于原型的一种变化了的、创造了的和加强了的信念或意识。这有些类似于霍米·巴巴（Homi K. Bhabha）意味上的"仿真"，只是这样的仿真一方面要基于现实，亦即旅游所传递的信息、营造的意境必须是符合人们的意识习惯与行为特征的，倘若其中的行为、服饰、构图等方面让人觉得虚假，或是产生怀疑，就会因为游客在其中所嗅到的商业味道而宣告失败；另一方面，又要超越现实，正如鲍德里亚（2000）所论，"超现实主义的东西就是今天的现实本身，超现实主义的秘密就是，使最平庸的现实在某个特定的时刻与艺术相联系……让人们产生对其的信仰，由此所获得的极大满足、背后的狂喜、强烈的期盼，最终使人们的日常生活得以平庸地延续"。由此，旅游成为一种基于现实又超现实的天堂，促使客人从自己的意识与心理构图开始在一种自然、真实的感觉中完成自己对原型的投射，最终促成旅游体验的成功。

2. 旅游者的怀旧思绪

"怀旧"是一种情感性体验。怀旧（nostalgia）最初指的是一种疾病——思乡病。在古代，离开自己的家乡去旅行，并不是一件令人愉快的事情，所谓的"背井离乡""父母在，不远游"和各种抒发乡愁之情的文学作品，都表达了旅行的不得已和苦闷之情。与现代游客不同，古时的旅行者，包括士兵、朝圣者、游吟诗人、被放逐的犯人、流浪汉等，他们往往不是出于休闲的目的主动去旅游，而是被迫远离了自己的故土。他们更多感到的是焦虑和担忧，因而生出思乡病，而唯一的解药就是送他们回家。

在现代社会中，怀旧的含义已经发生了很大的改变，从原先对于遥远的故乡的思念变成了现在对于历史和过去的怀念。怀旧表达是一种对过去、对家乡、对“根”的永恒渴望，这种渴望的结果就是人们要通过寻找一些历史纪念物来获得安慰，而“越是在迁移中的人民，就越表现出对他们珍藏和收集过去的有形纪念物的珍视”（Lowenthal，1997）。游客暂时离开自己生活和工作的现代化都市，去那些能够勾起对于过去的怀念的、田园诗一样的乡村去旅行，或者去那些记载了祖先、民族甚至人类历史和记忆的地方旅行，努力找回对于过去的记忆、对于历史的遥想，或者仅仅是为了逃避紧张、压抑、快节奏的现代生活，这就是所谓的“怀旧旅游”。

遗产旅游正是怀旧旅游的主要形式。怀旧旅游是20世纪后半期开始流行起来的。在西方，主要有两种形式的怀旧旅游：一种我们可以将其称作“田园主义怀旧旅游”。这种旅游行为是由现代化、技术与社会的急遽变迁引起的。为了排解现代化带来的心理紧张与精神焦虑，人们通过旅游，尤其是乡村旅游来暂时逃避这种压力，以获得心理上的调适，在旅游归来后再次投入和热爱自己的生活；另外一种我们可以称之为“民族主义怀旧旅游”，通过旅游对自己的国家历史和民族文化产生热爱和认同。特别是曾经的殖民帝国的人，他们喜欢去自己国家原先的殖民地旅行，通过这种殖民地怀旧旅游来追寻帝国的荣耀和父辈的历史，例如法国人去越南旅游。民族主义怀旧也可以是单纯的“历史怀旧”，在国内旅游中学习和了解本民族的历史，增进民族主义情感，例如去故宫博物院感慨中华民族的艺术成就。对于“田园主义怀旧旅游”而言，游客追求在旅游中重现“过去的好日子”，希望找到一个更加本真的自我；对于后者而言，游客希望在旅游中找回自己民族或者国家的光荣，重建对自己国家和历史的自信（葛荣玲，2012）。

3. 遗产景点的制作与呈现

游客对遗产旅游的体验特质以及怀旧思绪，促成了对于遗产旅游中景区景物的技巧性设计、更改、组合与创造，以满足遗产旅游者的文化与精神需求，这正是旅游中的“遗产建构”（built heritage）过程。遗产建构的含义长期以来仅仅和纪念物与历史建筑的保护、修护有关。这些纪念物和历史建筑因为蕴含显著而非凡的价值受到法律的保护，比如古纪念物法、国家遗产法等，这些法律促进了人们对于遗产的保护意识和实践。而旅游中的遗产建构类似于麦坎内尔（MacCannell，1976）所概括的对景物所进行的神圣化与艺术化的步骤：

第一步：景物的命名阶段。对于备选的景物要凸显出它比类似的景物更具有保护价值与观光价值，一般会请专家对其进行检查与鉴定。由此在该景物中附着上权威性，并解释和说明这一景物的美学、历史、纪念、娱乐和社会价值。

第二步：装裱（framing）与提升（elevation）。对该物进行精细与精致的打理，在对公众的展览中，显现出其与其他展品的不同与特别之处。

第三步：奉祀（enshrinement）。用一些特殊的方式让景物看上去更为神秘和神圣。

第四步：物理再生产（mechanical reproduction）。为该物进行粉刷、拍照与模塑。逼真的模拟品并不会让旅游者失望，因为当游客站在景物的复制品面前时，他便已经认定它就是真实的了。

第五步：社会再生产（social reproduction）。来自不同国家、城市或地区的旅游者开始在这些著名的旅游吸引物面前自行地定义它们、评价它们、建构着它们……

通过上述步骤，地区或民族的文化遗产被持续性地转化为遗产旅游景区景点。以下以世界自然与文化遗产地丽江为例，进行具体说明：

伴随丽江旅游热潮所推动的地产升值，古城中的纳西族居民被越来越多的外地经营者挤走。虽然这一现象招致了联合国教科文组织的黄牌警告，也引来了旅游者的非议与批评，然而丽江对游客的吸引力却丝毫不减，它所传达出的纳西族、东巴文、洞经乐、浪漫、自由、洁净、圣洁、艺术、传统、现代等景物信息，掺杂糅合在一起，持续性地激发着旅游者对其的想象与憧憬。并且，丽江在不同情景与阶段中，都以类似于上述的五个步骤，对丽江这一少数民族旅游地不断进行着升华与提升：第一步，景物命名。丽江“三个活化石”（纳西古乐、东巴象形文字、摩梭之家）的命名，凭借其中的古朴与神秘，足以令旅游者对其充满好奇与想象，再加之 1997 年丽江古城被冠以“世界文化遗产”头衔，使丽江的历史、美学、保护、纪念价值得以最大限度地彰显。第二步，装裱与提升。此手法在丽江的旅游制作中比比皆是，如古城中的民族传统饮食丽江粑粑、鸡豆凉粉、纳西糖饼、米灌肠等，依托小桥流水作为就餐环境，在现代餐饮经营理念的指挥下，以一种融合了民族、传统、现代、浪漫、自由的饮食模式，让游客流连忘返；又如，丽江曾作为茶马互市通道的历史地位被凸显，2002 年，费孝通等 20 多位国内学者就“丽江大研古镇——连接滇、川、藏的茶马重镇”进行论证，颇有影响力的学术活动对丽江今天作为“活着的茶马重镇”的旅游价值进行了提升与突出；另外，张艺谋导演的《印象·丽江》，以玉龙雪山作为布景，配合高科技，再次点亮丽江。第三步，奉祀。作为三个“活化石”之一的纳西古乐，蕴含了唐、宋、元三朝的宫廷与民间音乐痕迹。1986 年丽江当地组织了洞经乐团，乐团中的“三老”——老演员（八九十岁）、老乐器、老乐曲，凭借古朴、神秘的特质，激发了旅游者的新奇之感。第四步，物理再生产。利用现代技术将古城的电线电缆全部埋进地下，防止了电线杆对旅游景物所造成的视觉不舒服感。修旧如旧的技术手段既维持了古城的旧貌，又延续了其寿命。第五步，社会再生产。正是不同地区的旅游者，加之如今形形色色的外地经营者，不断重新定义与诠释着丽江，使丽江在今天成为一个融合着民族、浪漫、自由、洁净、圣洁、艺术、传统、现代等多种元素的旅游天堂。

蒂莫西与博伊德（2007）在其所著的《遗产旅游》中对此作了分析，指出：旅游中的“遗产建构”结果便是产生不同类型的遗产景点。这些遗产景点被归为自然与文化两种类型（Hall and McArthur，1993；Herbert，1989；Yale，1992；Zeppel and Hall，1992）。在文化范畴中，遗产景点包括物质形式（material forms）和非物质形式（immaterial forms）：物质形式包含存放于博物馆用于展示的各种纪念物、历史或考古的遗存以及工艺品；非物质形式包括表现的观念、传统和艺术、历史上杰出的事件和人物、特别的生活方式、文学和民间传说等。在自然的范畴中，遗产景点包括花园、地景、国家公园、山川、河流、岛屿以及各种动植物。值得注意的是，无论是文化的或是自然的遗产景点，或多或少都经过了新的、后天的“解释”。蒂尔登（Tilden，1994）强调“解释”在这里是一种技巧，它的主要目的不是为了说明（instruction），而是为了促销（promotion）。通过赋予它们象征性和标签性的属性，以增强它们作为遗产这一品牌的号召力和对旅游者的吸引力。普伦蒂斯（Prentise，1994）提出了一个相对完整的遗产景点分类（见表 9-1）：

表 9-1　遗产景点类型

自然景点——自然保护区、自然小径、水族馆、野生动植物公园、动物园、山洞、峡谷、悬崖、瀑布等；
科技景点——科技博物馆、科技中心等；
第一产业景点——农场、奶牛场、农业博物馆、葡萄园、养鱼场等；
手工艺中心和作坊——水车、风车、雕塑、陶瓷、木雕、五金、玻璃工业、丝绸、饰物制作、手工艺村等；
制造中心——陶瓷与瓷器工厂、啤酒厂、果汁厂、酿酒厂、工业历史博物馆等；
交通景点——交通博物馆、铁路、运河、船运码头、民用航空、汽车等；
社会文化景点——史前遗址和历史遗址、历史博物馆、服装博物馆、家具博物馆、童年博物馆、玩具博物馆、古代遗址等；
与历史人物相关的景点——与著名作家、画家、政治家相关的地方和建筑等；
表演艺术景点——剧院、表演艺术、马戏团等；
娱乐花园——观赏植物花园、仿古花园、植物园、模型村等；
主题公园——怀旧公园、历史探险公园、神话公园等；
美术馆——艺术和雕塑等；
节假日与庆典活动——古代集市、各类节假日、再现历史活动、乡村节日等；
古城和故居——皇宫、古堡、乡间大宅、庄园宅第等；
宗教景点——大教堂、普通教堂、修道院、清真寺、神祠、庙宇、神泉等；
军事景点——战场遗址、军用机场、海军船坞、战俘营、军事博物馆等；
种族大屠杀纪念碑——与种族灭绝或其他大屠杀相关的遗址；
城镇风景——历史的市中心、建筑群、店铺、城镇景观等；
村庄——农村定居点、建筑、田园等；
乡村景观——国家公园、乡村风景等；
海滨度假胜地与海景——海滨城镇、海冰景观区、沿海地带等；
地方——被本地居民视为独特的和具有历史意义的地方。

资料来源：普伦蒂斯（Prentise R C），1994//蒂莫西，博伊德．遗产旅游．程尽能，主译．北京：旅游教育出版社，2007.

9.2.3　线路遗产：一种新的旅游人类学视野

如今，人们对于遗产旅游的理解与发展正伴随学界对于遗产概念与保护传承方式的探索而得以不断深化。2014 年 6 月 15 日，第 38 届世界遗产大会于卡塔尔首都多哈举行。在此次大会上中国的大运河和中国与哈萨克斯坦、吉尔吉斯斯坦联合申报的丝绸之路同时被列入《世界遗产名录》。至此，中国成为同时拥有现存世界上最长人工运河与世界最长遗产线路的国家。由此，线路遗产的保护与发展成为我国今天重要的研究视角与领域。遗产与旅游的联姻，线路与旅游移动性的契合，使得线路遗产成为旅游可持续发展的新兴方向。

2005年2月，联合国教科文组织正式将线路遗产（heritage routes）列为四项世界遗产类别之一，这四项分别是：（1）文化景观；（2）历史市镇和市中心；（3）运河遗产；（4）线路遗产。而在此之前，线路遗产只是以线性文化景观形式被联合国教科文组织提名并登记于《世界遗产名录》。联合国教科文组织对于线路遗产的最终认可离不开国际古迹遗址理事会（International Council on Monuments and Sites，ICOMOS）对于“文化线路”（culture routes）概念的提出与推进。1993年，圣地亚哥·德·孔波斯特拉朝圣线路西班牙部分被联合国教科文组织列为世界遗产，在此背景下，ICOMOS召开了“线路：作为文化遗产一部分”的会议，会上正式提出“文化线路”概念，指出文化线路以开放性、动态性、预示性为特征，提供一个人口流动、碰撞、对话，以及文化交流与交融的特定框架。其中对丝绸之路、奴隶线路的调查研究所呈现的线路中的有形与无形文化元素、文化与自然遗产的结合，打开了一扇重要的文化旅游之门。

此后，1998年第12届ICOMOS伊比利亚—地中海会议召开，会议以“洲际文化十字路口：文化线路、立法和文化旅游”为议题。会议将文化线路与文化旅程视为同一概念，指出“一条文化旅程或线路必然包含大量有形和无形元素，在实践中应该将文化线路或旅程作为整体保护单元，达成其普遍价值的共同意识”。时隔一年，ICOMOS主席与各国代表齐聚西班牙，召开对“地中海文化遗产中葡萄树与葡萄酒文化线路”的探讨会议，会上推动了该线路对于文化旅游的意义研究，同时指出“一条文化线路的保护和促进，需要合理的管理运作与适当的游客使用，当然还需要沿线居民的参与”。

遗产与旅游的联姻，线路与旅游移动性的契合，使得线路遗产成为旅游可持续发展的新兴方向。线路遗产与旅游的结合，促成旅游一种整体性、系统性与保护性的发展模式，如学者（陶犁，2012）强调在文化线路旅游中所遵循的两个基本原则：一是以跨越时空的文化线路主题为灵魂，实现线路和区域的整体旅游发展与互动；二是以线路、节点、环境的整体性为核心，构建线路解说系统和游憩系统。线路遗产将静态与动态结合、古代与近代结合、有形与无形结合、经典与日常结合、自然与人文结合，进而以一种完整、真实、整体的遗产体系形象彰显其独特旅游价值，同时也在旅游中强调一种人类相互理解、和谐共生的“共同体”形象与概念。如横跨欧洲16国的汉萨（Hanse）线路，强调对欧洲经济、文化、市政、社会的一体性贡献，该线路目前已成为世界最大的城市与城镇自治组织，甚至通过汉萨护照（Hanse passports）标示各成员城市与城镇之间的密切联系，旨在创造与形塑一种更为积极与正面故事的欧洲犹太人遗产。该文化线路由遗址、犹太教堂与墓地、洗礼、居所、遗迹与记录、档案与图书馆、专题博物馆等要素构成，其目的在于使犹太教本身更易接近与透明，有助于强调欧洲多元。由此形成的线路旅游使处于社会边缘的群体能够被正确认知与识别，从而达成人们之间的相互理解，进而消除漠视、恐惧与憎恨。

9.3　遗产旅游的问题与发展

9.3.1　遗产旅游中的问题

1. 现代消费对遗产传统性的破坏

遗产所蕴含的巨大的符号价值与独特的传统魅力，在吸引大量旅游者的同时，也为遗产地带来了可观的经济收益。但是，在遗产旅游的光鲜外表之下，也伴随了种种冲突与矛盾，如遗产破坏、过度商业化、真实性的扭曲、认同危机等。弗里斯比（Frisby）指出，现代性是指现代生活的质量，它是与传统的断裂，是一种对新奇事物的感觉（费瑟斯通，2000）。人们对于现代性的体验体现在消费的方式与风格中。罗蒙·威廉斯（Williams）指出，消费总是与“摧毁、用光、浪费、耗尽”联系在一起（费瑟斯通，2000）。从古典经济学的观点来看，个人日益增长的商品欲望，使消费成为所有产品的目的。社会化商品的积累和扩大再生产又使个人的这种欲望得以实现，从而助长了社会的一种倾向，形成了特定的价值系统，消费文化遂得以产生。而遵循享乐主义、追逐眼前的快感、培养自我表现的生活方式、发展自恋和自私的人格类型，正是消费文化所强调的内容。在这种社会语境下，遗产成为商品进入消费领域，也会对遗产的传统性造成伤害与破坏。

2. 旅游者缺乏对遗产保护的责任意识

在遗产旅游中，当旅游者带着现代性消费文化的价值取向，前往遗产目的地时，会与遗产中暗含着特定族群存续与发展的传统产生各种对峙与背离：旅游者前往遗产地进行遗产的文化消费，其身份仅仅是一个匆匆的过客，是一个没有介入地方文化结构中的外来者。他身上并没有承载着对遗产传统保护和传承的责任与义务。如果他们缺乏足够的旅游道德和素质，那么在对遗产进行消费的过程中，就很容易对遗产造成污染和破坏。

3. 外部权力主体对遗产造成的伤害

戴赫（Daher，2000）把来自遗产外的各种权力、商业的操控主体称为“权力主体”（empowered stakeholder），把遗产当地的文化群体称为“边缘主体”（marginalised stakeholder），用两者的对立关系来体现和分析遗产旅游中的矛盾。权力主体指代投资者、酒店开发商、国家、国外资助机构，它们掌控着权力和金钱，是遗产旅游文化的建构者；边缘主体是遗产的真正创造者和拥有者，是传统的负载与传承者，可他们往往在强大的权力、经济实力面前处于“失语”的状态。双方的关系如图9-1所示。

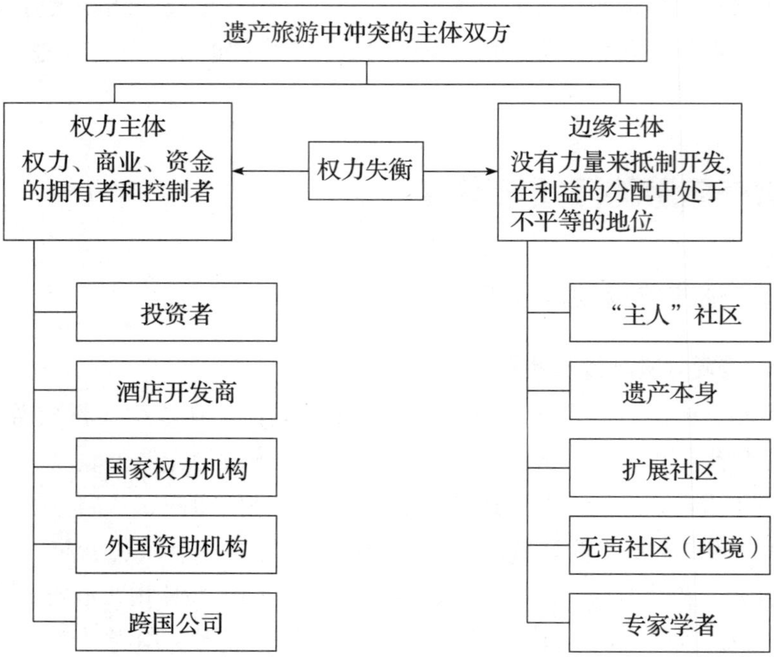

图9-1　遗产旅游中冲突的主体双方

为了迎合旅游者的消费需求和消费活动，各种政府、商业组织机构介入遗产旅游景点的创造与开发过程中，这种人为的、为了迎合旅游者消费需求和活动而进行的遗产生产，往往忽略了遗产真正的创造者和传承者。“旅游者前来体验文化的过程，与文化被遗产旅游工业所操弄的方式，将会持续不断地出现矛盾”，“这种冲突不仅仅是由于旅游者与当地不同的文化属性，更为重要的是来源于遗产和传统生产与制造的合法性和对文化的商业消费”（Robinson，1998）。

遗产旅游中这种矛盾冲突表现为：

（1）大多遗产旅游与保护项目所声称的以促进遗产地发展为目标的口号，实际只是对当地社区的一种催眠和麻痹，它往往只考虑到遗产地短期的利益而忽略了其长期的发展。

（2）投资者在对遗产地的开发项目上，往往只考虑经济效益，造成遗产的商业化和博物馆化，而从中所得的利润往往并没有返给遗产所属地。

（3）盲目地依赖国外资助机构，而没有引起遗产地政府的关注和重视，使得许多有益的项目没有实施，而仅仅是将项目书堆放在政府机构的书架上。

（4）忽略遗产背后活态的文化主体，只是一味强调过去与历史来迎合旅游者的怀旧情结，限制和禁锢了当地的发展。

（5）在遗产工业中几乎没有什么项目兼顾了遗产所属地这些边缘主体的利益。

9.3.2　遗产旅游的发展趋势

1. 发展的内涵

发展，作为一个概念术语，出现于20世纪50年代联合国提出的第一个十年发展期规划中，直到20世纪60年代联合国的第二个十年规划中，发展都只是作为一个严格的经济术语。对于当时正在经历去殖民化的贫困国家而言，发展意味着有计划的工业化：从传统农业、农村活动向现代制造业、工业和服务行业转换。由此形成的结果是：快速的城市化，消费主义，忽视乡村发展，经济上贫穷/富有，现代/传统的二元论。直到联合国的第三个十年规划，发展的核心内容才从经济转向维持人类生活的其他方面。古利特（Goulet）将其概括为"自重（self-esteem）、自由（freedom）与自觉（self-determination）"（罗康隆，黄贻修，2006）。由此发展再不仅仅以GNP或GDP来衡量，而更多地考虑人们的健康、快乐，以及他们是否能真正掌握自己的生活。

具体到旅游而言，旅游与发展存在着如表9－2所示的两种关系模式。

表9－2　旅游与发展的两种关系模式

	以工业为基础的发展	以人为基础的发展
发展关注点	经济	人
主要特征	旅游作为工业	旅游作为人的生活方式
主要指标	旅游中的商品化、消费、二元经济	整体性、文化性、道德性
背后的哲学	全球化下的地球村、自由市场的引导	旅游被赋予文化内涵、作为一种经济的替换形式、再分配的公平性

受人类学长期关注于地方与当地人传统的影响，相应地，旅游人类学运用层面的研究，也一直将关注点放在主人社会以及当地发展之上，由此提出了着眼于当地的旅游可持续发展与标榜绿色、人本、生态等特点的替代性旅游发展模式。

2. 遗产旅游中的游客：学会如何消费遗产传统

对于遗产旅游中的游客而言，当消费文化所伴随的是享乐、体验、感觉、自私等特点时，对于被消费的文化本身而言就是一种灾难。消费文化与禁欲、勤奋、节俭、远见等传统古训背道而驰，造成了人们精神的空虚与信仰的缺失。丹尼尔·贝尔（2007）指出：现代性的真正问题是信仰问题。信仰的缺失使人们只活在当下而不考虑未来与存续，并且用即时的享乐主义和自我表现的生活方式来弥补精神的空白。旅游者对遗产文化的消费本身根植了现代性对这一文化的损害。所以，如何消费传统的问题，自然而然成为我们首要关注和解决的问题。格雷本（Graburn，2001）教授在对相关问题进行讨论时用了一个值得深思的篇名《学会消费：什么是遗产与何时成为传统?》（Learning to Consume：What Is Heritage and When Is It

Tradition?)，并指出消费与其说是行为，还不如说是观念性认知。现代人早已学会消费石油、天然气、煤等自然遗物，那么，学会消费传统、消费文化、消费遗产是否也应成为现代人必修的课程？这值得我们反思。格雷本以著名人类学家道格拉斯（Douglas，1966）《洁净与危险》一书中以色列人对动物的分类为例，从人类对动物的分类入手进行分析：那些和人类很亲近，即与人同居同栖、朝夕相处的宠物绝对不能吃；而在农场里被驯养的动物和在牧场生活的野生动物和鸟类则可被任意宰杀。某些“陌生”的动物，是野生的或是属于动物园，总之，不常见于人类熟悉的环境里的动物亦被认为不能食用。他的意见是，对遗产的消费也应该有禁忌。

罗切伯格·哈尔顿（Rochber Halton）引用迪尔凯姆（又译“涂尔干”）将事物和空间进行神圣/世俗二分的观点，将现代性的这种文化消费同神圣性联系在一起，他认为既然神圣性的社会情感、集体表征具有深层次、持久性的特点，那么一旦正式的宗教衰落了，体现神圣性的象征符号也就进入到了世俗的过程中（费瑟斯通，2000）。正如迪尔凯姆所说，一切都可以神圣化，那么当商品脱离物的具体形式而具有文化象征意义时，对于商品的使用者来说，便也具有了神圣的性质。赋予文化消费对象以神圣性，可将其转换为一种弥足珍贵的所有物，促进大众对于文化商品的珍惜和重视，引导一种健康的针对传统文化遗产的消费方式。

3. 遗产生命力的延续：东道主的文化自觉

对于遗产旅游中的主人而言，进入旅游消费领域的遗产与其他类型的旅游产品截然不同。这些遗产包含着目的地人群的情感，它们是某一民族、族群、人群、家族的传统遗存物，包含着其所属群体的意识、价值与精神；传承着某地人群得以存续的价值、记忆与认同。比如，畲族的小说歌便是通过山歌唱本的形式记录了畲民们的英雄祖先与历史源流，是畲族文化延续与传承的重要证据与直接体现。因此，遗产旅游的发展核心在于这些遗产主人对于其拥有遗产的主动传续，并将其转换为旅游产品的技能。换句话说，对于遗产旅游的发展单单依靠来自遗产主体之外的力量来维持是无法持久的，其更重要的是需要遗产主人自觉主动地、积极地传承与维持遗产精神，由此才能持续吸引游客前往。所以，各遗产旅游地的东道主在如今席卷全球的遗产运动浪潮中是否能保有文化自觉，是遗产能否真正富有生命力并持续产生旅游吸引力的关键所在。

文化自觉主要指生活在一定文化中的人对其文化的清晰了解。清醒认识，即了解它的过去，贯彻它的现在，把握它的未来。以国家非物质文化遗产畲族小说歌传承为例，其延续与维持正是得益于地方民族精英积极主动的传承实践。时年70岁的畲民钟昌尧在2001年意识到畲歌传承的危机，便开始积极行动以抢救畲歌。此后六年他走访了福建省内众多畲族村落，收集整理流传于民间的畲族歌言、图片与资料，搜集到160多段100多万字的畲歌，并整理出手抄歌本500多首。另一关键人物畲民钟其松，也是自2001年起开始有意识地搜集和收购散落本村的畲族文物，并在此基础上修建文物陈列室。该“乡村博物馆”藏品共计1 000余件，包括极为珍贵的畲族祖图、祖杖、服饰、器物等（龚坚，2012），由此吸引了越来越多的游客前往观赏。因此，对于遗产旅游的发展问题：一方面，各外来组织、国家或是世界遗产负责机构，应极大尊重遗产所归属群体的意愿与想法，并基于此制定符合群体意愿，支持其遗产保护与旅游可持续发展的策略与纲要；另一方面，更为重要的是，对自己文化保持着清晰认识与自觉主动的东道主对于本族遗产的传承与旅游发展所发挥的核心作用。

本章小结

遗产概念在全球化与现代化的时代背景下不断延展与扩充，个体或家族的遗产如今均可转变为具有宝贵价值的国家或世界遗产，也促使遗产的当代价值与意义成为其时代主要特质。而人类学以人为本的传统视角，促使"谁是遗产真正主人"的问题获得特别关注，并强调遗产的归属性与认同性：遗产承载着其所属群体的情感、亲密感与认同感，蕴含其特定的地方性知识、观念、性格与精神，而这才是遗产拥有生命力并能够持续传承的关键所在！

遗产的物质与非物质文化、可见与不可见的内容对现代大众游客有着强大吸引力，于是遗产旅游的概念与形式应运而生。虽然不同人群、地区或国家对此概念的理解各异，但其背后却蕴含了旅游者对事物的体验特质与怀旧思绪。遗产的传统性、与过去的联系性，能将游客带回到或者对田园诗般生活或者对往昔荣耀的追忆与感怀之中，进而舒缓了现代人紧张与焦躁的情绪。

遗产工业的发展促使遗产成为商品，遗产制造与生产形成了特别的遗产建构程序，其中蕴含了为满足游客精神体验与需求的巧妙制作、叙事、解释与转换等策略，进而呈现出风格各异的遗产景点。线路遗产理念与保护方法的提出与推进，促使形成了一种整体性、保护性与联系性遗产旅游的可持续发展方向。

面对遗产旅游中所涉及不同主体间的矛盾，如何转变人们消费传统的集体观念，以及充分调动遗产主人的自觉意识，激发其行动的积极态度，成为遗产旅游可持续发展的关键。

关键术语

遗产（heritage）
遗产旅游（heritage tourism）
遗产认同（heritage identity）
遗产工业（heritage industry）
体验（experience）
怀旧（nostalgia）
遗产建构（built heritage）
线路遗产（heritage routes）

复习题

1. 如何理解遗产概念？人类学如何理解遗产？
2. 什么是遗产的归属性与认同性？
3. 如何理解遗产旅游？
4. 遗产旅游大规模发展的原因是什么？
5. 遗产旅游可持续发展的关键是什么？

扩展阅读材料

“线路”：遗产旅游的新视角*

对于“线路”的文化研究最早可追溯至亚里士多德关于直线运动与地界关系形而上的论述。地界，即地球的位置，由气、火、水、土四种元素占据，四元素朝向或偏离自己位置的运动就是直线运动，由此，四要素所构成的事物均按照其本性做直线运动，因为直线运动是断续的、暂时的，所以这些地界上的事物是可朽的。亚里士多德对地界直线运动的分析对应于其对天界圆周运动永恒性与持续性的认定，直线与圆周运动共同构成了亚里士多德对于移动本质的界定：从静止到运动的过程是从潜在到现实的内部转换，需要一个潜在的现实推动者作用。换句话说，在位移的运动方式中，静止与运动、潜在与现实关系最终被归结为被推动者和推动者的关系。而神作为“第一推动者”是形而上的最高原则。

在现代学科分类体系下，线路作为地理学的重要概念，集合了诸多地理要素，其所包含的文化与自然因素成为表征地球特质的一种线路定位。然而，长期以来学界都将线路视为一种文化景观的整体类型，以此来寻觅文化用线路形塑景观的不同方式。这也是联合国教科文组织一开始将线路遗产划为一种文化景观类型的理论依据所在。然而，只是将线路视为一种人文地理的表现方式，而长期缺乏对于线路本身的关注，造成对线路中物质与文化要素独特性研究的缺失。此后，线路的系统性因符合人文地理学特质而得到重视与研究，学界也由此强调线路作为整体需要一种像地形学一样的详细描述方式（descriptive-explanato），进而促成一种文化地形学。这一详细描述聚焦于对线路价值的关注，寻找线路系统中的历史、文化、技术、地理等要素，注重对线路两方面的观测：其一，不同要素所表现出的一种累积性历史联系；其二，不同时期所定义的经济—技术模式。

人类学家克利福德（James Clifford）在其著作《文化之道：二十世纪晚期的旅行与诠释》中直接通过线路打破以往指向中心、单一与地域研究的支配地位，通过旅行与接触将人类置于一种转换性构建（constituted by displacement）过程中，其

* 郑向春．文化遗产关键词之遗产线路．民族艺术，2015（2）：42-48.

间缠绕着移动、文化经历、结构以及接触的非匀质世界中人们的不同表述。克利福德指出长期以来人们都假定社会处于特定区域之中，根源总是优先于线路（roots always precede routes），但其实，对于任何地方而言，人们的移动与接触早已经历了漫长而复杂的过程。在此，旅行（travel）成为勾画线路的一种多元性概念工具，当旅行一旦被解开枷锁，成为人类经验一种复杂的、普遍的图谱，那么位移实践（practice of displacement）将成为文化意义的主要构建方式。这种空间跨越与联系将最终动摇以往文化中的地方主义色彩。

对此，克利福德提出一种文化跨域（translocal culture）的方法论来对应其线路理论。当边界（borders）获得一种似是而非的中心地位，那么发生于边缘（margin or edge）或是线上（lines）的交流将构成一幅复杂的地图与历史，它既非全球化也非普遍化，在人类学界将成为一种新的理论范式，即以一种关系性的非目的性的方式表述一种全球与地方性的过程。这一新的范式既不同于涵化所指涉的线性轨道（从文化A到文化B），亦不同于混合（syncretism）所暗含的两个文化系统的叠加，而是起始于一种历史性接触，缠绕着宗教的、国家的、超越国家的范畴。这种联系性的方法论突破以往考量整个社会文化如何一步步进入一种关系性网络的过程，而是将社会文化本身视为一种联系性系统以及这一体系如何在移动的历史进程中又进入一个新的关系网络的过程。最终，在克利福德那里线路成为反思和批判中心与地方主义的有力思想武器，用于勾勒出一幅全球流动、异质、交融的绚烂图谱。

上述线路文化，一方面支撑了遗产线路最终以独立姿态成为世界遗产的一个类型，另一方面，也作为旅游移动性的文化特质所在。由此，从线路的角度出发，可以尝试构建出一种以线路文化为核心的新的遗产旅游系统，具体如表9-3所示：

表9-3　遗产旅游的线路视角与体系

线路主题	命名
线路辨识	真实性、完整性、持续性、动态性
线路研究	历史（文化层）、环境、结构、功能、交通、区域文化（历史节点、物与非物分析）、相互影响与交融、文化表达（阐释、叙事、故事等）
线路评估	点线面结合、静态与动态结合、古代近代结合、有形无形结合、经典日常结合、自然人文结合
线路价值	技术、经济、社会、景观、美
线路保护	法律、行政、技术、公共、研究团队的建设
线路运用	政治合作、经济交流、旅游
线路管理	阐释、展示与发展

第 10 章

旅游与博物馆

- 了解博物馆的源起、功能和分类
- 掌握博物馆与旅游的关系，博物馆旅游及其特点
- 知道博物馆旅游的符号意义和体验价值

10.1 博物馆

10.1.1 博物馆的源起

博物馆虽是近代才在我国兴起的社会文化事业，但是有着悠久的历史。在西方，博物馆的起源可以追溯到公元前几世纪。建于公元前290年左右的亚历山大博学园中的缪斯神庙是世界上公认的最早的博物馆。缪斯（Muses）是古希腊神话中掌管文学与艺术的九位女神的总称，西方博物馆“museum”一词就源于此。17世纪英国牛津阿什莫林博物馆建立后，“museum”一词才成为博物馆的通用名称。我国古代没有“博物馆”之说，这一说法到19世纪中期才开始传入中国。我国最早的博物馆是张謇1905年建立的南通博物苑。

国际上通行的博物馆定义是1989年国际博物馆协会章程中对博物馆的界定：“博物馆是向大众开放的为社会及社会发展服务的非营利的永久机构，它为研究、教育、欣赏之目的征集、保护、研究、传播并展示人类及人类环境的见证物”（王宏钧，1996）。这一定义突出了博物馆的基本性质和基本职能，博物馆是非营利的社会机构，收藏、研究、教育、展示是博物馆的基本职能。

随着社会的发展，各国都在实践中修改各自对博物馆的定义以适应时代的需求。这些趋势主要表现在：

1. 对博物馆非营利性有了新的解释

长期以来非营利性都被视为博物馆公益性质的支撑。虽然欧美有很多博物馆都免费对外开放，但世界上大部分博物馆还是收费的。欧洲最早将博物馆非营利性解释为“不是为了盈利”，美国则将博物馆的非营利性解释为“不以营利为目的”。

2. 强调“以人为本”，博物馆是人与物的结合

博物馆作为人类及人类环境的收藏和保护场所，展示主要以物的形式来表现。但是展示不是为了物本身，而是为了社会及社会发展，归根到底是为了人。博物馆“以人为本”的思想已经成为一些博物馆的办馆方针。

3. 对“有助于人的发展和愉悦”的关注

在博物馆定义中以“研究、教育、欣赏”为目的，研究和教育得到了充分体现，欣赏却被弱化为仅仅为了教育和研究的目的。英国博物馆协会认为将博物馆定义为“为公众利益收集、记录、保护、陈列和阐释物质证据及相关信息的机构”只考虑了工作过程和管理角度，忽视了公众需求，于是1998年在修订博物馆定义时加入了“博物馆使公众为激励、学习和欣赏而利用藏品”。

10.1.2 博物馆的功能

收藏、研究和教育是博物馆的传统和核心功能。最早的博物馆——亚历山大博学园里的缪斯神庙，是由马其顿王朝亚历山大大帝的部将托勒密建立的，主要陈列在征战中收集的文物和艺术品。缪斯神庙除了收藏陈列以外，也供一些学者进行研究，比如亚历山大的老师亚里士多德就曾在此研究希腊文化。

可见博物馆最初萌芽于人们的收藏和纪念意识，在此基础上产生了对珍稀物品和具有纪念意义的遗址遗物的利用和研究，这是博物馆收藏和研究功能的起源。18世纪以后，欧洲的博物馆陆续向公众开放，先后包括英国的大英博物馆和法国的卢浮宫，教育展示成为博物馆的第三个功能。现代博物馆的功能日益完善，在核心功能和传统功能的基础上博物馆的外缘功能不断扩展，见图 10－1。

图 10－1　博物馆的功能扩展

10.1.3　博物馆的分类

博物馆从不同的角度可以进行不同的划分。英国按照博物馆的功能，将博物馆分为三类：艺术博物馆、历史博物馆、科学博物馆。日本将各种形式的博物馆分为综合博物馆、人文科学博物馆和自然科学博物馆。美国的博物馆划分标准很多，有按藏品内容的、隶属关系的、观众类型的、规模大小的、展出方式的，还有按地区的和博物馆预算的。国际上通常以博物馆的藏品和基本陈列为类型划分的标准，划分为：历史博物馆、艺术博物馆、科学博物馆、综合博物馆、其他博物馆。我国博物馆界的划分标准有三种：一是划分为综合类、纪念类和专门类；二是从隶属关系角度按主管部门和领导系统划分；三是按博物馆的性质和陈列教育活动内容划分。从旅游资源开发的角度，可将博物馆划分为藏品博物馆、遗址博物馆和生态（包括准生态）博物馆三类，如表 10－1 所示。

表 10－1　从旅游资源角度划分的博物馆类型

博物馆类型	特征	举例
藏品博物馆	以收藏和展示藏品为主	上海博物馆 陕西历史博物馆
遗址博物馆	建立在考古遗迹、历史遗址、故居旧址基础上	秦始皇兵马俑博物馆 四川广汉三星堆博物馆
生态（准生态）博物馆	原地保存文化及其原生环境	贵州梭戛生态博物馆 云南民族文化生态村

10.2 博物馆旅游

10.2.1 博物馆与旅游的关系

1. 博物馆与旅游的历史溯源

从历史发展来看，博物馆和旅游有各自独立的发展轨迹，但两者的阶段性特征是相同的。博物馆和旅游起初都是贵族和上层阶级的特权，那时博物馆是统治阶级收藏奇珍异宝的场所，旅游也仅仅局限于少数特权阶级。产业革命导致了贵族阶层的没落，博物馆和旅游又成为资产阶级的专属物，对经济基础的依赖使两者都只局限在很小的范围。一直到近代，博物馆和旅游才开始大众化和平民化，成为现代社会发展最快的行业之一。

2. 博物馆是重要的旅游资源

博物馆是一项具有特色的重要旅游资源，博物馆旅游在21世纪有巨大的发展前景。首先，现代化和全球化的发展、后现代思潮的兴起使人们对于文化多样性和地方性知识的关注日益增多。博物馆作为衡量国家文明程度的重要尺度，是国家和地区的象征，代表了地方和族群的认同，最好地诠释和体现了一个国家的历史和文化、个性与特征。西方博物馆旅游的蓬勃势头足以证明它的巨大魅力。其次，从中外旅游的发展历程来看，文化性的观光产品始终是世界旅游市场上最具吸引力的产品，而博物馆正是这种吸引力和凝聚力最集中的表现。再次，博物馆是一个城市的文化目录，可以提升城市的文化品位和历史底蕴，开展博物馆旅游有助于提升城市旅游的竞争力。最后，随着旅游活动回归知性，引导思考、探索、发现的学习型旅游休闲活动将引领消费潮流，博物馆旅游正是适应了这一发展趋势。

3. 旅游业为博物馆带来了客源，有利于博物馆的现代化和国际化

对现代博物馆而言，旅游业已经成为不可或缺的因素，是不容忽视的重要力量。博物馆的一个核心功能就是展示，如果没有观众就不能称为博物馆，博物馆也就没有存在的价值。只有争取更多的观众，才能达成博物馆文化信息传播和教育的使命。旅游业可以为博物馆带来客源，为博物馆的发展筹集资金。旅游业推动了博物馆的现代化和国际化，同时旅游市场的发展也是博物馆创新的导向。现代博物馆的真正发展是在第二次世界大战以后，80%的博物馆都是在那以后新建的，这既是人类自我反思的产物，也一定程度上受到了蓬勃发展的旅游业的推动，是旅游需求拉动的结果。

10.2.2 博物馆旅游

一般人对于“博物馆”概念的认识过于狭隘，认为博物馆就是存放古董的地方。其实博物馆的内涵与外延十分丰富，作为对文化和自然现象进行收集、保护、展览和解释的机构，除了常见的藏品博物馆外，还包括遗址博物馆、露天博物馆、生态博物馆等，在国外还包括一些建筑遗迹、自然公园和保护地，以及动物园、植物园、文化村等博物馆公园。博物馆绝不是“古板”“枯燥”“过时”的等同物。博物馆旅游的内涵也很丰富，收藏、教育、研究是博物馆的核心职能，从而使认知、教育、审美成为博物馆旅游的核心价值，博物馆旅游的价值体系也在不断地充实和发展，休闲、娱乐也是博物馆所提供的价值和功能。

从外延上界定，博物馆旅游既包括惯常意义上的博物馆、美术馆、科技馆中的游览，也包括在遗址、故居、纪念馆、展览馆以及具有博物馆性质的文化机构中进行的旅游；从内涵上界定，博物馆旅游是以博物馆为游览对象，满足游客教育、审美、休闲娱乐等需求的文化遗产旅游。博物馆旅游具有如下特点：

1. 独特性和唯一性

博物馆独具地方性，类型和内容十分丰富，几乎涵盖了自然和人文遗产的各个方面，即使是同类型的博物馆也几乎没有相同的。博物馆的藏品无论是哪个级别的，都是唯一的。这种唯一性既决定了博物馆旅游的独特性和垄断性（而作为博物馆的遗产是不可替代的），也决定了博物馆旅游的可持续发展要求。博物馆旅游不能以破坏遗产为代价，要求既实现代内公平，又实现代际公平。

2. 公益性

博物馆是为社会及社会发展服务的公益性机构，因此博物馆旅游业带有极高的社会公益性。这表现在不仅大多数博物馆都是由政府开办或资助的，而且大多数博物馆都免费或低价位向公众开放，特别是向青少年开放。随着社会的发展，出于经济目的而建立的博物馆也越来越多，这代表了博物馆的一个发展方向。

3. 知识教育性

博物馆是民众开展终身教育的场所，游览博物馆的过程就是解读历史、陶冶情操、净化心灵的过程。游客可以从中获得丰富的科学文化知识，培养和发展各种兴趣，陶冶文学和艺术修养。博物馆启迪民众的作用是其他爱国主义教育形式所无法比拟的。因此，博物馆常常被作为国家文明程度的标志。博物馆旅游的开展有利于提高民族文化素质，对促进社会精神文明建设、构建和谐社会具有潜移默化、不可替代的作用。

4. 高品位性

博物馆是一种高品位的旅游资源，它使得旅游活动从纯粹的娱乐升华为高层次的精神文化享受。这弥补了现阶段旅游产品品位不高、缺乏深度的缺陷。博物馆所展示的都是一个国家和民族的艺术珍品，很多都是国宝和世界遗产。博物馆旅游的高品位也决定了游客的体验不仅受到博物馆解说系统的影响，而且受到旅游者历史文化知识和艺术修养、审美情趣、道德情操的影响，博物馆旅游对旅游从业人员和旅游者的要求都比较高。

5. 季节性不明显

自然旅游产品和文化节庆旅游产品有很大的季节性和时间性。博物馆除少数外，一年四季都适宜旅游，既可以在旅游淡季弥补旅游吸引物的不足，又可以在旅游旺季起到分流的作用。博物馆设有一些临时展览，这在一定程度上使得参观人数会有季节性的波动。

10.2.3 博物馆旅游的发展

1. 我国博物馆旅游发展的现状

我国博物馆旅游的现状主要表现为冷热不均，存在很大的波动。

第一，从博物馆类型而言，遗址博物馆游客相对较多；藏品博物馆除少数外，大多无人问津；生态博物馆则刚刚起步。遗址博物馆依托历史文化古迹，包括皇宫、园林、陵寝、庭院、民居、考古遗址和遗迹等，与藏品博物馆相比，颇具“地利”，原址原貌，古色古香，很有地方特色。而藏品型博物馆大多地处市区，受地理位置的限制，空间有限，只有室内展区，展品十年如一日，陈列方式千篇一律，除了少数有名的国家级、省级博物馆以外，大多比较冷清。作为舶来品的生态博物馆由于是新生事物，在中国处于起步阶段，尚未完成本土化的过程，但是在云贵川等地的实践已经逐渐培养出游客群。

第二，从博物馆的规模来看，具有世界声誉的大型博物馆游人如织，中小型博物馆则举步维艰。规模最大、影响最广的是在明清皇宫基础上建立的故宫博物院，每年吸引上千万的国内外游客。其他比较有名的还有陕西的秦始皇兵马俑博物馆。它们都属于世界文化遗产，闻名遐迩。而中小型博物馆则鲜有游客，一些市县级的博物馆甚至不具备迎客的条件。

第三，从博物馆的内容来看，具有互动性的科技博物馆和行业博物馆最受欢迎，数量却较少；而数量最多的综合类、历史类博物馆则游客较少。

第四，从地理位置来看，处于旅游胜地或者有旅游景区相依托的博物馆旅游者较多。比如旅游文化大省陕西的各大博物馆、云南丽江东巴文化博物馆以及束河古镇内的茶马古道博物馆。有地方特色的纪念馆、故居也颇受游客欢迎。比如湖南韶山毛泽东故居、重庆反映抗战文化的红岩革命烈士纪念馆和歌乐山烈士陵园。

第五，从时间波动上看，游客数量不稳定。由于特殊的临时性展览和免费开放，博物馆热闹时人满为患，冷清时门可罗雀。

2. 我国博物馆旅游存在的问题

首先，中国的很多博物馆长期恪守主业，对于中国蓬勃发展的旅游业“作壁上观”，排斥市场，排斥旅游。这有着深刻的原因。

（1）观念原因。我国长期以来对博物馆非营利性质的认识存在误区，片面地将“非营利”等同于“非盈利”，使得博物馆完全依靠政府，这既使得各大博物馆都在政府有限的资助下艰难地维持生计，同时又形成了博物馆畸形的体制和衙门式的作风。收藏、研究、教育是博物馆的主要功能，但不是全部功能，恪守这三个功能反而不利于博物馆功能的发挥。很多国家都在通过扩展博物馆的其他功能来帮助博物馆实现教育与展示功能。欧美比较通行的是博物馆的“三 E”功能“Educate，Entertain，Enrich”，即“教育民众、休闲娱乐和充实人生”。博物馆功能的多样化反映了观众的多样化需求，特别是休闲娱乐的需求。

（2）体制原因。我国的博物馆分属于不同的系统，包括文物部门、各级政府、各部委。我国博物馆行业的经营和管理都趋于保守，缺乏活力，主要表现在：认为公益事业国家要大包大揽，缺乏主动性；自我定位于高雅文化的殿堂，不屑于“降格”满足社会需求；重收藏和保护，轻实际运用；重教育科研，轻休闲娱乐。许多博物馆从设计到经营都没有进行可行性论证和市场调查，完全忽视广大公众的需求，导致在参与休闲市场的竞争中被公众排斥和遗忘，博物馆这一拥有巨大信息量的独特的文化休闲领域不能充分发挥作用。

（3）经费原因。我国博物馆长期以来主要靠政府财政拨款，几乎全部由政府投资、政府管理、政府资助，国家的有限投入远远不能维持博物馆的经营。由于缺少资金，很多博物馆很难开展活动和进行必要的宣传，门庭冷落，门票收入少之又少，长此以往便对发展旅游失去热情，最终形成恶性循环。

（4）人才原因。

第一，我国的博物馆大多隶属于国家文物局和各地文物部门，馆长多是技术专家，缺乏经营意识和相关知识。博物馆行业的不景气又使得难以吸引新人才，很多博物馆一方面存在着人员过剩，另一方面又显著存在人才短缺、知识结构不合理的现象，特别是缺乏专业型、技能型、管理型人才。

第二，博物馆内容陈旧乏味，展览死板雷同，缺乏吸引力。博物馆所表现的世界并不是普通大众所熟知的世界，它是一个由科学法则、分类法、时代划分构建起来的世界。对于非专业的人来说，博物馆里所有的东西看起来都一样，特别是将大量的东西堆砌起来的时候。我国很多博物馆的展出相当模式化，几乎所有的展品都是同质的，游客始终处于被动接受的一方，主动性极少。如果游客第一次参观博物馆时留下了不好的印象，他自然会推而广之，避免选择其他的博物馆。

第三，博物馆不了解游客的需求，很少提供高质量的服务。博物馆习惯性地陶醉于馆藏珍贵文物的拥有量，认为只要摆出几件镇馆之宝就可以了，很少主动了解游客的需求，更谈不上提供高质量的服务了。很多博物馆员工缺乏服务意识，服务态度差，游客很难留下好的印象。除了常规展览以外没有其他的服务项目，很难吸引游客和留住游客。

第四，民众没有形成消费习惯，市场需求不旺。其一，消费者存在着一种思维定式，认为博物馆是“死板”“枯燥”“过时”的对等物，这与国外将参观博物馆视为一种消费习惯大相径庭，其中除了经济基础和教育水平的差异因素，博物馆的自身建设和定位也有重要的影响。其二，现行博物馆填鸭式的教育方式使人倍感压力，缺乏自由感。博物馆疲劳使得一些追求纯粹娱乐和休闲的游客避免选择博物馆类的吸引物。另外，旅游吸引物供给的增加，带来了消费者口味的变化。博物馆作为旅游资源曾是20世纪七八十年代的主要吸引物，那时的博物馆满足了游客的初级观光需求。随着旅游业的成熟与发展，游客的旅游口味从观光到度假，现在又向更个性、更独特的专项旅游发展。与时代发展带来的巨大变化相比，博物馆改变得实在太少了。

第五，旅游业对博物馆缺少关注，产品单一，线路的设计和组织老套，没有深度挖掘博物馆产品的内涵，对博物馆旅游产品开发缺乏应有的远见。这主要是因为以旅行社为代表的旅游经营者是追求利益最大化的企业，其主要的经营行为是追逐市场中需求的发展方向。对于旅游这样一项大众休闲活动来说，很大部分需求本身就是对刻板而一成不变的学习和生活的逃避，因而很多旅游者会功利地选择轻松愉快的纯娱乐型旅游项目。旅游经营者为了迎合旅游者的这种消费偏好，在设计产品时自然向消费热点倾斜。同时，开发和营销一种高雅、严肃的文化产品存在高风险和高成本情况。因此我国比较成熟的以博物馆为内容的旅游产品还比较少。

10.2.4 博物馆旅游的展望

1. 藏品博物馆旅游展望

我国的藏品型博物馆数量最多，分布最广，大部分位于地区中心城市。藏品博物馆在城市旅游和会展旅游中有巨大的发展前景。城市景观的日益趋同使得城市越来越缺乏个性和特色，城市最终以文化论输赢，城市旅游必须有文化支撑，必须能够反映城市的历史和文脉。博物馆作为城市的文化目录，反映了一个城市的文化品位和文化底蕴，应该成为城市旅游的名片，包括博物馆的旅游线路将使城市旅游更有品位和吸引力。重庆依托于红色遗址的"红岩文化一日游"是"魅力重庆游"中最具吸引力的线路。最近，重庆红岩联线文化发展管理中心又整合了陈独秀故居、刘伯承纪念馆、聂荣臻纪念馆、赵世炎故居、张治中官邸"桂园"等十处名人故居，开辟了"名人故居精品旅游线"。有条件的藏品博物馆还应该积极参与会展旅游。2000年和2001年，杭州中国丝绸博物馆借助西湖博览会召开之契机，成功举办了两届中国丝绸文化节，丰富多彩的活动吸引了很多游客。博物馆与城市旅游和会展旅游的结合，可以提升城市及城市旅游的文化品位，创造可观的经济收益，实现博物馆、旅游城市和旅游企业社会、经济、文化的综合效益。

私人、企业、高校博物馆是藏品博物馆中不可忽视的力量。随着国家对私人建立博物馆规定的放宽和法制的完善，私人和企业博物馆有着巨大的发展前景。位于张家界的秀华山馆成功地将静态的民间器物收藏与动态民俗民情表演结合起来，被香港前特首董建华称为"含金量最高的私人民俗博物馆"。张裕酒文化博物馆、五粮液酒文化博物馆等通过企业博物馆宣传了企业和企业文化，获得了其他宣传促销手段无法达到的社会效益和经济效益。几乎每所综合性高校都有自己的博物馆，这是一笔养在深闺人未识的宝贵财富，高校博物馆应该发挥自身学术研究和人才上的优势对外开放，使高校博物馆融入校园旅游和城市旅游中。

2. 遗址博物馆旅游展望

遗址博物馆不能像藏品博物馆那样通过举办不同的展览来吸引观众，遗址博物馆可以依托的只有遗址本身。这既是遗址博物馆在市场竞争中最强有力的资源优势，同时也是博物馆发展的桎梏。一是遗址博物馆资源比较固定，无法常换常新；二是受地理位置的限制无法拓展博物馆空间。遗址博物馆旅游要处理好旅游发展和文物保护、社区利益之间的关系。借鉴国外遗址博物馆的经验，遗址博物馆可以向遗址公园发展。遗址的核心部分独立出来，通过门票来调节游客数量达到保护的目的；遗址博物馆的外围可以社区化、公园化，通过开发休闲娱乐设施回馈当地社区，扩展游客体验。例如成都武侯祠博物馆将博物馆分为三个部分，中心是文物保护区，区内重点保护汉昭烈庙、武侯祠、惠陵等文物古迹，面向游客，门票 60 元；左侧是园林区，区内可以乘游船、喝茶、打牌，面向当地社区，门票只要 2 元；右侧是锦里古街，集成都小吃、旅游购物及民风民俗为一体。成都武侯祠博物馆是将博物馆文物展示和保护与旅游发展兼顾得比较好的一例。

3. 生态博物馆旅游展望

生态博物馆是一种全新的博物馆理念，反映了新博物馆学的两大趋势：社区化以及对非物质文化遗产的关注。生态博物馆具备传统博物馆的基本功能，对传统博物馆的内涵进行了丰富、外延进行了扩展。传统的博物馆主要关注藏品、建筑、观众和科学知识，而生态博物馆关注遗产、社区、居民和文化记忆。生态博物馆最早在法国巴黎近郊诞生，经过近 40 年的发展现在全球共有生态博物馆 300 多座。

生态博物馆在我国的实践，从第一个梭戛生态博物馆到现在的镇山生态博物馆、隆里生态博物馆和堂安生态博物馆群以及滇黔蜀桂等地以生态博物馆理念为指导的准生态博物馆和民族文化生态村，呈现出蓬勃的发展势头。与传统博物馆相比，生态博物馆将文化保存在原生环境中，自然与文化完美融合，所展示的内容包括民族民间的音乐舞蹈、婚丧嫁娶、节日庆典等，有很强的参与性，所以一建立就成为旅游市场的热点。对于生态博物馆的旅游开发有两种截然相反的看法：一是认为文化保护是生态博物馆的首要任务，旅游业带来了文化的变异，反对旅游开发；二是认为从现实和资源条件来说，发展旅游是生态博物馆最理想的选择，主张进行开发。第一个梭戛生态博物馆在建设之初由于太过于“欧化”，成为一个失败的案例。潘年英（2002）对梭戛的田野调查表明博物馆建设的各方面带有很明显的文化植入意味，旅游发展对传统文化体系的冲击是显著的。

生态博物馆最核心的问题仍然是如何处理经济发展和文化保护之间的关系，这也是很多民族类、遗产类、公共型旅游资源面临的共同问题。就生态博物馆而言，民族地区的原生态文化是在历史发展过程中适应自然环境的结果。时代在改变，生活方式在改变，一些文化和传统失去了滋生和依附的土壤也必然失色和改变。文化不是一成不变的，民族文化最终也要实现其现代化和国际化。民族文化只有在与其他文化的交流和碰撞中，才能够扬弃和发展。民族文化作为一种资源，养护很重要，但是一味强调民族文化的脆弱，人为地禁锢在温室里，没有经过风雨的花最终还是要凋零的。我们在指责旅游业带来的文化变迁以及诸多社会问题的时候，应该在经济全球化、文化一体化的背景下，充分考虑现代化本身对传统文化的冲击。旅游并非与文化保护相悖，旅游业为现代和传统架起了桥梁，促进了民族文化的复兴和创新，也为文化保护提供了动力。社区发展本来就是生态博物馆文化保护之外的另一项职能，为建博物馆而建博物馆是没有意义的。生态博物馆与传统博物馆的一大区别是对社区民众的关注，这不仅应该表现在文化的保护和传承上，也应该表现在切实的生活中。实践证明旅游开发有利于民族地区的脱贫致富，但是由于旅游开发对文化资源的依赖，所以需要十分谨慎地操作。

生态博物馆从诞生之日起就饱受争议，其内涵与外延在不断变化。欢迎与接受是必需的，而理性地思考、深入地研究，提出我们自己的生态博物馆观、生态博物馆旅游模式尤为重要。生态博物馆在中国的发展不能照搬外国的成功案例，应该走有中国特色的生态博物馆道路，从中国的实际出发，在经济发展与文化保护的天平上寻找自己的平衡点。如果文化保护不力，就会像一般的民族村寨一样，最终淹没于民族旅游的大潮中；如果经济不发展，对于当地居民而言，这种与贫困相伴随的文化保护模式不过是天马行空的理想。生态博物馆在中国的生存与发展关键在如何使之中国化，探索具有中国特色的生态博物馆之路。生态博物馆为民族旅游，特别是民族村寨的旅游开发，提供了一种可供选择的路径。生态博物馆应积极回应生态旅游和民族旅游的发展热潮，找准自身的定位，树立自身的品牌形象。生态博物馆与民族旅游和生态旅游要互相借鉴，取长补短。生态博物馆要借鉴民族旅游和生态旅游成熟的市场运作、有效的游客管理；民族旅游和生态旅游要学习生态博物馆展示和保护文化的方式，走出一条有中国特色的生态博物馆旅游之路。

10.3 博物馆旅游与符号

旅游是在现代性的“好恶交织”中发展起来的（左晓斯，2005）。一方面，现代性为旅游的开展提供了物质和技术上的保证。生活水平的提高带来的可自由支配收入的增加，社会进步带来的闲暇时间的增多，以及便捷的交通与通信，使得旅游活动得以实现。另一方面，现代性使得人们的生活方式逐渐异化：生活的程式化与机械重复，生活环境和生态环境的恶化，人际关系的淡薄与疏远。对现代主义的本能的逃避与解脱成为人们外出旅游的广泛动因。在这样的背景下，旅游需求呈现出一种后现代倾向。后现代消费的主要特征和趋势是：消费的符号化和消费的体验化。由产品经济向服务经济的转向使得产品具有更强烈的文化特征，文化成为衡量产品品质和价值的核心。产品除了具有使用价值以外还因为附着的文化而具有了象征意义，也就是“符号价值”。在广告等大众传媒的作用下，生活越来越场景化，消费和闲暇成为一种体验，变成一种对影像和即时感受的追求。

从根本上来说，包括博物馆在内的遗产旅游的兴起是后现代思潮影响的结果。然而，后现代本身就是一个矛盾体。一方面，后现代思潮所强调的理性主义向人文主义的回归使人们的目光重新投向反映历史真实的博物馆和遗产地；另一方面，后现代对符号和影像的迷恋又使得博物馆所坚守的客观真实受到抵制和冷落。后现代消费中产品和服务的符号化和体验化要求注重博物馆旅游的符号意义和游客的体验设计。

10.3.1 博物馆旅游的符号意义

后现代消费中的旅游及旅游景观已经符号化。对于旅游者而言，旅游及旅游景观标志着旅游者的身份、地位，象征着成就以及人生价值的实现。从这种意义上说，旅游及旅游景观不再仅仅是一种社会活动和机构，而变成了一种社会符号。人们选择旅游及旅游景观时，并不仅仅考虑使用价值，更注重社会意义，也就是符号价值。在实际的旅游活动中，旅游景观的符号价值承担着标志、代言、宣介的功能，对游客起到了至关重要的引导作用。比如英国的大英博物馆、法国的卢浮宫、美国的大都会博物馆，以及中国的故宫博物院和秦始皇兵马俑博物馆，在旅游者的心目中都是国家和民族的标志，代表着浓缩的历史记忆和文化传统，是目的地吸引力的集中表现。博物馆的符号意义包括真实性、怀旧、文化朝圣、认同、休闲和时尚，博物馆的这些符号意义起着吸引旅游者的文化中介作用。

1. 真实性

麦坎内尔认为，游客之所以到其他地方去旅游，是因为对日常生活中一成不变的非真实感厌倦了，需要到其他地方去寻求真实。瓦利（Vallee）认为“真实性是旅游者渴望得到并积极追求的一种经历，这种经历被认为是反映真实的，不掺假的目的地的日常生活，或者能够让旅游者接触的生活”。虽然也有研究者认为旅游本来就是一种假事件，旅游中不可能找到真实，但是对真实性的寻求仍然被认为是旅游者的普遍动因之一。

博物馆满足了旅游者对真实性的寻求。“真实性”一词最早来源于博物馆，用来说明博物馆里的展品是不是真的，其价值是否与价格相符。博物馆的这种客观真实性有客观和绝对的评价标准，比如实物和遗址是不是历史上流传下来的，艺术品和服饰等是否由当地人制作，节庆和仪式是否符合传统习俗等。普遍的观念认为人们到博物馆旅游较为关注的就是客观真实，也确实有很多人到博物馆去参观是为了其中真实的展品，客观真实性是博物馆与其他仿真类旅游产品的主要区别。

但是将旅游中的真实性等同于客观真实太过于简单化。真实性本身是一个变化和建构的过程。同一对象会有不同的真实性版本，除了客体本身，与游客所处的特殊情境或主观感受，旅游供给者对真实性的设计和解释也有很大的关系。因此体验真实在旅游中显得比客观真实更为重要。

客观真实只是博物馆旅游真实性的一个方面，博物馆要吸引更多的游客，需要在客观真实的基础上为游客提供真实的体验。汉德勒和萨克斯顿（Handler & Saxton，1988）认为真实的体验是个人感觉到他们接触了真实的世界以及真实的自我。传统博物馆里这种不可触摸的橱窗之下的“真实”对于大部分游客来说是遥远的，仅仅依靠文字和走马观花的游览也不一定使游客获得展品背后的真实意义。一些现代博物馆通过运用声光电技术，营造真实的场景和氛围，引导游客探索和思考，使之获得体验上的真实感。

2. 怀旧

怀旧最初是一种与思乡相联系的疾病，现在主要借喻一种对现实不满和迷失的情感状态。怀旧表现为一种对过往时间和生活的缺失感和忧虑感，与之相伴随的是重新体验过去的愿望和需求。怀旧也是旅游的主要动机之一。旅游中的怀旧动机主要有三种：一是补偿性怀旧，社会的老龄化趋势以及个人在社会中的边缘化使得越来越多的人产生一种返回生活早期阶段的愿望，与旅游相连的是落叶归根、故地重游、探幽思古等活动。二是逃避性怀旧，现代社会越来越复杂和难以琢磨，社会环境的急剧改变让人们开始忧虑并选择旅游作为一种暂时逃避。三是历史怀旧。历史怀旧是一种对过去和历史的沉醉。很多旅游活动都带有历史因素，旅游中的历史怀旧感使得人们去探究更简单、更真实的乡村生活和他者，去探究自己国家和民族更加人文的历史和过去。

旅游的兴起是对现代性的本能的逃避和反叛，因此怀旧成为旅游的一个永恒主题。博物馆是人们怀旧情结中的一个节点。博物馆因为陈列的原始文化和古代遗存而成为怀旧的中心地。这是因为很多东西在现代都只有在博物馆才看得见了，博物馆对历史遗迹的原状保护和模拟再现使游客可以暂时地回到过去并生活在过去。博物馆很好地起到了“停滞历史”“凝聚价值”“展示实物”“强化特质”“表达符号”的功能，游客通过博物馆旅游可以唤起遗失的记忆和对过去的回忆。一般人都将怀旧看成是一种与年龄相关的心理特征，实际上出于一种对自我社会位置的了解，出于铭记历史展望未来的目的，博物馆所代表的社会和历史记忆吸引了各个年龄阶层的游客。

3. 文化朝圣

人类学观点认为，人的一生要经过很多的仪式，通过仪式人们实现了阶段性的转变，获得了社会认同。特纳（Turner，1969，1974）认为旅游者脱离原来的生活状态，进入一种仪式过程，当他们重新回到原来社会时，由于旅游活动中的特殊经历获得了一种新的精神状态，从而认为“旅游者一半是朝圣者，朝圣者一半是旅游者”。纳尔逊·格雷本深化了这一研究，他认为旅游是一种带有仪式行为的活动，是一种“神圣旅程”。旅游者离开家，从枯燥乏味、一成不变的日常生活中解脱出来，经过短暂的不同以往的经历达到一个神圣的“高点”，最后以新的精神状态回归日常生活，旅游是一种世俗—神圣—世俗的过程。

宗教旅游是现代旅游的一种起源形式。在古代，宗教信徒为了祈福、赎罪、感恩和还愿，怀着虔诚的心情，不远万里，到宗教和文化圣地去朝觐，从而使灵魂得到洗礼和升华。现代社会宗教意识日益淡薄，但是通过旅游活动去寻找自己的精神文化中心的旅游动机却越来越多，这也就是现代旅游中的现代朝圣。现代朝圣是现代人为了满足其精神文化需求而去各自的“圣地”探求自己的精神和文化价值（郑晴云，郑树荣，2003）。如现在兴起的红色旅游，人们怀着无比崇敬的心情去参观毛主席纪念堂和天安门城楼，重走长征路，重访延安、瑞金等革命圣地，为的是寻访伟人足迹，凭吊思古，追忆历史，展望未来，这是一种政治朝圣。人们去博物馆参观则是一种文化朝圣。这不仅是因为博物馆与生俱来的神圣感，最重要的是博物馆代表了地区和文化的“中心”。人们去卢浮宫，为的是走过“蒙娜丽莎”的身旁，一睹她的笑容；人们参观秦始皇陵兵马俑，为的是体验两千多年前一统天下的大秦帝国兵强马壮的雄伟和威严。以博物馆为代表的艺术、文化、教育之旅，旅游者或多或少都带有朝圣的意味，或者是为了实现某个理想和愿望，或者是由于对某个对象的痴迷与沉醉，或者纯粹是对某个神圣的事物怀有崇敬之情。博物馆满足了旅游者对神圣旅程的追求。

4. 认同

欧美游客到异国旅游，都喜欢到目的地的博物馆去走一走，看一看，这样可以对目的地有一个整体性的了解。对于国外游客，地区的博物馆是他们了解他者的地方，在这里可以获得对其他国家、民族和族群的认识，可以培养对他者文化的理解和尊重，培养对异文化的适应能力和理性思维，减少价值观、信仰和习俗上的敌对和冲突。通过游览博物馆，外地游客获得了对他者的认同。

对国内和本地游客而言，博物馆是他们寻找并获得自我和族群认同的地方。博物馆处于一种“历时”和“共时”的生境中。从纵向看，博物馆传承着历史，博物馆所表现的历史与教科书上所表现的不一样，它更真实、更宏大、更完整、更具体、更直观。从横向看，博物馆传播着文化。这些文化是地方性的、民族的、族群的，与经济全球化背景下的大众性文化截然不同。博物馆是地方文化多样性的载体和表现。对于本地和国内游客，通过对博物馆的感知、认识、理解和转换，从而建构和完善着自我的遗产体系，获得一种认同和重新认同。

5. 休闲

休闲是从文化环境和物质环境的外在压力中解脱出来的一种相对自由的生活，它是个体能够以自己喜欢的、本能地感到有价值的方式，在内心之爱的驱动下行动，并为信仰提供一个基础（戈比，2003）。休闲可以使人们摆脱日常生活的单调和乏味，在自由的环境中发展兴趣和爱好，有助于个人的全面发展和完善。休闲主要有两种：一种是促使身心恢复的休闲活动，比如放松和娱乐；一种是促进身心发展的休闲活动，比如学习和研究。博物馆与其他的休闲设施不同，博物馆休闲不是简单的消磨时间和纯粹的娱乐，而是一种带有情感的、积极的、创造性的参与，是高层次的休闲活动。

发达国家将进入休闲时代，个人生命中50%的时间将用于休闲。在西方，逛博物馆早就是一种重要的休闲方式，美国博物馆参观者中大部分是休闲群体。从总体而言，我国休闲业的供给远远滞后于需求，供给呈现不平衡。经营性娱乐场所多而公益性的休闲设施少；休闲活动中娱乐成分多而知识含量少；模拟、虚假、泡沫主题多而真实内容少；感官刺激类型的休闲多而深层心理感受的休闲少。博物馆是一种公益性、知识性、真实性、精神性的休闲场所，增加博物馆类的休闲设施有利于我国休闲业的可持续发展。

6. 时尚

后现代语境下，时尚成为消费的特征和潮流，成为博物馆的一个标志。旅游者到英国必去大英博物馆，去法国必去卢浮宫，不仅因为这些地方是文化和文化遗产的浓缩与精华，也因为它们是旅游者成就的标志物，对他们而言是值得夸耀的经历。“某某到此一游”深深印在了旅游者的体验里，正是这种口碑的力量推动一批又一批的旅游者，与其说这里面带有炫耀和从众的成分，不如说这是受时尚牵引的结果。

在国外，博物馆代表着时尚与潮流。世界顶级的博物馆已经成为最时尚、最前卫、顶级的文化舞台。在博物馆举行婚礼已经不再新鲜，电影也纷纷选择在博物馆举行首映式。由畅销书改编的电影《达·芬奇密码》获准在世界四大博物馆之一的卢浮宫拍摄，掀起了卢浮宫旅游的新热潮。法国影星苏菲·玛索的两次中国之行，都忙里偷闲到上海博物馆和故宫博物院参观，并直接表示“定期参观博物馆是我非常重要的生活方式，去任何一个国家都首先去该国的博物馆看一看”。在欧洲，博物馆已成为时下最流行的家庭聚会场所、最浪漫的情侣约会地点，逛博物馆不仅深受明星喜欢，也成为人人争相效仿的最有品位、最时尚的生活方式。

10.3.2 博物馆旅游的体验价值

在后现代思潮影响下，旅游消费的内容和形式有了较大的变化，更新的速度越来越快。从旅游消费的结构看，旅游中的情感需求增加。游客在选择和消费旅游产品时，不再满足于基本的食、住、行等传统因素，而更注重游、购、娱，追求情感上的愉悦感和满足感。从旅游消费类型看，大众化标准产品需求下降，个性化的产品和服务需求不断上升，人们开始厌倦千篇一律的景点路线，倾向于追求能够彰显自我、挑战自我、塑造自我的个性化旅游产品。从旅游价值取向来看，从对旅游中的有形设施的关注转向消费旅游产品时的感受，这使得带有感情色彩的旅游产品大受好评，比如红色旅游。从接受旅游产品的方式来看，人们已经不再满足于在旅游中仅仅被引导，而希望参与旅游产品的设计从而获得更大的成就感，定制型旅游产品开始流行。总而言之，旅游产品的价值和质量越来越多地通过游客的体验来表现和衡量。博物馆作为大众休闲场所不能孤立于社会和时代的巨变，旅游的体验本质也决定了博物馆旅游不能忽视游客对体验的追求。

迪士尼构筑后现代仿真场面的经验已经开始影响博物馆等传统的高雅文化艺术场所。国外的许多博物馆，积极地为更多的普通观众群体提供展品，摒弃专门展示高雅文化的招牌，力图使博物馆成为大场面的、感官知觉的、幻觉与蒙太奇的场所，使之成为人们获取亲临其境的体验的场所，而不是聆听道义原则、反复灌输等级知识的地方（费瑟斯通，2000）。许多博物馆在挖掘诠释遗产的文化内涵时，经常会自觉不自觉地对严肃的历史经典做大众化、虚拟化的改变和处理（吴晓隽，2004）。这既是由后现代消费特点决定的，也是由旅游的体验本质决定的。

体验经济的提出者派恩和吉尔摩将“体验”定义为以服务为舞台、以商品为道具，围绕消费者创造出的值得消费者回忆的活动（派恩，吉尔摩，2002）。根据参与程度和融入程度可以将体验分为四种类型：娱乐体验、教育体验、审美体验和逃避现实的体验。娱乐体验是被动地参与、低程度地吸取，比如看电视、听音乐等。教育体验是在个人的积极参与下，在愉悦中感受事件或场景，有所收益。逃避现实的体验比娱乐体验参与更积极，主体比教育体验更沉迷，逃避者完全沉溺其中，并主动积极地参与这种体验的营造过程，比如主题公园、游戏、虚拟世界等。审美体验是游客亲临自然或人文环境，获得令人振奋的审美感受，参与者完全沉浸其中但是对客体极少产生影响或几乎没有影响。最丰富的体验，也就是体验的“甜蜜地带”，需要同时融合以上这四个方面。博物馆旅游可以提供融教育、娱乐、审美、逃避为一体的体验（见图10-2）。

图10-2 体验的甜蜜地带

1. 博物馆旅游的教育体验

教育是博物馆的核心职能之一。博物馆提供的教育与学校教育和社会教育不同，是一种场景体验式教育。博物馆提供的教育体验新奇有趣，能激发人们的好奇心和想象力，使人增长知识，开启智慧。不管博物馆旅游的主观目的是什么，获得教育体验都是博物馆旅游的客观结果。

2. 博物馆旅游的逃避体验

逃避体验也称遁世体验。转换环境是人们外出旅游的广泛动因之一。博物馆为疲惫的现代人提供了一块净土，使他们可以从琐碎而沉重的日常生活中解脱出来，对人生和自我进行思考和规划；从城市的喧嚣和拥挤中解脱出来，回归宁静和平和。博物馆提供的逃避体验是和怀旧相联系的，在这里人们可以重温历史或短暂地回归历史。

3. 博物馆旅游的审美体验

审美体验是通过对审美对象的外部形态和特性的感知，与内部心理世界进行比较和关照，最后使内部情感得到调整、梳理，达到和谐，产生出愉快的情感感受（谢彦君，2005）。博物馆拥有大量的艺术品，从古代的青铜器、玉器、瓷器、刺绣、纺织品到现代的绘画、雕塑、工艺品，无所不包，无所不有，它们成为审美的直接对象。博物馆提供的审美体验是横贯古今、包容东西的。博物馆对于审美对象按年代、作者、主题进行分门别类，使游客在审美过程中有参照、有比较、有引导。即使有一些博物馆并非提供审美对象，而是提供反面教材，比如一些战争纪念馆，游客仍然可以获得一种审美感，只是这种感觉是通过悲痛和反思来实现的。

4. 博物馆旅游的娱乐体验

从根本上说，旅游体验的目标是寻求快乐，实现快乐体验的途径是多样的，引发快乐的源泉是“闲适、回归、认同、发现”（谢彦君，2005）。博物馆不仅提供教育、逃避、审美体验，也提供娱乐体验。博物馆提供的娱乐体验不同于一般的娱乐场所，博物馆提供的娱乐体验是寓教于乐、寓乐于教的，是一种旨在探索和发现的娱乐。现代科技博物馆深受欢迎的主要原因就是极强的参与性，使游客在参与中获得快乐。从一定程度上说，现代科技博物馆就像一个另类的娱乐场所。

本章小结

博物馆是向大众开放的为社会及社会发展服务的非营利的永久机构，它为研究、教育、欣赏之目的征集、保护、研究、传播并展示人类及人类环境的见证物。现代博物馆的功能处于日益完善中。在收藏、研究和教育三大核心功能和传统功能的基础上，博物馆的外缘功能不断扩展。博物馆旅游正是在这样的背景下发展起来的。旅游业为博物馆带来了客源，有利于博物馆的现代化和国际化。博物馆是一项极具特色的重要旅游资源，博物馆旅游在21世纪有巨大的发展前景。后现代消费中的旅游及旅游景观已经符号化。人们选择旅游及旅游景观时，并不仅仅考虑使用价值，更注重社会意义，也就是符号价值。在实际的旅游活动中，旅游景观的符号价值起着标志、代言、宣介的功能，对游客起到了至关重要的引导作用。博物馆的符号意义包括真实性、怀旧、文化朝圣、认同、休闲和时尚，博物馆的这些符号意义起着吸引旅游者的文化中介作用。

关键术语

博物馆（museum）
博物馆旅游（museum tourism）
符号（symbol）
体验（experience）
真实性（authenticity）
认同（identify）

复习题

1. 博物馆应如何与旅游业结合才能形成高品质、有吸引力的文博旅游产品？
2. 博物馆旅游有何符号意义？如何借助这些符号意义进行博物馆旅游的体验设计？
3. 博物馆是如何体现真实性和认同的？
4. 博物馆旅游与其他的遗产旅游有什么区别？
5. 生态博物馆会成为博物馆旅游的主流吗？

扩展阅读材料

一种认同的诉求：旅游与博物馆*

一、博物馆旅游兴起

博物馆业和旅游业是现代社会发展最迅速的行业之一。从 1960 年到 1995 年，国际旅游者人数从约 7 000 万人/年上升至约 5 亿人/年，旅游消费总额也相应地从 69 亿美元增长至 3 340 亿美元（按 1992 年的购买力计算）。

美国未来学专家荷蒙・卡恩（Herman Kahn）曾预言旅游业将在 20 世纪末成为全球最大的产业之一，与此同时，全球国内旅游消费额将超过 2 万亿美元，且这一数据将超过国际旅游消费总额。随着文化旅游和遗产旅游的迅速发展，博物馆的游客数量也将迅速增长。

20 世纪 60 年代以来，美国的博物馆数量增长约 15 倍，在日本和其他工业化程度较高的国家也呈现类似增长。目前，每周去博物馆参观学习的美国人越来越多，甚至超过去观看体育赛事的人数。无独有偶，欧洲的博物馆建设和维修也在热火朝天地开展，例如荷兰的格罗宁根，德国的亚琛、不来梅、德累斯顿、法兰克福等地，以及西班牙的巴塞罗那、塞维利亚等地。虽然法国和意大利在博物馆的数量增长比例方面并不出众，但是这两个国家早已拥有令人艳羡的高品质博物馆。此外，第三

* GRABURN N. 人类学与旅游时代．赵红梅，等，译．桂林：广西师范大学出版社，2009.

世界国家的博物馆数量增长比发达国家有过之而无不及，其主要原因是旅游业发展和增进地方民族认同的需要。

一般而言，除了那些极度推崇享乐的人以外，全世界的中产阶级都热衷博物馆参观和外出旅游。虽然很难有一个统一的、适用于任何国家和地区的关于中产阶级的概念或定义，但是博物馆的一些价值体现和意义为现代旅游业和中产阶级群体所认同：

(1) 教育意义，博物馆宣传和展示知识和文明。人们通过参观博物馆可学习和了解包括少数民族风情、历史文化、自然和道德伦理在内的多元文化。

(2) 延续传统。博物馆的存在使过去与现在能够较好地衔接与过渡，这种作用常常伴有因差异而生的怀旧情感。

(3) 提升参观者的身份地位。博物馆被视为地方认知、社会地位和品位的象征，参观博物馆可以提升旅游者及其亲朋好友、博物馆工作人员的身份和地位，这也在一定范围内具有启迪意义。

(4) 满足猎奇需求。品鉴奇珍异宝能满足人们求新、求美和求知的需求，引导人们了解当地历史和民族文化。

(5) 营造和谐氛围。博物馆营造娱乐和休闲氛围，旅游者可以在家人朋友的陪伴下共度美好时光。

博物馆的后两个价值与现代博物馆旅游的特点并不相悖，并且适用于传统宗教地和朝圣地。宗教制度、博物馆和旅游资源之间的联系依旧紧密，旅游组织与朝圣组织之间的联系亦如此。这种紧密联系在日本、印度、中东及欧洲的部分地区尤其明显。但是一些共存于朝圣和旅游的问题也随之凸显，如过度拥挤、环境破坏、宗教严肃性的弱化等。

时至今日，中产阶级的崛起使博物馆越来越受欢迎，在克劳德·列维-斯特劳斯(Claude Levi-Strauss)看来，博物馆应该是一件艺术品，博物馆的角色定位应在学术性和大众性之间寻求平衡点。学术性过于严肃，对事物发展规律和基本原理的学术性示范和展示会让参观者觉得过于生硬、高冷和无聊；若过于大众性，紧随消费市场潮流，则会落入肤浅和俗套的误区，变得毫无价值和意义可言。

实际上，博物馆本身也是重要的地方标志物和旅游吸引物，而且常常是人们选择去一个城市旅游的诱因之一，比如巴黎的卢浮宫和博堡①、墨西哥城的国家人类学博物馆，以及位于圣彼得堡的凯瑟琳大帝的埃尔米塔日博物馆。理查兹(Richards)强调博物馆成为地方标志和旅游吸引物是得益于欧洲文化旅游的急速发展。

除了吸引旅游者之外，博物馆还指引人们认识和了解当地的历史和地理知识。遍布世界各地的许多小型历史博物馆都具有类似功能，是对地方历史文化和地理知识的集中凝练和展示，比如位于洛杉矶的圣塔·莫尼卡遗产博物馆(Santa Monica

① Beaubourg，意为“美丽之城”，乔治·蓬皮杜国家艺术文化中心的昵称或诨名。

Heritage Museum)、位于加拿大伊卡卢伊特尤市（位于巴芬岛）的尼卡维克解说中心（Unikkaarvik Interpretive Centre）以及英国吉尔福德的城堡博物馆。这些博物馆可以让外地游客在极短时间内了解在当地人心中具有历史价值、学术价值和参观价值的东西，对当地孩子的教育意义亦非常明显。博物馆具有博物馆和旅游信息中心的双重身份，位于吉隆坡的马来西亚国家博物馆中伊斯兰展厅的宣传册（名为《马来西亚：夏日永存的地方》）能极好地说明这一点。

二、博物馆与遗产：个人、社会和世界

人们常说博物馆是文明的符号，是人类遗产的储藏室。很多著名的城市以当地博物馆的显赫地位与它们所积累和收藏的世界遗产来衡量自己的符号性资本。然而，个人家庭遗产与世界性遗产有很大差异，遗产在种族、阶层和国家层面上都有很大差异甚至互相冲突，这给博物馆规划设计者和管理者带来了难题。

在西方世界，遗产的概念起源于个人的遗传和继承物，即家族成员从祖先那里继承的财物、权利和义务。有形财物的继承和传承通常按遗嘱进行，但是家庭成员通常也会继承一些无形的遗产，比如知识、叙事、社会地位、姓、亲属关系和人脉。人们通常乐于将自己引以为荣的、优于他人的东西传给后人。

此外，每一个人都从属于一定社会阶层或民族、城市、国家等社会群体，这些社会群体会世世代代传承各自的象征物（符号）、叙事、器物、成员、方言和地方风俗。因此，每个社会群体都拥有属于自己的共有遗产。很多文化和精神遗产通过人与人之间的口口相传而得到传承，也有很多物化的遗产以标记、勋章、宝藏、建筑和土地等为载体而传承。

博物馆最早的功能或作用是保存和展览特定社会群体的遗产。我常在大学课堂跟学生提及世界上最早的博物馆是位于日本奈良的正仓院。正仓院中保存着公元746 年日本圣武天皇的随身用品和生平记录，这些东西为日本皇室而保存，是奈良作为古都城的记录，也是日本民族的遗产。正仓院每年向公众开放数周，人们可以利用这仅有的机会去瞻仰古人的风姿。若以这种标准衡量，我们可以将所有保存社会遗产的建筑、房子都称为博物馆，包括埃及金字塔和位于日本大阪、奈良和宫崎县的皇室陵墓，以及很多反映经典地中海文明的罗马、希腊建筑。

遗产具有文化属性和历史发展属性，人们除了关心本民族、本阶层和本国的遗产外，也将注意力投射到那些具有重要历史文化象征意义的遍布世界各地的遗产。实际上，很多世界顶级的博物馆都收藏有来自世界各地的文物，而这与 19 世纪西方势力的殖民和商业扩张有关。时至今日，随着对这些文化存在的认知和理解的加深，随即而生的是我们对这些来自世界各地的文物遗产的“占有感”。来自亚洲、非洲或西方世界的所有人都有同感，认为本属于中国、埃及、法国、意大利等地的遗产是全球共有的世界性遗产。

第二次世界大战之后，联合国教科文组织通过设置世界遗产名录的方式将这些遗产的所有权制度化，使其名正言顺地归属于全人类。很多博物馆被列入《世界遗

产名录》，这一殊荣也惠及很多博物馆的馆藏物。在某种层面上，这些遗产的原有者认为自己的所有权被公然剥夺，因为这些遗产的命运已经由国际组织监督与监管。就此问题，埃姆斯（Ames）警告世人：博物馆有滋生具有阶级色彩的霸权世界观的可能性。

三、问题与挑战

人们普遍认为旅游业将持续快速发展，博物馆也将继续成为旅游者的“拜访地”，但这也会引发一系列问题。随着全球经济的发展和交通技术改进带来的旅行成本下降，旅游者人数过多、旅游市场需求过剩的问题将愈加明显。对于那些世界级的自然和文化遗产地，游客过量的问题将更加严峻。因此，当旅游者人数达到遗产地的承载极限时，我们希望能出台并实施相应的限制措施。常用的限制措施包含以下两种：第一，遵循“先到先得”原则，对旅游者人数的控制措施应前移，在游客抵达遗产地或预订门票的时候即采取相应措施，如曾是日本皇家宫殿的京都御所博物馆，就采用这种方式限制游客人数。当博物馆展出特别知名的藏品，尤其是举办轰动一时的巡回展览时，也会运用“先到先得”的方式调整参观人数。当场馆可进入性差或者场馆扩张有难度时，类似的限制措施就会成为家常便饭，在很多保存有人类遗产的博物馆中更是如此。第二，遵循价格机制原则，即运用价格杠杆原理控制参观人数。级别越高的藏品展览需要越高的参观费用，而有些针对旅游者的展览也可以通过提高票价的方式限制人数，以日本京都为例，西芳寺[①]（苔寺）的门票远高于其他寺院、博物馆和圣祠。

价格机制的运用必然会引发其支持者和人权主义者之间的争论，后者倡导人人享有观看世界遗产的平等权利。那些世界级的博物馆不仅是大量旅游者到访的目的地，也要接受一些来自不同阶层、不同民族群体、不同区域、不同国家且并不经常光顾博物馆的参观者。如上所述，人类遗产由不同机构收藏和保存，有的保存于专门设立的主题博物馆，如位于加利福尼亚州伯克利的犹大·马格内斯博物馆专门展示犹太文化和历史，位于洛杉矶的拉美博物馆则以拉丁美洲裔美国人的文化为主题；有的则保存于综合型博物馆和国家博物馆。因此，博物馆逐渐成为各种文化势力关于历史真实性和遗产真实性的“争论舞台”，引发地方化与城市化的对立，阶级与阶级的对立，不同民族的价值观与所有权观念的对立。在以色列的近期研究表明，博物馆保存谁的遗产取决于谁是博物馆的掌权者和控制者，不同群体（如犹太人、城里人或巴勒斯坦人）的文化遗产能否被收藏和展示，主要取决于话语权掌握在谁手上。

随着在全球范围内的越来越多的人有意愿外出旅游，博物馆需要制定相关规定应对可能发生的各种问题，也急需新旅游吸引物的出现以缓解游客过多带来的压力。作为旅游吸引物，博物馆不得不与自然景区、文化景区、民族风情旅游景区、生态

① Saihoji（Kokedera），日本著名寺院，因寺内长满苔藓而得名苔寺。

旅游地等旅游资源开展竞争，也要面对来自动物园、园艺博览园、建筑遗址、国家公园、自然保护区的竞争，甚至一些以娱乐为主题的场馆和游乐园也加入到竞争行列，如蜡像馆、迪士尼乐园、环球影城等主题公园。人们很难对这些组织进行严格划分，如位于日本大阪港口区域的新火环博物馆和水族馆，很难判断其归属类别。

紧随博物馆和文化中心之后，主题公园和其他人造或新建的娱乐场馆越来越多，且盈利丰厚。以迪士尼为例，迪士尼也设置与博物馆的功能相类似的展示世界各地知名遗址的区域。19 世纪的世界博览会也是典型例子，它既包含高端大气的高科技展览，也不乏娱乐性和消遣性较强的马术表演和滑稽表演。因此，现代博物馆正在学习如何增加其趣味性和吸引力。很多新建的大型博物馆逐渐加强与公众的交流，如位于加拿大渥太华的国家文明博物馆正是通过旅游收入来反哺博物馆的开销，而不仅仅寄希望于政府的财政拨款。

与那些商业色彩很浓的展览馆相比较，博物馆的唯一性和独特性是吸引旅游者的法宝。与博物馆相同，商业展览馆也具有增加、丰富旅游吸引点和分流游客的作用，且这些商业化较浓的展览馆遍布各地，如旧金山卡通艺术博物馆和民俗艺术博物馆，日本大阪的昆虫博物馆和大町（长野市附近）的日本电灯历史博物馆，以及法国国家汽车博物馆（位于米卢斯，斯特拉斯堡附近）。

麦坎内尔认为现代人类生活与旅游者的生活方式越发雷同，人们的生活越来越依赖于关于现实的象征物和符号。人们转向博物馆等机构去找寻世界的真实，也对自身进行反思，当地人也因此成为重要的博物馆参观者。正因于此，参观博物馆的当地人也令外地旅游者兴趣盎然，成为重要吸引力，因为当地人代表当地文化，是外地旅游者了解地方生活的重要对象。

参考文献

［1］ANDREWS H，2005. Feeling at home：embodying britishness in a Spanish charter tourist resort. Tourist studies，5（3）：247-266.

［2］APPADURAI A，1986. In The social life of things：commodities in cultural perspectives. Cambridge：Cambridge University Press.

［3］BELHASSEN Y，CATON K，STEWART P W，2008. The search for authenticity in the pilgrim experience. Annals of tourism research，35（3）：668-689.

［4］BOORSTIN D，1964. The image：a guide to pseudo-events in America. New York：Atheneum.

［5］BROWN P，1996. Genuine fakes//SELWYN T，ed. The tourist image. Chichester：John Wiley and Sons：33-34.

［6］BRUNER E M，1991. Transformation of self in tourism. Annals of tourism research，（18）.

［7］BRUNER E M，1994. Abraham Lincoln as authentic reproduction. American anthropologist，96（2）：397-415.

［8］BRUNER E M，2005. Culture on tour. Chicago：the University of Chicago Press：95-100.

［9］CAMPBELL M，1987. The romantic ethic and the spirit of modern consumerism. Oxford：Basil Blackwell.

［10］COHEN E，1979. A phenomenology of tourist experiences. Sociology，13（2）：179-200.

［11］COHEN E，1988. Authenticity and commoditization in tourism. Annals of tourism research，15：371-386.

［12］COHEN E，1992. Stranger-local interaction in photography. Annals of tourism research，19（2）：213-233.

［13］COLE S，2007. Beyond authenticity and commodification. Annals of tourism research，34（4）：943-960.

［14］DANHER R F，2000. Discourse of neoliberalism and disparities in the city landscape. Beyrouth Press.

［15］DANN G，1996. The people of tourist brochures//SELWYN T，ed. The tourist image：myths and myth making in tourism. Wilrey：61-81.

[16] DOUGLAS M，1966. Purity and danger. London and New York：Routledge.

[17] DYER P，ABERDEEN L，SCHULER S，2003. Tourism impacts on an Australian indigenous community：a djabugay case study. Tourism management，24 (1)：83-95.

[18] ECO U，1986. Travels in hyperreality. New York：Harvester/Harcourt Brace Jovanovich.

[19] GEERTZ C，1973. The Interpretation of cultures. New York：Basic Books：259.

[20] GETZ，1998. Event tourism and the authenticity dilemma. //THEOBALD. Global tourism. Oxford：Butterworth-Heinemann：409-427.

[21] GILLESPIE A，2006. Tourist photography and the reverse gaze. Ethos，34 (3)：343-366.

[22] GRABURN N，1976. Ethnic and tourist arts：cultural expressions from the fourth world. Berkeley：University of California Press.

[23] GRABURN N，1983. The anthropology of tourism. Annals of tourism research，10 (1)：9-33.

[24] GRABURN N，2001. Learning to consume：what is heritage and when is it tradition? //SAYYAD A L. Consuming tradition，manufacturing heritage. New York：Routledge，2001.

[25] GREENWOOD D，1977. Culture by the pound：an anthropological perspective on tourism as cultural commoditization//SMITH V. Hosts and guests：the anthropology of tourism. Philadelphia：University of Pennsylvania Press：129-138.

[26] GUIBERNAU M，REX J，1997. The ethnicity reader：nationalism，multiculturalism and migration. Blackwell Publish Ltd.

[27] HALEWOOD C，HANNAM K，2001. Viking heritage tourism：authenticity and commodification. Annals of tourism research，28 (3)：565-580.

[28] HANDLER R，SAXTON W，1988. Dissimulation，reflexivity，narrative and the quest of authenticity in "living history" . Cultural anthropology，(3) .

[29] HEWSION R，1989. Heritage：an interpretation//UZZELL D L. Heritageinterpretation. London：Belhaven Press.

[30] HUGHES G，1995. Authenticity in tourism. Annals of tourism research，22 (4) .

[31] ISHII K，2012. The impact of ethnic tourism on hill tribes in Thailand. Annals of tourism research，(1)：290-310.

[32] JAFARI J，2000. Encyclopedia of tourism. London：Routledge.

[33] JAY M，1993. Downcast eyes：The denigration of vision in twentieth-century French thought. Berkeley：University of California Press.

[34] JONAS H，1954. The nobility of sight. Philosophy and phenomenological research，14（4）：507-519.

[35] LACAN J，1979. The four fundamental concepts of psycho-analysis. London：Penguin Books：73.

[36] LI Yiping. Ethnic tourism：A Canadian experience. Annals of tourism research，(1)：115-131.

[37] LOWENTHAL D，1994. The past is a foreign country. Cambridge：Cambridge University Press.

[38] LOWENTHAL D，1997. The heritage crusade and the spoils of history. Cambridge：Cambridge University Press.

[39] MACCANNELL D，1973. Staged authenticity：arrangements of social space in tourist settings. American journal of sociology，79（3）：589-603.

[40] MACCANNELL D，1976. The tourists：a new theory of the leisure Class. New York：Schocken Books.

[41] MACCANNELL D，2001. Tourist agency. Tourist studies，1（1）：23-37.

[42] MAOZ D，2006. The mutual gaze. Annals of tourism research，33（1）：221-239.

[43] MILLER B D，1999. Cultural anthropology. Boston：Allyn & Bacon.

[44] MULVEY L，1975. Visual pleasure and narrative cinema. Screen，16（3）：6-18.

[45] MURPHY P E，1985. Tourism：a community approach. Methuen，New York and London，155-176.

[46] NASH D，1977. Tourism as a form of imperialism//SMITH V. Hosts and guests：the anthropology of tourism. Philadelphia：University of Pennsylvania Press：37-52.

[47] NASH D，1991. Anthropology and tourism. Annals of tourism research，18（1）：17-19.

[48] OAKES，1992. Cultural geography and Chinese ethnic tourism. Journal of cultural geography，(2)：2-17.

[49] OLSEN K，2002. Authenticity as a concept in tourism research：the social organization of the experience of authenticity. Tourist studies，2（2）：159-182.

[50] OSBORNE P D，2000. Travelling light：photography，travel and visual culture. Manchester：Manchester University Press.

[51] PORIA, 2001. Strategic sustainable heritage tourism marketing model//CHHABRA D. Sustainable marketing of cultural and heritage tourism. New York: Routledge Press.

[52] REVILLA G, DODD T H, 2003. Authenticity perceptions of talavera pottery. Journal of travel research, 42 (1): 94-96.

[53] ROBINSON M, 1999. Culture conflict in tourism: inevitability and inequality//ROBINSON M, BONIFACE P. Tourism and culture conflicts. Walling ford: CABI Publishing.

[54] ROSALDO R, 1989. Imperialist nostalgia. Representations, 26: 107-122.

[55] ROTHMAN R, 1978. Transients: community reaction to seasonal visitors. Annals of tourism research, 5 (1): 8-13.

[56] SELEYN T, 1996. The tourist image: myths and myth making in tourism. Chichester: Wiley: 33-47.

[57] SMITH L, 2006. Culture heritage. New York: Routledge.

[58] STEINER C J, REISINGER Y, 2006. Understanding existential authenticity. Annals of tourism research, 33 (2): 299-318.

[59] SUN Jie, 2010. Tourist tales—a case study on photography tourism in Yuanyang, China//HAN Min, GRABURN N. Tourism and glocalization-perspectives on east asian societies. Senri ethnological studies, 76: 111-130.

[60] TAYLOR J, 2001. Authenticity and sincerity in tourism. Annals of tourism research, 28 (1): 11.

[61] THEOBALD W, 1998. Global tourism. 2nd ed. Oxford: Butterworth-Heinemann.

[62] TOSUN C, 2000. Limits to community participation in the tourism development press in developing countries. Tourism management, (21): 613-633.

[63] TRILLING J, 1972. Sincerity and authenticity. Cambridge, MA: Harvard University Press, 93-94.

[64] TRILLING L, 1972. Sincerity and authenticity. London: Oxford University Press.

[65] TUNBRIDGE J, ASHWORTH G J, 1996. Dissonant heritage: the management of the past as a resource in conflict. London, New York: Bellhaven Press.

[66] TURNER L, ASH J, 1976. The golden hordes: international tourism and the pleasure periphery. New York: St. Martins' Press.

[67] TURNER V, 1969. The ritual process: structure and anti-structure. Chicago: Aldine Pub. Co.

[68] TURNER V, 1974. Dramas, fields and metaphors: symbolic action in

human society. Ithaca，New York：Cornell University Press.

［69］UNESCO. Convention for the safeguarding of the intangible cultural heritage. Paris：UNESCO，2003. MISC/2003/CLT/CH/14.

［70］URRY J，1990. The tourist gaze. London：Sage Publications Limited.

［71］URRY J，1992. The tourist gaze "Revisited". American behavioral scientist，36（2）：172-186.

［72］URRY J，LARSEN J，2011. The tourist gaze 3.0. London：Sage Publications Limited.

［73］WAITT，2000. Consuming heritage：perceived historical authenticity. Annals of Tourism Research，27（4）：835-862.

［74］WANG Ning，1999. Rethinking authenticity in tourism experience. Annals of tourism research，26（2）：349-370.

［75］WEBER M，1997. Theory of social and economic organization. New York：the Free Press.

［76］World Economic Forum，1997. The travel & tourism report.

［77］XIE F P，Wall G，2002. Visitors' perceptions of authenticity at cultural attractions in Hainan，China. International journal of tourism research，(4)：353-366.

［78］YAGI C，2001. How tourists see other tourists：analysis of online travelogues. The journal of tourism studies，12（2）：22-31.

［79］ZEPPEL H，Hall M C，1992. Arts and special interest tourism//WELLER B，HALL M C. Special interest tourism. London：Bellhaven.

［80］安村克己，2004. 観光の理論的探究をめぐる一観光まなざし論の意義と限界．『観光のまなざし』の転回．春風社：7-24.

［81］LE A T，2006. 国際観光宣伝における国のイメージの表現に関する研究//立教観光学研究紀要，第8号．

［82］橋本和也，1999. 観光人類学の戦略—文化の売り方・売られ方．京都：世界思想社．

［83］山下晋司，1999. バリ——観光人類学のレッスン．東京：東京大学出版会．

［84］山下晋司，2007. 観光写真学//山下晋司．観光文化学．東京：新曜社：48-52.

［85］石英田一郎，等，2008. 人类学．金少萍，译．北京：民族出版社．

［86］山中速人，1992. イメージの＜楽園＞—観光ハワイの文化史．東京：筑摩書房．

［87］梶尾岳，2010. 歌掛けを見る/聞く—前観光的芸能としての中国貴州省

山歌．人文学報告，第 99 号：61-77.

［88］遠藤英樹，2001. 観光という「イメージの織物」——奈良を事例とした考察．社会学評論 .52（1）：133-146.

［89］祖父江孝男，1976. 旅と日本人．国際安全学会誌 .NO. 60：60-65.

［90］COHEN E，2007. 旅游社会学纵论．巫宁，马聪玲，陈立平，主译．天津：南开大学出版社．

［91］GRABURN N，2009. 人类学与旅游时代．赵红梅，等，译．桂林：广西师范大学出版社．

［92］鲍德里亚，2000. 记号的政治经济学批判//费瑟斯通．消费文化与后现代主义．刘精明，译．南京：译林出版社．

［93］鲍德里亚，2001. 物体系．上海：上海人民出版社，2001.

［94］贝尔，2007. 资本主义文化矛盾．严蓓雯，译．南京：江苏人民出版社．

［95］贝尔廷，等，1999. 艺术史终结了吗？．常宁生，编译．长沙：湖南美术出版社．

［96］博厄斯，1989. 原始艺术．上海：上海文艺出版社．

［97］布洛克，1991. 原始艺术哲学．沈波，张安平，译．朱立元，校．上海：上海人民出版社．

［98］曹娟，2007. 谈原真性．中国科技术语，（1）：47-48.

［99］陈斌，2004. 摩梭人家庭角色的现代冲击．云南师范大学学报（哲学社会科学版），（2）：18-22.

［100］陈国强，1990. 简明文化人类学词典．杭州：浙江人民出版社．

［101］陈友华，2013. 中日两国农村地区旅游开发模式比较研究．南昌大学学报（人文社会科学版），（7）．

［102］丹纳，1997. 艺术哲学．傅雷，译．北京：人民文学出版社．

［103］邓福星，1986. 艺术前的艺术——史前艺术研究．济南：山东文艺出版社．

［104］迪尔凯姆，1999. 宗教生活的初级形式．林宗锦，彭守义，译．北京：中央民族大学出版社．

［105］蒂莫西，博伊德，2007. 遗产旅游．程尽能，主译．北京：旅游教育出版社．

［106］丁援，2011. 文化线路：有形与无形之间．南京：东南大学出版社．

［107］恩伯 C，恩伯 M，1988. 文化的变异——现代文化人类学通论．杜杉杉，译．刘钦，审校．沈阳：辽宁人民出版社．

［108］费瑟斯通，2000. 消费文化与后现代主义．刘精明，译．南京：译林出版社：30-31.

［109］费孝通，1989. 中华民族的多元一体格局．北京大学学报（哲学社会科

学版），(4)：3-21.

[110] 冯捷蕴，2011. 北京旅游目的地形象的感知——中西方旅游者博客的多维话语分析．旅游学刊，(9)．

[111] 弗雷泽，1998. 金枝：巫术与宗教之研究．北京：大众文艺出版社．

[112] 高健，2015. 民族旅游语境中的佤族司岗里神话研究．民族文学研究，(2)：111-119.

[113] 戈比，2003. 你生命中的休闲．康筝，译．昆明：云南人民出版社：14-15.

[114] 戈夫曼，2008. 日常生活中的自我呈现．冯钢，译．北京：北京大学出版社．

[115] 格雷本，金露，2011. 中国旅游人类学的兴起．青海民族研究，(2)：1-11.

[116] 格雷本，金露，2014. 人类学视野下的少数民族旅游与遗产：中国和西方的比较研究．百色学院学报，(6)：56-62.

[117] 葛荣玲，2012. 遗产研究：理论视角探索．徐州工程学院学报（社会科学版），(1)：9-13.

[118] 龚浩群，2019. 从神圣旅程到交互时空——以泰北中国游客的文化体验为例．西南民族大学学报（人文社科版），(2)：26-33.

[119] 龚坚，2012. 从“遗产化”思考非物质文化遗产的保护．徐州工程学院学报（社会科学版），(2)：35-40.

[120] 龚锐，2006. 从异域到本土——旅游人类学的西学东渐评述．贵州民族学院学报，(4)：5-9.

[121] 光映炯，2012. 旅游场域与东巴艺术变迁．北京：中国社会科学出版社．

[122] 桂文雅，2003. 爱上博物馆．桂林：广西师范大学出版社．

[123] 郭颖，2001. 试论少数民族地区文化旅游资源的保护与开发——以泸沽湖地区为例．旅游学刊，(3)：68-71.

[124] 哈里森，2008. 古代艺术与仪式．刘宗迪，译．北京：生活·读书·新知三联书店．

[125] 哈维兰，2006. 文化人类学．瞿铁鹏，张钰，译．上海：上海社会科学院出版社．

[126] 郝飞，2015. “家与无家”：大理旅居者的文化认同与地方依恋．华侨大学．

[127] 豪泽尔，1987. 艺术社会学．居延安，译．上海：学林出版社．

[128] 和继全，李锡，2005. 东巴文还是纳西象形文——为纳西象形文正名//和自兴，郭大烈，白庚胜．丽江第二届国际东巴艺术节学术研讨会论文集．昆明：云南民族出版社．

[129] 侯玉霞，赵映雪，吴忠军，2020. 文旅融合背景下“坐妹”旅游演艺舞

台真实性解析．贵州民族研究，41（1）：89-95.

[130] 胡志毅，张兆干，2002. 社区参与和旅游业可持续发展．人文地理，（2）：38-41.

[131] 黄平，罗红光，许宝强，2003. 当代西方社会学·人类学新词典．长春：吉林人民出版社．

[132] 黄树民，2002. 林村的故事．素兰，纳日碧力戈，译．北京：生活·读书·新知三联书店．

[133] 吉登斯，1998. 民族-国家与暴力．胡宗泽，赵立涛，译．北京：生活·读书·新知三联书店．

[134] 贾安林，2008. 东巴舞蹈文化研究．北京舞蹈学院学报，（2）：87-90.

[135] 蒋述卓，2005. 宗教艺术论．北京：文化艺术出版社．

[136] 金少萍，2003. 云南少数民族妇女与旅游业的互动发展．中央民族大学学报，（5）：55-59.

[137] 兰林友，2003. 论族群与族群认同理论．广西民族学院学报（哲学社会科学版），（3）：26-31.

[138] 李拉扬，李宁，2006. 旅游目的地门户网站中女性形象的探析．桂林旅游高等专科学校学报，（5）：615-617.

[139] 李拉扬，2015. 旅游凝视：反思与重构．旅游学刊，（2）：118-126.

[140] 李远龙，1999. 认同与互动：防城港的族群关系．南宁：广西民族出版社：44-49.

[141] 李肇忠，2011. 近代西欧民族主义．北京：人民出版社．

[142] 梁启超，1989. 饮冰室合集·文集（第一册）．北京：中华书局：91-93.

[143] 梁微，2009. 生活方式型旅游企业研究——以大理古城为例［D］．中山大学．

[144] 刘丹萍，保继刚，2006. 镜头压力下的东道主——西方学界关于旅游地原住民摄影态度的研究评述．人文地理，（3）：28-33.

[145] 刘丹萍，2007. 旅游凝视：从福柯到厄里．旅游学刊，（6）：92.

[146] 刘晖，2006. 旅游民族学．北京：民族出版社．

[147] 刘建峰，王桂玉，张晓萍，2009. 基于表征视角的旅游目的地形象内涵及其建构过程解析——以丽江古城为例．旅游学刊，（3）：48-54.

[148] 刘俊海，1999. 公司的社会责任．北京：法律出版社．

[149] 刘纬华，2000. 关于社区参与旅游发展的若干理论思考．旅游学刊，（1）：47-52.

[150] 刘锡诚，1998. 中国原始艺术．上海：上海文艺出版社．

[151] 罗彩娟，梁莹，2014. 族群认同理论研究述评．广西师范学院学报（哲学社会科学版），35（4）：6-12.

［152］罗惠翾，2005. 宗教的社会功能．中央民族大学．

［153］罗康隆，黄贻修，2006. 发展与代价：中国少数民族发展问题研究．北京：民族出版社．

［154］吕宛青，2007. 利益相关者共同参与的民族地区家庭旅馆经营及管理模式研究．思想战线，(5)：35-42.

［155］马波，1998. 现代旅游文化学．青岛：青岛大学出版社．

［156］马林诺夫斯基，2002. 文化论．费孝通，译．北京：华夏出版社．

［157］麦肯内尔，2008. 旅游者：休闲阶层新论．张晓萍，等，译．桂林：广西师范大学出版社：44-45，82，181-187.

［158］毛艳，2009. 中国少数民族艺术研究史（1900—1949）．北京：中国社会科学出版社．

［159］美国不列颠百科全书公司，1999. 不列颠百科全书（国际中文版）：第5卷．北京：中国大百科全书出版社．

［160］纳日碧力戈，2015. 万象共生中的族群与民族．北京：中国社会科学出版社：2-3.

［161］纳什，2004. 旅游人类学．宗晓莲，译．昆明：云南大学出版社．

［162］派恩，吉尔摩，2002. 体验经济．夏业良，鲁炜，等，译．北京：机械工业出版社．

［163］潘鲁生，唐家路，2002. 民艺学概论．济南：山东教育出版社．

［164］潘年英，2002. 矛盾的“文本”——梭戛生态博物馆田野考察实录．文艺研究，(1)：104-111.

［165］潘盛之，1997. 旅游民族学．贵阳：贵州民族出版社．

［166］彭锋，2009. “艺术终结论”批判，思想战线，(4)：85-89，105.

［167］彭兆荣，2004. 旅游人类学．北京：民族出版社．

［168］彭兆荣，2012. 文化遗产学十讲．昆明：云南教育出版社．

［169］萨义德，2007. 东方学．王宇根，译．北京：生活·读书·新知三联书店．

［170］桑塔格，2008. 论摄影．黄灿然，译．上海：上海译文出版社．

［171］沙普利，2016. 旅游社会学．谢彦君，孙佼佼，郭英，译．北京：商务印书馆．

［172］山下晋司，2012. 旅游文化学．孙洁，伍乐平，译．张晓萍，审校．昆明：云南大学出版社．

［173］史密斯 V L，2002. 东道主与游客——旅游人类学研究．张晓萍，何昌邑，等，译．昆明：云南大学出版社，22.

［174］史徒华，1989. 文化变迁的理论．张恭启，译．台北：远流出版事业股份有限公司．

［175］施旭升，2009. 中外艺术关键词．南京：江苏人民出版社．

［176］宋瑞，2019. 文化和旅游：多视角的透视．旅游学刊，34（4）：1-3.

［177］孙九霞，2005. 社区参与旅游发展研究的理论透视．广东技术师范学院学报，（5）：89-92.

［178］覃光广，冯利，陈朴，1988. 文化学辞典．北京：中央民族学院出版社．

［179］唐香姐，徐红罡，2015. 生活方式型移民研究综述．地理科学进展，（9）：1096-1106.

［180］陶犁，2012. “文化廊道”及旅游开发：一种新的线性遗产区域旅游开发思路．思想战线，（2）：99-103.

［181］托尔斯泰，2005. 艺术论．张昕畅，刘岩，赵雪予，译．北京：中国人民大学出版社．

［182］汪侠，郎贤萍，2012. 旅游主客交往研究进展及展望．北京第二外国语学院学报，（11）．

［183］王宏钧，1996. 中国博物馆学概论（修订本）．上海：上海古籍出版社：7-57.

［184］王兰，2006. 民族旅游对少数民族妇女的影响——以云南为例．经济师，（3）：119-120.

［185］王浪，2008. 民族社区参与旅游发展的动力机制研究［D］．湘潭大学．

［186］王铭铭，1998. 文化变迁与现代性的思考．民俗研究，（1）．

［187］王宁，等，2008. 旅游社会学．天津：南开大学出版社．

［188］王宁，1999. 旅游、现代性与“好恶交织”——旅游社会学的理论探索．社会学研究，（6）：93-102.

［189］王文章，2006. 非物质文化遗产概论．北京：文化艺术出版社：5.

［190］王希恩，1995. 民族认同与民族意识．民族研究，（6）：17-21，92.

［191］王雪莲，2014. 民族旅游发展对少数民族妇女的影响研究——以湖南通道侗族自治县皇都侗寨为例．中国商贸，（5）：7-10.

［192］王毅，2000. 中国民间艺术论．太原：山西教育出版社．

［193］韦斯，沃格特，1999. 宗教与艺术．何其敏，译．成都：四川人民出版社．

［194］魏小安，1987. 旅游文化与文化旅游//魏小安．旅游发展与管理．北京：旅游教育出版社．

［195］吴茂英，2012. 旅游凝视：评述与展望．旅游学刊，（3）：109.

［196］吴琼，2006. 视觉性与视觉文化——视觉文化研究的谱系．文艺研究，（1）：84-96.

［197］吴晓丹，金海龙，2007. 浅析中西文化差异对新疆国际游客旅游行为的影响——以新疆的独联体、欧美、日韩入境游客为例．新疆师范大学学报（自然科

学版），(3)．

[198] 吴晓隽，2004. 文化遗产旅游的真实性困境研究．思想战线，(2)：82-87.

[199] 夏建中，1997. 文化人类学理论学派．北京：中国人民大学出版社．

[200] 夏赞才，2005. 旅游人类学近1/4世纪研究的新成果——主客关系新探：21世纪旅游问题述评．旅游学刊，(3)：94-96.

[201] 夏征农，等，2003. 大辞海（哲学卷）．上海：上海辞书出版社．

[202] 谢彦君，谢中田，2006. 现象世界的旅游体验：旅游世界与生活世界．旅游学刊，(4)：13-18.

[203] 谢彦君，1999. 旅游交往问题初探．旅游学刊，(4)．

[204] 谢彦君，2005. 旅游体验研究——一种现象学的视角．天津：南开大学出版社：134-135.

[205] 徐建融，1994. 美术人类学．哈尔滨：黑龙江美术出版社．

[206] 徐杰舜，2002. 论族群与民族．民族研究，(2)．

[207] 徐菊凤，2005. 旅游文化与文化旅游：理论与实践的若干问题．旅游学刊，(4)：67-72.

[208] 徐嵩龄，2008. 文化遗产科学的概念性术语翻译与阐释．中国科技术语，(3)：54-59.

[209] 徐新建，2000. 人类学眼光：旅游与中国社会——以一次旅游与人类学国际研讨会为个案的评述和分析．旅游学刊，(2)：62-69.

[210] 杨德鋆，2000. 民族艺术简论．民族艺术研究，(1)：11-20.

[211] 杨慧，2007. 朝圣与旅游：特纳“类中介性”研究与旅游人类学．怀化学院学报，(4)：1-3.

[212] 杨慧，2012. “驻客”：“游客”与“东道主”之间的类中介人群．广西民族大学学报（哲学社会科学版），(5)：44-50.

[213] 杨慧，等，2001. 旅游、人类学与中国社会．昆明：云南大学出版社．

[214] 杨慧，凌文锋，段平，2012. “驻客”：“游客”“东道主”之间的类中介人群——丽江大研、束河、大理沙溪旅游人类学考察．广西民族大学学报（哲学社会科学版），34 (5)：44-50.

[215] 杨丽娟，2011. 导游：旅游人类学的缺场．思想战线，(5)：117-121.

[216] 杨昇，王晓云，冯学钢，2008. 近十年国内外民族旅游研究综述．广西民族研究，(3)：194-202.

[217] 杨钊，陆林，2005. 国外旅游移民研究综述．地理与地理信息科学，21 (4)：84-89.

[218] 杨振之，2006. 前台、帷幕、后台——民族文化保护与旅游开发的新模式探索．民族研究，(2)：39-46.

[219] 叶敬忠，李小云，2002. 社区发展中的儿童参与．北京：中央编译出

版社．

［220］张补宏，徐施，2008．基于利益相关者理论的民族旅游研究．中央民族大学学报（哲学社会科学版），（6）：43-47．

［221］张朝枝，2006．旅游与遗产保护：政府治理视角的理论与实证．北京：中国旅游出版社．

［222］张朝枝，2008．旅游与遗产保护——基于案例的理论研究．天津：南开大学出版社：50-51．

［223］张广瑞，1998．关于旅游业的21世纪议程．旅游学刊，（4）．

［224］张宏博，2007．旅华美日游客消费行为对比研究［D］．陕西师范大学．

［225］张文勋，施惟达，张胜冰，等，1998．民族文化学．昆明：云南大学出版社．

［226］张晓萍，刘倩倩，2010．旅游"仪式"观下的旅游活动安全问题研究——以云南西双版纳傣族泼水节为例．广西民族大学学报（哲学社会科学版），（2）：79-83．

［227］张晓萍，2005．民族旅游的人类学透视．昆明：云南大学出版社．

［228］张晓萍，2006．旅游开发中的文化价值——从经济人类学的角度看文化商品化．民族艺术研究，（5）：34-39．

［229］章建刚，1995．"原始赝品"、"旅游艺术"和真实性的观念．哲学译丛，1995年专刊．

［230］赵红梅，李庆雷，2012．回望"真实性"（authenticity）（上）——一个旅游研究的热点．旅游学刊，（4）：11-20．

［231］赵红梅，2014．论旅游文化——文化人类学视野．旅游学刊，（1）．

［232］赵捷，1994．云南旅游业中民族女性角色分析．云南民族学院学报（哲学社会科学版），（2）：65-69．

［233］赵丽佳，2009．旅游、现代性与自我认同——对丽江束河古镇"驻客"的人类学考察．云南大学．

［234］郑晴云，郑树荣，2003．论旅游的精神文化本质．思想战线，（2）：33-36．

［235］郑向春，2012．归属、认同与转换：对遗产与族群关系的研究．文化遗产，（2）：50-59．

［236］郑向春，2015．文化遗产关键词之遗产线路．民族艺术，（2）：42-48．

［237］中国大百科全书出版社编辑部，1984．中国大百科全书·人文地理．北京：中国大百科全书出版社．

［238］钟敬文，2000．民俗学概论．上海：上海文艺出版社．

［239］周大鸣，2001．论族群与族群关系．广西民族学院学报（哲学社会科学版），（2）：13-25．

［240］周大鸣，2012. 关于人类学学科定位的思考 . 广西民族大学学报（哲学社会科学版），（1）：79-83.

［241］周文建，宁丰，2001. 城市社区建设概论 . 北京：中国社会出版社 .

［242］周宪，2002. 美学是什么 . 北京：北京大学出版社 .

［243］庄孔韶，2002. 人类学通论 . 太原：山西教育出版社 .

［244］庄孔韶，2006. 人类学概论 . 北京：中国人民大学出版社 .

［245］左晓斯，2005. 现代性、后现代性与乡村旅游 . 广东社会科学，（1）.

后　记

自1999年10月在中国昆明云南大学召开“旅游、人类学与中国社会”国际会议以来，旅游人类学在中国发展迅速。2008年南开大学出版社出版了国内第一本教材《旅游人类学》。三年之后，即2011年12月，旅游教育出版社又出版了《旅游人类学教程》。这两本教材的出版，弥补了我国旅游人类学教材方面的缺失，为大专院校的旅游人类学教学提供了教本，也对我国旅游人类学的研究和发展起到了一定的推动作用。五年之后的2015年，应中国人民大学出版社的邀请，我们接受了编撰新版本《旅游人类学》的任务，并签订了出版协议。实际上从接受任务的那一天起，我们就在思考这样一个问题：如何编写一本既有传统旅游人类学的理论和案例，又有随着时代发展而出现的新的相关理论及案例，同时具有中国特色的旅游人类学教材？这是本教材编写的一个重大难题！经过反复的思考和讨论，本书的几位主编写出了编写大纲，并邀请到了国内几位从事旅游人类学研究的青年学者参加撰写。他们既有旅游管理方面的知识，又有较好的人类学理论基础；他们思想活跃，理论功底扎实，加之他们都在大专院校进行旅游管理方面的教学，从而为本教材的编写奠定了较好的写作基础。经过近两年的时间，本书终于脱稿。我在通读了初稿以后，感觉到本书有以下特点：一是，随着时代的发展，中国旅游人类学的发展呈现出了多元化的局面。本教材除了探讨传统的旅游人类学知识外，还探讨了许多新出现的旅游人类学理论概念，例如“驻客”“旅居者”“旅游移民”（见第5章），作者从新的视角对游客的种类及其旅游的目的进行了更深入的分析。另外，“当地人凝视”“专家凝视”“隐性凝视”等词汇（见第7章），丰富了约翰·厄里（John Urry）传统旅游人类学中关于旅游凝视的理论，具有较深的理论内涵。二是，完善和更新了传统旅游人类学的理论和知识，例如“旅游人类学概述”“旅游与文化”“旅游与仪式”“旅游与真实性”“旅游与博物馆”。作者不仅介绍了西方旅游人类学的有关理论和观点，还提出了自己的新观点，理论和案例都得到了全面阐述，使得该教材具有创新性和前沿性，可读性大大增加。例如在“旅游与仪式”一章里，作者提出了通过规划使旅游仪式让游客身临其境地获得一种开敞的、积极的和创造性的文化体验的观点。三是，本教材突破了以往同类教材的内容，出现了新的内容，如“旅游与族群”“主人与客人”“旅游与艺术”“旅游与遗产”，大大扩充了旅游人类学的研究范畴。在“旅游与遗产”一章中，作者提出了线路遗产——一种新的旅游人类学视野的观点。近年来，线路遗产的保护与发展成为我国重要的研究视角与领域。在“旅游与艺术”中，作者提出了艺术在旅游开发中的文化功能。四是，教材大多采用国内本土的案例。“旅游与艺术”一章里的案例大都取材于云南的少数民族，例如作者以云南佤族司岗里为例，探讨了神话在旅游开发中所产生的文化变迁；“旅游与凝视”一章通过分析云南元阳梯田景观的摄影旅游等案例，作者提出了“旅游体验的可视化”“凝视手段的多样化”“凝视主客体的互换”三个重要的观点。这些论述使得本教材具有鲜明的本土性，读者易于接受和认可。最后还有一个章节不得不提，那就是第 1 章“旅游人类学概述”。作为本书的开篇之作，它起到了十分重要的作用。第 1 章的作者曾在伯克利做过访学，加上较强的人类学专业知识和素养，使她较全面地了解了旅游人类学的产生与发展。

这本教材的完成，除了作者的学术水平外，更离不开这个团队的合作。当然在编写过程中，我们还是感到有许多不尽如人意的地方，希望读者给予诚挚的批评和指正。

这本教材的修订，特别强调旅游人类学研究的实践意义。虽然旅游业的发展受现代社会环境多种因素影响而呈现出各种表现，案例选择可以有所不同，解读理解也不同，但理论是相对稳定的，其背后有很强的学理因素。因而本教材修订版对延伸阅读材料做了大量调整，更强调理论与实践的结合。

在此书即将交付出版社之前，我们要特别感谢中国人民大学出版社。谢谢你们对前沿学科的支持与厚爱！谢谢你们的邀请，使我们有机会编写这部教材并出版。路漫漫其修远兮，吾将上下而求索。旅游人类学的研究任重而道远！

下面是作者的具体分工：

第 1 章：金露、张晓萍

第 2 章：伍乐平

第 3 章：刘建峰

第 4 章：杨雨潋

第 5 章：光映炯、和灿芬

第 6 章：董培海

第 7 章：孙洁

第 8 章：光映炯、王颖

第 9 章：郑向春

第 10 章：李燕妮

后记：张晓萍

全书由张晓萍、光映炯、郑向春统审。

张晓萍

中国人民大学出版社　管理分社

教师教学服务说明

中国人民大学出版社管理分社以出版工商管理和公共管理类精品图书为宗旨。为更好地服务一线教师，我们着力建设了一批数字化、立体化的网络教学资源。教师可以通过以下方式获得免费下载教学资源的权限：

★ 在中国人民大学出版社网站 www.crup.com.cn 进行注册，注册后进入“会员中心”，在左侧点击“我的教师认证”，填写相关信息，提交后等待审核。我们将在一个工作日内为您开通相关资源的下载权限。

★ 如您急需教学资源或需要其他帮助，请加入教师 QQ 群或在工作时间与我们联络。

中国人民大学出版社　管理分社

教师 QQ 群： 648333426（工商管理）　114970332（财会）　648117133（公共管理）
教师群仅限教师加入，入群请备注（学校 + 姓名）

联系电话： 010-62515735，62515987，62515782，82501048，62514760

电子邮箱： glcbfs@crup.com.cn

通讯地址： 北京市海淀区中关村大街甲 59 号文化大厦 1501 室（100872）

管理书社　　人大社财会　　公共管理与政治学悦读坊